Fabian Scheidler
CHAOS

Bibliografische Information der Deutschen Bibliothek:
Die Deutsche Bibliothek verzeichnet diese Publikation
in der Deutschen Nationalbibliografie.
Detaillierte bibliografische Daten sind im Internet über http://dnb.ddb.de abrufbar.

3. Auflage 2018
© 2017 Promedia Druck- und Verlagsgesellschaft m.b.H., Wien
Alle Rechte vorbehalten
Druck: CPI – Clausen & Bosse, Leck
Printed in Germany
ISBN: 978-3-85371-426-3

Fordern Sie die Kataloge unseres Verlags an:
Promedia Verlag
Wickenburggasse 5/12
A-1080 Wien
E-Mail: promedia@mediashop.at
Web: www.mediashop.at
        www.verlag-promedia.de

FABIAN SCHEIDLER

CHAOS

DAS NEUE ZEITALTER DER REVOLUTIONEN

PROMEDIA

Über den Autor

Fabian Scheidler, geboren 1968 in Bochum, arbeitet als freischaffender Autor für Printmedien, Fernsehen und Theater. 2009 gründete er gemeinsam mit David Goeßmann das unabhängige Fernsehmagazin Kontext TV (www.kontext-tv.de). Sein Buch *Das Ende der Megamaschine. Geschichte einer scheiternden Zivilisation* erschien 2015 bei Promedia (9. Auflage 2017) und wurde von der Robert-Jungk-Bibliothek für Zukunftsfragen zu den TOP 10 der Zukunftsliteratur 2015 gewählt (www.megamaschine.org).

Inhalt

Einleitung 9
*Chaos und Schweigen 10 | Tödliche Ordnungsversuche 11 | Revolutionen 12 |
Aufbau des Buches 14*

TEIL I: CHAOS UND TÖDLICHE ORDNUNGEN

Risse in der Megamaschine 19
*Der Glaube an die Zukunft zerbricht 20 | Der geopolitische Umbruch 21 |
Die Grenzen der Biosphäre 23 | Gefahren und Chancen einer
chaotischen Übergangszeit 24*

Chaos in den Köpfen 27
*Kollektive Realitätsverweigerung 27 | Wahn und Wahrheit paranoischer
Weltbilder 29 | Entfremdung und Entwurzelung 31*

Terror: die große Ablenkung 33
Der Ausnahmezustand als Ordnungsversuch 34 | Der Terror im Globalen Süden 35

Die globale Apartheid 39
*Die neuen Mauern und der ökologische Kollaps 41 | Die Aushöhlung
des Asylrechts 45 | Der Mythos von der Überforderung 45 |
Die Feuerwehr als Brandstifter 47*

Chaos in der Weltwirtschaft 49
*Das Ende des Wachstums oder: Der Kapitalismus siegt sich zu Tode 50 |
Schulden und Crashs 51 | Die Krise der Lohnarbeit 52*

Tribut 57
*Konzerne am Tropf 57 | Rente statt Profit 64 | Die künstliche Verknappung
immaterieller Güter 66 | Schulden als Tributstrategie 69 | Jenseits des Tributs:
die Trennung von Staat und Großkapital 70*

Der futurologische Kongress 73
Das automobile System 74 | In der Matrix 75 | Lebendexperimente an einer ganzen Gesellschaft 77 | Immersion oder: Die Abschaffung der Wirklichkeit 79 | Der Hass auf den Körper 80 | Die Illusionen des linken Technikoptimismus 81 | Wege zu einer menschenfreundlichen Technik 82

Der Zerfall komplexer Systeme 85
Roms Ende oder: Das Theorem vom abnehmenden Grenzertrag 86 | Abnehmende Grenzerträge im modernen Weltsystem 88 | Die Grenzen der Lernfähigkeit 89 | Systemausfälle 91 | Alternative Infrastrukturen und Resilienz 93

TEIL II: REORGANISATION

Vom Kleinen und Großen 97
Von der Utopie zur Topie 98 | Die Grenzen der Milieus überwinden 100 | Der Stoff, aus dem die Träume sind 101 | Prägungen 103 | Eine Begegnung im Zug 105 | Die pädagogische Revolution 108 | Die Kraft der kleinen Handlungen 109

Wege zu einer zukunftsfähigen Ökonomie 113
Das Ganze des Wirtschaftens 113 | Ökonomie und Chrematistik 114 | Die Eigentumsfrage und das römische Recht 116 | Volkseigentum, Gemeineigentum und Commons 120 | Die Suche nach zukunftsfähigen Rechtsformen 122 | Gemeinwohlökonomie: die Umkehrung des Tributprinzips 128 | Wiederaneignung 130 | Das jugoslawische Modell 132 | Die Zerstörung Jugoslawiens durch die Gläubiger 134 | Markt oder nicht Markt? 136 | Geld als Herrschaftsmittel 139 | Der Macht der Schulden entgegentreten 143 | Die Wachstumsfrage 144 | Die Agrarwende 145 | Ausstieg aus dem Hamsterrad 146 | Die Neugestaltung des Welthandels 148

Die Gatekeeper 153
Das Tor der Medien 154 | Eigentumskonzentration im Medienbereich 156 | Die Ausfilterung systemischer Fragen 157 | Die Filter überwinden 159 | Die Wiederaneignung des öffentlichen Rundfunks 161 | Jenseits der Medienoligarchie 163 | Die Türhüter in Schulen und Universitäten 164 |

Das Tor der Repräsentation 165 | Die Krise des Parteiensystems 166 |
Ziviler Ungehorsam oder: Die Tugend der Ungeduld 170 | Jenseits von Wahlen
und Parteien 171 | Demokratie jenseits des Nationalstaats 172 | Städtische
Netzwerke für den Wandel 174 | Der letzte Türhüter: die Macht der Waffen 175

TEIL III:
CHINAS (WIEDER-)AUFSTIEG UND DIE
CHANCEN EINER NEUEN FRIEDENSORDNUNG

Formation und Zerfall der ersten Reiche 180 | Zwischen Revolte und Kaisertum: der chinesische Sonderweg 182 | Chinas nicht-kapitalistische Marktwirtschaft 184 | Wie China ein Wettrüsten vermied 186 | Die großen See-Expeditionen und das Rätsel ihres abrupten Endes 188 | Chinas »500-jähriger Frieden« 189 | Die Zerstörung Chinas durch die westlichen Kolonialmächte 190 | Opium, Kanonen und der Weg ins Chaos 191 | Das neue China 194 | Chinas Zerreißproben 198 | Klimachaos: die Verschärfung der Systemfrage 199 | Wege zu einer neuen globalen Friedensordnung 202

ANHANG

Ausstieg aus der Megamaschine: Ein 16-Punkte-Programm 206
Dank 209
Anmerkungen 210
Ausgewählte Literatur 232
Register 235

Einleitung

Am 25. Januar 2017, wenige Tage nach der Amtseinführung von US-Präsident Donald Trump, geschahen zwei Dinge gleichzeitig: Der Dow Jones Index der New Yorker Börse erreichte unter dem Jubel der Anleger erstmals die Schwelle von 20.000 Punkten. Zugleich rückten die Zeiger der »Weltuntergangsuhr« (»Doomsday Clock«) auf zweieinhalb Minuten vor zwölf – und damit so nah an Mitternacht heran, wie seit dem Zünden der ersten US-Wasserstoffbombe 1953 nicht mehr. Die Uhr spiegelt die Einschätzungen führender Nuklear- und Umweltwissenschaftler über die Gefahren von Atomkrieg, Klimachaos und Risikotechnologien wider.[1]

Der Freudentaumel der Anleger und die nahende Mitternacht für die Menschheit: Deutlicher lässt sich die Tatsache, dass sich unser Wirtschaftssystem auf Crashkurs mit dem Planeten und seinen Bewohnern befindet, kaum ausdrücken. Was die Börse feiert, ist unser Verderben. Das Ergebnis dieses Zusammenpralls ist wachsendes globales Chaos auf allen Ebenen: in der Politik, in der Wirtschaft, in unseren Köpfen und in den natürlichen lebenserhaltenden Systemen.

In meinem Buch *Das Ende der Megamaschine. Geschichte einer scheiternden Zivilisation* habe ich beschrieben, wie das aggressive System aus endloser Geldvermehrung und militarisierten Staaten, das vor 500 Jahren in Europa entstand, zwar für einen kleineren Teil der Weltbevölkerung enormen Wohlstand geschaffen hat, für den größeren Teil jedoch von Anfang an mit Krieg, Völkermord, Umweltverwüstung, Ausbeutung und Elend verbunden war.[2] Für viele Menschen im Globalen Süden ist das Chaos also nicht neu. Auch für Europäer war die Expansion der Megamaschine in den letzten 500 Jahren immer wieder mit Phasen von destruktivem Chaos und exzessiver Gewalt verbunden, von den Bauernkriegen im 16. Jahrhundert bis zu den Weltkriegen.

1930 schrieb der italienische Philosoph und Kommunist Antonio Gramsci im Gefängnis: »Die alte Welt liegt im Sterben, die neue ist noch nicht geboren: Es ist die Zeit der Monster.«[3] Auch wir leben wieder in einer »Zeit der Monster«. Doch bei allen Ähnlichkeiten gibt es einen entscheidenden Unterschied zu früheren Systemkrisen: Heute steht durch die rasante Zerstörung der Biosphäre und die sich erneut verschärfende atomare Bedrohung die Überlebensfrage für die Menschheit im Raum.

Chaos und Schweigen

Die öffentlichen Diskussionen gehen angesichts dieser Lage allerdings auf beunruhigende Weise an den wichtigsten Fragen vorbei. Eine breite Debatte über einen grundsätzlichen Wandel unseres Wirtschaftssystems findet nicht statt. Die Tatsache, dass sich die deutsche Regierung auf Druck der USA weigert, dem UN-Vertrag zur Abschaffung von Atomwaffen beizutreten, für den mittlerweile 122 Länder gestimmt haben, ist den meisten Medien bestenfalls eine Randnotiz wert.[4] Dabei geht es um unser aller Überleben. Klimanachrichten rangieren, wenn nicht gerade ein UN-Gipfel stattfindet, meist unter Vermischtes, obwohl sie eigentlich Titelthemen sein müssten. So zum Beispiel der Hinweis auf eine NASA-Studie aus dem Jahr 2014, die feststellt, dass der gewaltige westantarktische Eisschild begonnen hat, unwiderruflich auseinanderzubrechen. Der daraus folgende Meeresspiegelanstieg von bis etwa 1,2 Metern lässt sich bereits nicht mehr aufhalten.[5] Zusammen mit dem übrigen Meeresanstieg bedeutet dies, dass Küstenstädte wie New York, Hamburg, Schanghai, Kalkutta und Alexandria, obwohl sie noch stehen, eigentlich schon Geschichte sind. Doch darüber herrscht weitgehend Schweigen. Das Scheitern einer ganzen Zivilisation scheint keine Schlagzeilen mehr wert zu sein.

Führende Klimawissenschaftler weisen immer wieder darauf hin, dass wir unsere Treibhausgasemissionen um 80 Prozent bis 2030 senken müssen, um eine realistische Chance zu haben, die Erwärmung auf 2 Grad zu begrenzen und eine weiter eskalierende Katastrophe zu verhindern.[6] Doch die EU ist auf dem Weg, selbst ihr viel zu niedriges Ziel von 40 Prozent zu verfehlen. In Deutschland steigen die Emissionen, statt zu sinken, vor allem durch den ungebremst boomenden Auto-, LKW- und Luftverkehr – so als hätte hier noch nie jemand das Wort Klimawandel gehört.[7] Eine ernsthafte Diskussion über dieses dramatische Versagen der Politik, das lebensbedrohliche Konsequenzen für uns alle und vor allem für unsere Kinder und Enkel hat, findet nicht statt. In der angeblichen Wissens- und Wissenschaftsgesellschaft zählen Fakten wenig, wenn sich mit ihrer Verdrängung noch eine Weile Profit machen lässt. Anlässlich des Klimagipfels in Durban (Südafrika) 2011, wo die

Regierungschefs aus aller Welt zusammenkamen, formulierte es der damalige Vorsitzende des UN-Klimarats Rajendra Pachauri so: »Um ehrlich zu sein: Niemand hier schenkt der Wissenschaft irgendeine Beachtung.«[8] Es ist nicht allein Donald Trump, der sich im postfaktischen Zeitalter eingerichtet hat, sondern der größte Teil der politischen Eliten. Auch in Europa. Und ein Teil der Bevölkerungen auf beiden Seiten des Atlantiks unterstützt sie dabei.

Der Grund dafür ist leicht zu erkennen: Der Krise des Lebens auf der Erde ins Auge zu sehen und angemessen darauf zu reagieren, würde bedeuten, nicht nur einige Infrastrukturen, sondern unser gesamtes Wirtschaftssystem vollständig umzubauen. Der Aufbau einer Ökonomie, die auf Gemeinwohl statt Profit, auf gerechte Verteilung statt auf endloses Wachstum setzt, ist umso dringender, als das gegenwärtige System einem winzigen Teil der Weltbevölkerung zu absurden Reichtümern verhilft, während 800 Millionen Menschen hungern und Milliarden um ihre wirtschaftliche Existenz kämpfen. Doch das politische Establishment in den Industrieländern hat sich bisher geweigert, einen grundlegenden Umbau in Richtung sozialer und ökologischer Gerechtigkeit in Angriff zu nehmen. Reiche Interessengruppen, die auch um den Preis eines verwüsteten Planeten ihre Privilegien zu verteidigen suchen, haben ihren Zugriff auf die Staatsapparate in den vergangenen Jahrzehnten erheblich ausweiten können. Als Ergebnis ihres Erfolges wächst das Chaos und die Fliehkräfte nehmen zu.

Tödliche Ordnungsversuche

Im Nebel dieses Chaos zeichnen sich die Umrisse neuer autoritärer Ordnungsversuche ab. In den USA ist eine »ultrarechte Revolution« in vollem Gange, die darauf abzielt, die sozialen Errungenschaften der letzten 200 Jahre auszulöschen.[9] Ihre Anführer kontrollieren alle drei Pfeiler staatlicher Macht, vom Kongress über das Weiße Haus bis zur Justiz. In der Türkei baut Präsident Recep Tayyip Erdoğan ein autokratisches Regime auf, Tausende von Richtern, Staatsanwälten, Journalisten, Oppositionspolitikern und Regimekritikern sind eingekerkert. Auch in der EU hat sich in den letzten Jahren eine Art Slow-Motion-Staatsstreich abgespielt: Nicht-gewählte Bürokraten der Europäischen Zentralbank, des Internationalen Währungsfonds und der EU-Kommission diktieren in vielen Ländern inzwischen die Politik, fernab demokratischer Kontrolle. Wahlen haben darauf, wie der Fall Griechenland exemplarisch gezeigt hat, nur noch wenig Einfluss. Dieses zutiefst antidemokratische System dient in erster Linie dazu, einen kontinuierlichen Geldstrom in Richtung der Vermögenden aufrechtzuerhalten, die sich auf diese Weise die noch verbliebenen öffentlichen Güter aneignen. In der strukturellen Krise der Weltwirtschaft, in der Profite immer schwerer durch Produktion und Verkauf von Gütern und Dienstleistungen zu erzielen sind, nimmt der »Sozialstaat für Superreiche« immer deutlicher Gestalt an (vgl. das Kapitel »Tribut«).

In dem Maße, wie die Legitimität von Regierungen angesichts der zunehmenden Spaltung zwischen Arm und Reich bröckelt, werden äußere Feinde immer wichtiger, um Zusammenhalt herzustellen. Der permanente »Krieg gegen den Terror«, von dem heute im Grunde jeder weiß, dass er nicht weniger, sondern mehr Terroristen hervorbringt, dient in diesem Sinne als Versuch, die zerfallende politische Ordnung zu kitten und zugleich den Abbau von Bürgerrechten zu rechtfertigen.

Revolutionen

In Stanley Kubricks Film *2001: Odyssee im Weltraum* beschließt der Supercomputer HAL eines Tages, dass die Menschen an Bord des Raumschiffes ein Risiko für ihn sind, und schaltet sie Schritt für Schritt aus. Der letzte Überlebende schafft es jedoch, in das Rechenzentrum einzudringen und die Module des tödlichen Betriebssystems Stück für Stück herauszuziehen, bis der Superrechner nur noch Babylieder von sich geben kann und am Ende verstummt. Auch das Raumschiff Erde mitsamt seinen Bewohnern ist von einem verselbstständigten tödlichen Betriebssystem gekapert worden, und unsere einzige Chance besteht darin, die Module herauszuziehen und die Steuerung wieder auf manuell umzuschalten. Das bedeutet, nicht nur das Personal in Politik und Wirtschaft auszutauschen, sondern die Tiefenstrukturen unserer Gesellschaft, ihre grundlegenden Institutionen umzubauen.

Die vor uns liegende Epoche, in der um diesen Wandel gekämpft wird, nenne ich das »neue Zeitalter der Revolutionen«.[10] Weder Dauer, noch Verlauf und Ergebnis dieser Übergangsphase lassen sich voraussagen. Sicher ist nur eines: *business as usual* wird auf lange Sicht nicht mehr möglich sein.

Die verschlafenen Debatten im vergleichsweise satten Deutschland täuschen leicht darüber hinweg, dass wir es in vielen Teilen der Welt mit einem massiven Aufstand gegen die bestehenden Machtstrukturen zu tun haben. Massendemonstrationen sind in Großbritannien, Frankreich, Italien, Spanien, den USA, Mexiko, Brasilien, Indien und – in etwas anderen Formen – auch in China seit Jahren an der Tagesordnung. Die Rebellionen des Arabischen Frühlings scheinen vorerst erstickt, doch sind die sozialen und ökonomischen Ursachen, die 2011 zur Revolte führten, in Ländern wie Ägypten nach wie vor unverändert. Der französisch-libanesische Politologe Gilbert Achcar, einer der profundesten Kenner der arabischen Welt, betrachtet die Ereignisse von 2011 als Teil eines langfristigen, möglicherweise Jahrzehnte dauernden revolutionären Prozesses, der gerade erst begonnen hat.[11]

Immer mehr Angehörige der jungen Generation weltweit sind in den letzten Jahren aufgewacht und haben erkannt, dass nicht nur ihre Zukunft, sondern bereits ihre Gegenwart geraubt wird. Sie blockieren als Teil der internationalen Klimabewegung zu Tausenden Kohletagebaue und Pipelines, sie durchbrechen als moderne Nomaden Grenzzäune, sie retten unter erheblichen Gefahren Geflüchtete im Mittelmeer, sie besetzen zu Zehntausenden tage- und nächtelang Plätze in Paris und Lyon (»La nuit debout«), in Madrid und Barcelona, in Athen und Thessaloniki, in Istanbul, New York und Baltimore, in Kairo, Bukarest, Rio de Janeiro und Dakar. Dass ihre Bewegungen zeitweise wieder vom medialen Radar verschwinden, bedeutet nicht, dass sie die nächsten zwanzig Jahre tatenlos zusehen werden, wie reiche alte Männer ihr Leben stehlen. Ihre Revolte findet meist nicht im traditionellen Rahmen politischer Organisationen wie Parteien, Gewerkschaften oder NGOs statt, sondern in neuen Versuchen der Selbstorganisation. In einigen Fällen, etwa bei den Wahlkampagnen von Bernie Sanders in den USA, Jeremy Corbyn in Großbritannien oder Podemos in Spanien, ist aber auch der Versuch einer Wiederaneignung der parlamentarischen Demokratie zu erkennen (vgl. das Kapitel »Die Gatekeeper«).

Auf der anderen Seite formieren sich nationalistische und rassistische Kräfte in vielen Ländern neu. Die große Gefahr besteht darin, dass sich die Vertreter des Großkapitals, wenn der bisherige neoliberale Pfad nicht mehr durchzuhalten sein wird, mit diesen Kräften verbünden, um linke Optionen zu verhindern, wie es in den 1930er-Jahren in Europa der Fall war. Doch eine Wiederholung dieser fatalen Entwicklung kann verhindert werden. Die Chancen dafür stehen sogar besser als vor 80 Jahren, immerhin sind die verheerenden Erfahrungen mit dem Faschismus noch immer im kollektiven Gedächtnis verankert. Donald Trump wurde von gerade einmal einem Viertel der Wahlberechtigten gewählt. Auf die ökologischen und sozialen Verwerfungen haben die Rechten nur Antworten, die das Chaos verschärfen. Wenn sich solche Kräfte dauerhaft durchsetzen, dann nicht, weil sie so übermächtig sind, sondern weil zu viele Menschen passiv bleiben. Der gesellschaftliche Wandel, den wir brauchen, kann nicht an eine Handvoll chronisch überlasteter Aktivisten und ein paar NGOs delegiert werden, er braucht die kontinuierliche tätige Mitwirkung breiter Bevölkerungsteile. Deutsche verbringen im Schnitt fast vier Stunden am Tag mit Fernsehen, ganz zu schweigen vom übrigen Medienkonsum.[12] In vielen anderen Ländern ist es ähnlich. Wenn auch nur ein Teil von ihnen den Fernseher dreimal pro Woche ausschalten würde, um sich dem gesellschaftlichen Umbau zu widmen, würden die Chancen, ein globales Desaster zu verhindern, erheblich steigen.

Aufbau des Buches

Dieses Buch lotet Gefahren und Chancen der vor uns liegenden Übergangszeit aus und will einen Kompass für politisches Engagement in Zeiten wachsender Unübersichtlichkeit bieten. Während der erste Teil der Diagnose gewidmet ist, beschäftigt sich der zweite, mittlere Teil mit Therapievorschlägen, die sich insbesondere auf die ökonomischen Tiefenstrukturen beziehen. Der dritte Teil schert aus der üblichen westlich zentrierten Perspektive aus und beschreibt die Umbruchphase aus dem Blickwinkel der chinesischen Geschichte.

Teil I besteht aus acht Essays, die schlaglichtartig verschiedene Aspekte der systemischen Krisen und der neuen »tödlichen Ordnungen« beschreiben. »Risse in der Megamaschine« bietet einen Überblick über die Verbindungen von weltwirtschaftlicher Krise, ökologischem Kollaps und geopolitischem Umbruch, der mit dem Niedergang der US-Hegemonie und dem Aufstieg Chinas verbunden ist. »Chaos in den Köpfen« beschäftigt sich mit verschiedenen Methoden, diese Realitäten nicht zur Kenntnis zu nehmen, von der rituellen Selbstbestätigung bis hin zu Eskapismus und paranoischen

Phantasien. Der dritte Essay, »Terror: die große Ablenkung«, zeigt, wie der permanente Ausnahmezustand dazu benutzt wird, systemische Fragen auszublenden und neuen Zusammenhalt gegen einen als überlebensgroß inszenierten Feind herzustellen. »Die globale Apartheid« ertastet die sichtbaren und unsichtbaren Mauern, mit denen die Hauptleidtragenden des Chaos daran gehindert werden, die kleiner werdenden Wohlstandsinseln zu erreichen. »Chaos in der Weltwirtschaft« beleuchtet die Ursachen für die Dauerkrise der kapitalistischen Ökonomie, insbesondere den Niedergang der regulären Lohnarbeit und die Dynamik von Schulden und Crashs. Die Versuche, Privilegien und Macht der bisherigen Profiteure in der systemischen Krise aufrechtzuerhalten, behandelt das Kapitel »Tribut«. Dabei spielen staatliche Subventionen für Großkonzerne, leistungslose Einkommen aus Eigentumsansprüchen und Aneignung durch Schulden entscheidende Rollen. »Der futurologische Kongress« zeigt, dass technologische Entwicklungen keineswegs naturwüchsig und schicksalhaft verlaufen, sondern wesentlich von den Institutionen der endlosen Kapitalakkumulation und der militarisierten Staaten geprägt werden, die sich im Silicon Valley inzwischen mit einer radikal antihumanen Ideologie verbinden. Das abschließende Kapitel des ersten Teils widmet sich dem »Zerfall komplexer Gesellschaften«. Im Vergleich mit historischen Beispielen wie dem Römischen Reich zeigt der Text die inneren Widersprüche und Grenzen komplexer Systeme und fragt danach, wie menschliche Gemeinschaften und Infrastrukturen von der Megamaschine entkoppelt werden können.

Der zweite Teil des Buches befasst sich mit Perspektiven einer gesellschaftlichen Reorganisation. »Vom Großen und Kleinen« widmet sich den Voraussetzungen gesellschaftlichen Wandels in den zwischenmenschlichen Beziehungen. »Wege zu einer zukunftsfähigen Ökonomie« erkundet Pfade zu einem Umbau wirtschaftlicher Institutionen: von den Eigentumsverhältnissen über die Rechtsformen von Unternehmen, die Rolle von Markt, Geld und Schulden bis zur Wachstumsfrage und den Handelsstrukturen. Welche Türhüter in unseren politischen und medialen Institutionen, aber auch in unseren Köpfen, den nötigen Wandel behindern, und wie sie zu überwinden sind, thematisiert das Kapitel »Die Gatekeeper«.

Der dritte Teil schließlich ist der Geschichte Chinas und seiner Rolle in der globalen Transformation gewidmet. Jenseits von Feindbildern und

Idealisierungen zeichnet der Essay die Entwicklung von Chinas »nicht-kapitalistischer Marktwirtschaft« nach, ihre Zerstörung in der Epoche der Kolonialisierung und den Wiederaufstieg Chinas seit 1949. Von zentraler Bedeutung sind dabei die Chancen für eine neue globale Friedensordnung, die sich aus Chinas besonderer Geschichte ergeben.

Fabian Scheidler
Berlin, im August 2017

TEIL I

CHAOS UND TÖDLICHE ORDNUNGEN

Risse in der Megamaschine

Unter Ökonomen macht seit einiger Zeit das Wort von der »säkularen Stagnation« die Runde. Mit dem sperrigen Begriff ist die Tatsache gemeint, dass die Weltwirtschaft einfach nicht mehr rund laufen will. Einige Zentralbanker haben inzwischen sogar laut darüber nachgedacht, »Helikoptergeld« auf die Bevölkerung niederregnen zu lassen, um die stotternde Maschine wieder in Gang zu bringen. Anstelle von Investitionen in die sogenannte Realwirtschaft fließt das Geld vor allem in spekulative Geschäfte. Die Folge: Das Finanzsystem ist aufgeblähter und instabiler denn je – was selbst der IWF zugibt – und der nächste Crash nur eine Frage der Zeit. Eine der Ursachen für die Misere der Weltwirtschaft ist die zunehmende Spaltung zwischen Arm und Reich in den meisten Ländern der Erde, ob in Japan, Indien, den USA oder Deutschland. Während die acht reichsten Menschen der Erde so viel besitzen wie die gesamte ärmere Hälfte der Weltbevölkerung, verliert ein immer größerer Teil der Menschen jede ökonomische Perspektive.[1] Mit einer Jugendarbeitslosigkeit von 40 oder gar über 50 Prozent ist dieser Prozess längst in Südeuropa angekommen. Je erfolgreicher neoliberale Politik Löhne drückt, prekäre Beschäftigungsverhältnisse schafft und den öffentlichen Sektor zerstört, je effektiver Großunternehmen in Billiglohnländer ausweichen und Gewinne in Steueroasen verlagern, desto mehr verschärft sich diese Krise, die letztlich die Fundamente des Systems selbst untergräbt. Denn die wachsende Menge der Marginalisierten hat schlicht und einfach nicht mehr das Geld, um die globale Produktion von Gütern und Dienstleistungen noch zu profitablen Preisen aufzukaufen (siehe den Abschnitt »Chaos in der Weltwirtschaft«).

Eine Folge davon ist der Verfall politischer Stabilität, der sowohl im Globalen Süden als auch im Norden zu beobachten ist. Nachdem sich die neoliberalen Wohlstandsversprechungen der letzten 30 Jahre als leer erwiesen haben, schwindet das Vertrauen in die etablierte Politik rapide. Die US-Wahlen von 2016 bezeugen das ebenso wie der Brexit, die Implosion der traditionellen großen Parteien in Frankreich und der drohende Zerfall der EU. Das Misstrauen gegen Eliten betrifft nicht nur Politiker, sondern auch etablierte Medien, die ebenfalls einen dramatischen Schwund an Glaubwürdigkeit zu verzeichnen haben. Rund 80 Prozent der Menschen zwischen 18 und 34 in der EU haben kein Vertrauen mehr in Medien und Parteien.[2] Der Niedergang der Sozialdemokratie und auch der traditionellen konservativen Parteien, die tief in die diskreditierte und oft korrupte neoliberale Politik verstrickt sind, hat ein politisches Vakuum geschaffen. In Südeuropa konnten zum Teil emanzipatorische Kräfte dieses Vakuum nutzen, wie etwa die Partei Podemos in Spanien. In anderen Ländern ist es jedoch rechten Demagogen gelungen, die Lücke zu füllen. Dabei haben ihnen einige große Medien und Teile des alten parteipolitischen Establishments einen wichtigen Dienst erwiesen, indem sie linke Alternativen systematisch kleingeredet oder lächerlich gemacht haben, wie etwa die Kampagnen von Bernie Sanders in den USA, Jeremy Corbyn in Großbritannien oder Jean-Luc Mélenchon in Frankreich. In Griechenland zerstörten Europäische Zentralbank, EU-Kommission und IWF mit massiver Unterstützung der Bundesregierung gezielt die erste Syriza-Regierung, die der verheerenden Kürzungspolitik etwas entgegenzusetzen versuchte. Zwar war das Ziel in all diesen Fällen nicht, Rechtsextremen die Tür zu öffnen, aber es wurde billigend in Kauf genommen, um zu verhindern, dass ein erfolgreiches linkes Projekt Schule machen könnte.[3]

Der Glaube an die Zukunft zerbricht

Der Verfall politischer Stabilität ist allerdings nur das Symptom für Verwerfungen, die weit tiefer reichen. Der Glaube daran, in einer auch nur halbwegs sinnvollen Gesellschaft zu leben, die eine auch nur halbwegs positive Zukunft hat, zerbricht. Der britische Sozialwissenschaftler David Harvey spricht angesichts von Massenarbeitslosigkeit, prekären und zunehmend als sinnlos empfundenen Jobs sowie politischer Desillusionierung von »universeller Entfremdung«.[4] Die Erzählung vom Fortschritt, die über Jahrhunderte das ideologische Fundament der westlichen Zivilisation gebildet hat, zerfällt vor unseren Augen. An ihrer Stelle macht sich existenzielle Orientierungslosigkeit breit. Immer mehr Menschen verlieren materiell und emotional den Boden unter ihren Füßen. Damit verbunden sind Angst, Chaos in den Köpfen und oft auch Hass und Wut.

In den USA vertrauen nur noch 19 Prozent der Bürger ihrer Regierung – beim Kongress sind es sogar nur 9 Prozent – und nur noch 20 Prozent den

Medien.⁵ Angesichts eines gigantischen Haushalts- und Handelsdefizits, einer tiefen Spaltung des Landes und ausufernder Gewalt mehren sich inzwischen Stimmen, die die USA auf dem Weg zu einem *failed state* sehen. Der Wirtschaftsnobelpreisträger Paul Krugman schrieb nach der Wahl von Donald Trump zum US-Präsidenten in der *New York Times*: »Sind die USA ein gescheiterter Staat und eine gescheiterte Gesellschaft? Das ist durchaus möglich.«⁶ Zu einem ähnlichen Schluss kommt Jim Sciutto, Chefkorrespondent des Senders CNN für nationale Sicherheit, der jahrzehntelang aus Bürgerkriegsländern wie Somalia oder Afghanistan berichtet hat. Beide liegen damit auf einer Linie mit James Clapper, bis Januar 2017 Direktor der National Intelligence, der Dachorganisation der US-Nachrichtendienste.⁷ Auch wenn die USA nicht mit dem Irak zu vergleichen sind, ist doch die Gefahr eines inneren Zerfalls real. Dieser Befund ist umso gravierender, als er ein Land betrifft, das über die bei Weitem größte Militärmaschinerie in der Geschichte der Menschheit verfügt – einschließlich von tausenden Atomsprengköpfen, die das Potenzial haben, das Leben auf der Erde großenteils auszulöschen.

Der geopolitische Umbruch

Die politischen Krisen in den einzelnen Ländern gehen einher mit einem tiefen Umbruch der geopolitischen Struktur. In der 500-jährigen Geschichte des modernen Weltsystems gab es immer wieder Staaten, die über lange Zeiträume hegemonial waren, weil sie eine ökonomische, militärische und kulturelle Dominanz erreichten, die es ihnen ermöglichte, die Spielregeln zu definieren. Diese Hegemoniephasen sind für die Entwicklung des modernen Weltsystems von entscheidender Bedeutung, denn die Maschinerie der endlosen Kapitalakkumulation braucht, um zu funktionieren, einen gewissen Grad an Stabilität, Ordnung und klaren Spielregeln. Bisher gab es vier solcher Hegemoniezyklen: die von den Genueser Bankiers finanzierte Vorherrschaft der Spanier und Portugiesen im 16. Jahrhundert, die niederländische Hegemonie im 17. und frühen 18. Jahrhundert, das Britische Empire im 19. Jahrhundert und schließlich die US-Hegemonie nach dem Zweiten Weltkrieg.⁸ Seit den 1970er-Jahren zeigen sich allerdings Risse im amerikanischen Empire, die nach dem Desaster des Irakkriegs und der Finanzkrise von 2008 immer deutlicher werden. Der Niedergang einer Hegemonialmacht und der Aufstieg einer anderen waren bisher stets mit lang anhaltenden Kriegen verbunden, die durch die Industrialisierung des Militärs immer verheerendere Ausmaße annahmen. Die Frage, ob angesichts des Niedergangs der US-Hegemonie neue Kriege vermieden werden können, ist daher für unser aller Überleben und für die Chancen eines sozial-ökologischen Wandels von entscheidender Bedeutung. Nicht nur die sich zuspitzende Konfrontation der USA mit Russland, etwa in der Ukraine oder in Syrien, sondern auch die sich verschärfenden Spannungen mit China sind beunruhigend.

China wird in absehbarer Zeit die größte Volkswirtschaft der Erde sein, auch wenn dieser Aufstieg durch die wachsende soziale Ungleichheit und die ökologische Krise im Land durchaus brüchig ist. Das Finanzzentrum der Weltwirtschaft verlagert sich zusehends nach Asien. Das gigantische Infrastrukturprojekt einer »neuen Seidenstraße« soll China in den kommenden Jahrzehnten über Zentralasien und Russland mit dem Iran und Westeuropa verbinden. Der Aufstieg Chinas und ein mögliches Zusammenrücken Europas und Asiens bereiten Washington erhebliche Sorge, weil die USA damit ihre Vormacht gefährdet sehen. Dass die Handels- und Investitionsschutzabkommen TTIP und TPP, die dazu dienen sollten, China zu isolieren, nun wahrscheinlich keine Zukunft mehr haben, verstärkt diese Tendenz. Die von Präsident Obama eingeleitete Verlagerung des militärischen Fokus nach Asien (»Pivot to Asia«) ist vor diesem Hintergrund zu sehen. Die US-Streitkräfte haben einen Gürtel von Militärstützpunkten und Flugzeugträgern um China herum etabliert. Das Bemühen der chinesischen Regierung, die Landwege nach Europa auszubauen, ist auch als Versuch zu verstehen, einer potenziellen US-Seeblockade, die den chinesischen Handel lahmlegen könnte, zu entgehen. China baut zwar auch sein Militär aus und etabliert Basen im Südchinesischen Meer, aber der Hauptfokus der Regierung liegt darauf, eine militärische Konfrontation mit den übermächtigen USA zu vermeiden (siehe Teil III).

Dass die chinesische Führung nicht auf die militärische Karte setzen kann und will, birgt Chancen für eine neue geopolitische Formation, die nicht in einen verheerenden Kampf um neue Hegemonie mündet – und sich damit fundamental von dem Muster der letzten 500 Jahre unterscheidet. Entscheidend wird sein, ob die USA bereit sind, eine multipolare Weltordnung zu akzeptieren, in der sie zwar noch immer das größte Militär unterhalten, aber ihre ökonomische und politische Dominanz verlieren; oder ob sie den irrwitzigen Versuch unternehmen, Chinas Aufstieg militärisch aufzuhalten. Die Gefahr der zweiten Option, so aberwitzig sie erscheint, ist durchaus real, wie der britische Journalist John Pilger in seinem jüngsten Dokumentarfilm *The Coming War on China* schildert.[9] Die EU spielt in dieser brisanten Lage eine wichtige Rolle: Setzt sie auf Abrüstung, Entspannungspolitik nach allen Seiten und ein Sicherheitssystem nach dem Muster der OSZE? Oder lässt sie sich in die Logik militärischer Eskalation hineinziehen? Angesichts der besorgniserregenden Aufstockung von Militäretats in der EU wird es von entscheidender Bedeutung sein, ob die Bürger dieser Entwicklung etwas entgegensetzen werden.

Die Grenzen der Biosphäre

Das zunehmende politische und ökonomische Chaos trifft das Weltsystem in einer Phase, in der es in eine noch viel tiefere – und in seiner eigenen Logik letztlich unlösbare – Krise hineinsteuert: den ökologischen Kollaps. 500 Jahre Expansion und Raubbau haben inzwischen Dimensionen erreicht, die die lebenserhaltenden Systeme der Erde untergraben. Das »Kapitalozän«[10] (Jason W. Moore) hat bereits in das schnellste und größte Artensterben geführt, seit vor 65 Millionen Jahren die Dinosaurier und mit ihnen die Hälfte aller Lebensformen auf der Erde durch einen Meteoriteneinschlag ausgelöscht wurden.[11] Ein Prozent der fruchtbaren Böden gehen pro Jahr verloren, vor allem durch industrielle Landwirtschaft.[12] Die großen unterirdischen Wasserspeicher etwa im Westen der USA oder im Nahen Osten leeren sich in bedrohlichem Tempo. US-Forscher haben errechnet, dass seit den 1950er Jahren acht Milliarden Tonnen Plastik hergestellt wurden – das Äquivalent von mehr als einer Milliarde Elefanten –, die inzwischen weltweit die Ökosysteme von Ozeanen, Flüssen und Seen für Jahrhunderte oder gar Jahrtausende kontaminieren.[13] Doch statt die Kunststoffproduktion zu drosseln, lässt die Politik es zu, dass sie weiter steil ansteigt. *Jede Minute* werden auf der Erde allein eine Million Plastikflaschen produziert und weggeworfen. Die langfristigen Folgen dieser universellen Verseuchung für Wasserversorgung, Ernährung und Artenvielfalt sind kaum absehbar.

Währenddessen wird der Klimawandel von einer abstrakten Bedrohung in der Zukunft immer deutlicher zur Realität. Extreme Wetterereignisse nehmen überall auf der Welt, auch in Europa, deutlich zu. Während etwa Italien im Sommer 2017 unter einer der schwersten Dürren seit Jahrzehnten litt und in Rom das Wasser rationiert werden musste, kam in Berlin an einem einzigen Tag so viel Regen herunter wie sonst in einem halben Jahr; Straßen verwandelten sich in Seen, U-Bahn-Schächte in Wasserfälle. Solche extremen Wetterlagen werden durch eine Verschiebung der nördlichen Höhenströmung, des sogenannten Jetstreams, mitverursacht, die ihrerseits auf die Erwärmung von Atmosphäre und Ozeanen zurückgeht.[14]

In anderen Teilen der Erde, besonders in Afrika und Asien, nimmt das Klimachaos noch weit bedrohlichere Dimensionen an. Seit 2015 sind zwei Studien erschienen, die übereinstimmend voraussagen, dass im Laufe dieses Jahrhunderts große Teile des Nahen Ostens und Nordafrikas in Folge des Klimawandels unbewohnbar werden. Es wird dort – wenn der Klimawandel nicht rasch gestoppt wird – zu lang anhaltenden Dürren und an den heißesten Tagen zu Temperaturen kommen, bei denen menschliches Leben nicht mehr möglich ist.[15] Wir wissen bereits, dass der Bürgerkrieg in Syrien durch den Klimawandel mitverursacht wurde, weil mehr als eine Million Menschen ihr Land infolge der schwersten Dürre seit Beginn der Aufzeichnungen verlassen mussten – und das bei lediglich 0,9 Grad Erwärmung im Verhältnis zum vorindustriellen Niveau.[16] Noch beunruhigender ist das beginnende Abschmelzen der Himalaya-Gletscher. Wenn sie in einigen Jahrzehnten verschwunden sind, droht die Süßwasserversorgung von 1,5 Milliarden Menschen in Nordindien und großen Teilen Chinas zusammenzubrechen, weil in den regenarmen Jahreszeiten die Flüsse mangels Schmelzwasser austrocknen. Wie sich die dort lebenden Menschen dann noch ernähren sollen und wie in einer solchen Situation irgendeine Form von politischer Stabilität gewährleistet werden kann, weiß niemand. Die Idee, dass der Mensch die Natur beherrschen könne – eines der ideologischen Fundamente der Megamaschine – entpuppt sich angesichts dieser Dimensionen als Wahnvorstellung.

Gefahren und Chancen einer chaotischen Übergangszeit

Der Kapitalismus hat schon viele ernste Krisen in seiner Geschichte überstanden und ist meistens mächtiger als zuvor daraus hervorgegangen. Aber kein Gesellschaftssystem hat je zuvor in dieser Weise planetare Grenzen erreicht.

Wir leben am Anfang einer chaotischen systemischen Übergangsphase, die mindestens einige Jahrzehnte dauern wird und deren Ausgang vollkommen ungewiss ist. Eine Fortsetzung der gewohnten Funktionsweise von Wirtschaft und Politik ist in dieser Situation auf Dauer nicht mehr möglich. Die Zeiten, in denen man hoffen konnte, dass es schon irgendwie gut gehen wird, wenn wir weiter einfach unsere Jobs machen und alle vier Jahre zur Wahl gehen, sind vorbei. Wir werden daher aus unseren Zuschauersesseln aufstehen müssen, um uns einzumischen. Wenn wir sitzen bleiben, überrollt uns der Wandel, und er wird nicht von den menschenfreundlichsten Akteuren bestimmt werden. Denn diejenigen, die jetzt über Macht und Geld verfügen, werden ihre Privilegien im wachsenden Chaos mit immer härteren Mitteln zu verteidigen suchen. Dabei deutet sich an, dass sie – wie schon in den 1920er- und 1930er-Jahren – nicht davor zurückschrecken, sich mit neuen autoritären oder gar faschistischen Kräften zu verbünden.

Trotz dieser Gefahren birgt die bevorstehende Übergangszeit zugleich ein enormes Potenzial für tiefgreifende positive Veränderung. Die Ratlosigkeit großer Teile des wirtschaftlichen und politischen Establishments angesichts der Systemkrise öffnet Möglichkeiten, die derzeit vor allem rechte Strömungen und Autokraten nutzen – die aber ebenso gut von Menschen ergriffen werden können, die sich für eine gerechtere und menschlichere Zukunft einsetzen. Dabei fehlt es gar nicht so sehr an Alternativen in Theorie und Praxis. Im Grunde ist weitgehend klar, was zu tun ist: Es geht darum, eine Ökonomie aufzubauen, die dem Gemeinwohl und nicht der endlosen Geldvermehrung dient, einschließlich eines gemeinwohlorientierten Finanzsystems anstelle des derzeitigen Casinos. Große Vermögen und Einkommen müssen massiv besteuert werden, um den sozial-ökologischen Umbau zu finanzieren. Dazu gehört auch ein sehr schneller Ausstieg aus fossilen Energien und der ebenso rasche Aufbau dezentraler erneuerbarer Lösungen. Die Landwirtschaft muss von der destruktiven Agrarindustrie hin zu einer kleinbäuerlich-ökologischen Landwirtschaft umgebaut werden, womit ein erheblicher Anteil der Treibhausgasemissionen eingespart werden kann. Demilitarisierung, Regionalisierung, fairer Handel und die Stärkung der Rechte von Migranten und Geflüchteten sind weitere zentrale Handlungsfelder.

Was fehlt, sind nicht so sehr sinnvolle Ziele als vielmehr die Fähigkeit, sich zu organisieren und punktuell auf inhaltliche Schnittmengen zu einigen, um politische Stoßkraft zu entwickeln. Das neoliberale Rollback der letzten 30 Jahre hat die Fähigkeiten zur Selbstorganisation erheblich geschwächt. Es mag aber helfen, sich daran zu erinnern, dass die Geschichte der Moderne entscheidend von revolutionären Bewegungen mitgeprägt wurde. Einige von ihnen sind tragisch gescheitert, andere aber haben bemerkenswerte Erfolge errungen, etwa die Arbeiter-, Frauen- und Bürgerrechtsbewegungen, die den größten Teil unserer demokratischen Rechte – so unvollständig sie auch noch sein mögen – in den letzten 200 Jahren erkämpft haben. Von ihren Fehlern und Erfolgen zu lernen und neue Formen der Organisation zu entwickeln, wird eine der wichtigsten Aufgaben der Zukunft sein.

Wie können ökologische Bewegungen, Arbeiter- und Erwerbslosenorganisationen, migrantische Initiativen, Friedensbewegte und viele mehr zusammenwirken, um politische Räume zu besetzen und dem Aufstieg der Rechten etwas entgegenzusetzen? Können alte und neue Parteien dabei noch eine sinnvolle Rolle spielen oder haben sie abgewirtschaftet? Wie können breite öffentliche Debatten um eine systemische Transformation in Gang gesetzt werden, die nicht nur die üblichen Verdächtigen erreichen – und welche neuen Medien müssen dazu aufgebaut werden? Von den Antworten auf diese Fragen wird es entscheidend abhängen, ob die Übergangsphase, in der wir uns befinden, in eine Welt führen wird, die noch ungerechter und gewalttätiger ist als die jetzige, oder in eine menschenfreundlichere Zukunft. Es kommt also auf uns alle an.

Chaos in den Köpfen

Das bedrohlich wirkende politische und ökonomische Chaos ruft sehr unterschiedliche Reaktionen hervor. Einige Menschen stecken einfach den Kopf in den Sand und flüchten in den Konsum (wenn sie es sich leisten können), in die Arbeit oder in virtuelle Realitäten. Eine gigantische Ablenkungsmaschinerie bietet dafür reichlich Gelegenheit. Dass immer mehr Menschen ihre Umgebung gar nicht mehr wahrnehmen, sondern ununterbrochen auf ihre Weltersatzmaschinen starren, selbst wenn sie spazieren gehen, ist dafür ein Symptom. Die Cyberindustrie macht mit dem Bedürfnis der Menschen, aus der Wirklichkeit zu fliehen, ein Vermögen. Das Endstadium dieser Entwicklung scheint erreicht, wenn Menschen mit ihren Virtual-Reality-Brillen in einer totalen Simulation, der sogenannten »Immersion«, versinken, die an die *Matrix* aus dem gleichnamigen Film erinnert.

Kollektive Realitätsverweigerung

Selbst die öffentlich-rechtlichen Sendeanstalten, die ja eigentlich einen Bildungsauftrag haben, beteiligen sich an diesem »Brot-und-Spiele«-Programm, indem sie ihre besten Sendezeiten mit endlosen Sportevents, Unterhaltungsshows und Krimis füllen. Fragen, die unsere Zukunft und das Überleben der Menschheit betreffen, gibt es dagegen bestenfalls nach Mitternacht, wenn die arbeitende Bevölkerung längst im Bett liegt, oder auf Nischensendern wie *Arte*. Produzenten und Konsumenten von Massenmedien scheinen einen unausgesprochenen Pakt zur Realitätsverweigerung geschlossen zu haben. Das hat fatale Konsequenzen: Denn Bürger, deren Köpfe statt mit relevanten Informationen mit einem Brei aus Biathlon-WM, Tatort-Leichen und den Busen von Schlagersängerinnen gefüllt sind, werden in politisch brenzligen Situationen wahrscheinlich gravierende Fehlentscheidungen treffen oder Bauernfängern auf den Leim gehen. Und genau das erleben wir mit dem Aufstieg rechter Demagogen in vielen Teilen der Welt.

Eine zweite Art der Reaktion, die besonders in den privilegierten Schichten zu finden ist, kann man als Bunkermentalität bezeichnen. Die Möglichkeit, dass mit unseren ökonomischen, politischen und medialen Systemen etwas grundlegend nicht in Ordnung sein könnte, wird militant geleugnet. Vertreter der selbsternannten »Leitmedien« rücken enger zusammen, um sich gegenseitig zu versichern, dass sie die Guten sind und immer alles richtig gemacht haben; Politiker einer ebenfalls selbsternannten Mitte hämmern sich selbst und uns ein, dass ihre Politik alternativlos sei; und Ökonomen, die noch nie etwas richtig vorausgesagt haben, geistern als unsterbliche »Experten« auf allen Kanälen umher. Diese Form postfaktischer Selbstgerechtigkeit nimmt inzwischen gespenstische Züge an. Wenn etwa Politiker wie Wolfgang Schäuble, Angela Merkel und Martin Schulz durch jahrelange Kürzungsdiktate gegen Länder wie Griechenland die Europäische Union fast zum Zerreißen bringen und dann als »große Europäer« gefeiert werden, hat man den Eindruck, in einer Orwell'schen Welt des »Neusprech« zu leben.[17]

Werden alle verrückt?

Eine dritte Art der Reaktion – die teilweise das Resultat der ersten beiden ist – besteht darin, vor einer beängstigenden und scheinbar undurchschaubaren Welt in vereinfachende Erklärungen, Sündenbock-Theorien und verschiedene Formen des Wahnsinns zu fliehen. Dafür gibt es in der Geschichte zahlreiche Beispiele, von antijüdischen Pogromen und Hexenverfolgungen bis zur Ufologie. Seit einiger Zeit haben viele Menschen den Eindruck, dass diese Phänomene wieder zunehmen – wobei die Forschung noch keine Klarheit darüber hat, ob dies tatsächlich so ist oder nur die Sichtbarkeit durch das Internet zunimmt.[18]

Eine Frau etwa berichtet, ihr Ex-Mann sei fest davon überzeugt, reptiloide Aliens würden bald die Erde übernehmen. Zuhause häuft er schon Konserven an. Ein anderer glaubt, dass die Bundesrepublik Deutschland gar kein Staat ist, sondern nur eine Firma, aus der man schnell »austreten« müsse. Der Personalausweis sei ein Beweis dafür, dass man eben nur Personal dieser Firma sei. Zu dieser »Reichsbürger«-Theorie scheint auch die fixe Idee zu gehören, dass syrische Flüchtlinge sich bereits überall in geheimnisvolle »Mutterrollen« eintragen ließen, um Grundstück für Grundstück Deutschland zu übernehmen. Eine andere Frau erzählt entgeistert, der Leiter eines Trommelworkshops, an dem sie teilnahm, glaube sehr ernsthaft daran, die Neandertaler hätten sich vor zehntausenden Jahren in den Erdkern zurückgezogen (die Temperaturen von etwa 5000 Grad dort stören sie offenbar nicht). Im Übrigen müsse man nun zu Hunderttausenden auf Berlin zumarschieren, um die Regierung zu stürzen. Eine emeritierte Professorin für Soziologie beschuldigt mich in einer Rezension meines Buches *Das Ende der Megamaschine*, der »CO_2-Propaganda« des militärischen Komplexes aufzusitzen, der mit Hilfe von »Chemtrails« unser Wetter manipuliere und uns alle umbringen wolle. Viele Klimaleugner von ähnlichem Schlage halten sich etwas auf ihr »systemkritisches Denken« zugute. Ja, die Zurückweisung der überwältigenden Evidenz eines menschengemachten Klimawandels gilt ihnen als *Beweis* ihrer Kritikfähigkeit und ihres Ungehorsams gegenüber Autoritäten. Ähnlich verhält es sich mit Bewohnern von sächsischen Kleinstädten, die ein Komplott zur »Islamisierung des Abendlandes« wittern. Auch sie verstehen sich als kritisch, ja rebellisch. Ebenso wie ein Mann, der mir bei einer Veranstaltung »kritische« französische Nachrichtenportale empfiehlt und hinzufügt, dass die Macher bisweilen als Rechte oder Antisemiten diffamiert würden – aber das sei »nur Propaganda«. Ein späterer Blick auf diese Seiten offenbart, dass sie für die französische Neuausgabe von *Mein Kampf* werben. – Werden die Leute alle verrückt? Oder waren sie es schon immer und trauen sich erst jetzt damit ans Licht der Öffentlichkeit?

Wahn und Wahrheit paranoischer Weltbilder

Seit es Herrschaft von Menschen über Menschen gibt – also seit mindestens 5000 Jahren –, gibt es auch Verschwörungen. Ob es die Ermordung Cäsars, die illegale Absprache von Kaffeepreisen oder den Putsch gegen eine Regierung betrifft: Immer wieder versuchen Menschen, Macht- und Geldvorteile zu erlangen, indem sie heimlich miteinander Pläne gegen andere schmieden. Wenn man solche Komplotte aufdecken will und die Täter nicht in flagranti erwischt, braucht man – wie jeder Kriminalkommissar – Hypothesen. »Verschwörungstheorien« in diesem Sinne gehören also zum kriminalistischen Alltag. Heute wird mit diesem Wort aber meist etwas anderes gemeint: fixe Ideen, die darauf hinauslaufen, dass *die ganze Welt* als eine große Verschwörung organisiert ist. Es ist sehr wichtig, das eine vom anderen zu unterscheiden, denn bisweilen wird das abwertende Wort »Verschwörungstheoretiker« benutzt, um politische Gegner zu diffamieren, selbst wenn sie legitime Argumente ins Feld führen. Wenn etwa Menschen, die bei einem Staatsstreich oder einem terroristischen Anschlag auf gründlichen Recherchen und Beweisen bestehen und sich nicht mit Vermutungen zufrieden geben, mit Reichsbürgern und Ufogläubigen in einen Topf geworfen werden, dann dient der Begriff »Verschwörungstheoretiker« selbst als anti-aufklärerische Waffe. Daher benutze ich für fixe Ideen das Wort »Verschwörungs*ideologie*«. Während ein guter Kriminalist ständig seine Hypothesen prüft, ja zu widerlegen versucht, produzieren Verschwörungsideologen geschlossene Systeme, die sich gegen Kritik immunisieren. Dass uns Außerirdische unterwandern, lässt sich schlichtweg nicht falsifizieren, vielleicht sind sie ja unsichtbar oder so schlau, dass wir sie nicht bemerken. Ob Neandertaler im Erdkern, Chemtrails oder die vermeintliche Weltherrschaft der Rothschilds: Solche Welterklärungsmodelle sind hermetisch geschlossen wie dogmatische Glaubenssysteme, die behaupten, dass ein transzendenter Gott die Weltgeschicke steuert.

Warum aber sind solche paranoischen Vorstellungen so populär? Ein Grund dafür liegt zweifellos darin, dass sich bei vielen Menschen ein Gefühl des Betrogenwerdens eingestellt hat. Wenn Kriege immer wieder mit Behauptungen gerechtfertigt werden, die sich später als Lügen entpuppen, wie zum Beispiel die angeblichen Massenvernichtungswaffen des Iraks;[19] wenn einige Medien, die sich heute über »fake news« empören, selbst solche Falschmeldungen verbreitet haben;[20] wenn die Hauptverantwortlichen der Finanzkrise mit außergerichtlichen Vergleichen davonkommen, während man in Berlin für dreimal Schwarzfahren im Knast landet;[21] wenn Spitzenpolitiker ihr Insiderwissen ungestraft an Banken verkaufen können, wie jüngst der ehemalige EU-Kommissionspräsident Barroso; wenn Whistleblower, die milliardenschwere Steuerfluchtskandale aufdecken, gerichtlich verurteilt werden, während die Verantwortlichen, etwa der Kommissionspräsident Jean-Claude Juncker, unbehelligt im Amt bleiben:[22] dann liegt die Vermutung nicht fern, dass *alles* ein abgekartetes Spiel ist. Jede Paranoia enthält ein Stück Wahrheit, nur nicht auf einer wörtlichen, sondern auf einer symbolischen Ebene. So gesehen sind Reptiloide und Chemtrails Symbole für gesellschaftliche Kräfte, die tatsächlich vielen Menschen übel mitspielen. Das Problem des Paranoikers ist nur, dass er die symbolische und die wörtliche Ebene nicht unterscheiden kann.[23]

Entfremdung und Entwurzelung

Die Ursachen für die Verbreitung paranoischer Weltbilder reichen aber noch wesentlich tiefer. In den vergangenen Jahrzehnten hat neoliberale Politik großen Teilen der Erdbevölkerung den Boden unter den Füßen entzogen. Wo die Menschen früher feste Anstellungsverhältnisse fanden, haben sich inzwischen befristete Hire-and-fire-Jobs verbreitet. Paketfahrer, die einst Beamte waren, sind heute nicht einmal mehr Angestellte, sondern prekäre Ich-AGs, die kaum noch wissen, wem das Unternehmen, für das sie arbeiten, gehört und ob es morgen noch existiert oder vom nächstbesten Hedgefonds zerlegt wird. Das Gefühl, ominösen Kräften ausgeliefert zu sein, die sich in einer unerreichbaren Sphäre bewegen, hat durchaus eine sehr reale Grundlage. Die Flexibilität, die von Arbeitenden heute allerorten erwartet wird, um dem mobilen, anonymisierten Kapital jederzeit zur Verfügung zu stehen, ist nichts anderes als eine Chiffre für Bindungslosigkeit und Entwurzelung.[24] Die Befunde der Sozialpsychologie zeigen, dass Menschen, denen das Gefühl abhandenkommt, Kontrolle über ihr eigenes Leben zu haben, verstärkt zu paranoischen Weltbildern neigen.[25] Der Soziologe Hartmut Rosa spricht angesichts der Aushöhlung menschlicher Weltbeziehungen durch Beschleunigung und Entfremdung auch von einer »Resonanzkatastrophe«: Menschen erleben ihre Mitwelt zunehmend als feindlich und stumm.[26]

Und hier kommen die beiden ersten Strategien der Verdrängung ins Spiel: Wenn die Ursachen für diese Entwurzelung und Entfremdung nicht öffentlich benannt und breit diskutiert werden, sondern die Gehirne der Menschen stattdessen mit billiger Unterhaltung zugeschüttet werden, während Politiker, Journalisten und Ökonomen den zunehmend verwirrten Bürgern einzureden versuchen, dass sie in der Besten aller möglichen Welten leben, dann wird das Ganze irgendwann im Kopf der Leute explodieren. Und genau an diesem Punkt stehen wir.

Seit der Französischen Revolution war es die Strategie der ökonomischen und politischen Eliten, die auf Mitbestimmung drängende Mehrheit der Bevölkerung aus dem politischen Prozess herauszuhalten, indem ihr zunächst über mehr als hundert Jahre lang das Wahlrecht verweigert wurde, dann durch die Manipulation der öffentlichen Meinung und durch Entertainment.[27] Das mag eine Weile funktionieren, aber in Krisenzeiten kommt unweigerlich der Punkt, wo sich diese Strategie rächt: wenn nämlich die »verwirrte Herde« (Walter Lippmann) ihr Gehege durchbricht und unkontrollierbar wird.[28] In dieser Lage hat die Politik zwei Optionen: entweder den Menschen echte Zugeständnisse machen, mehr soziale Gerechtigkeit herstellen, aufklären; oder die Interessen der Reichen und Mächtigen schützen, indem man die Herde ablenkt und ihr Sündenböcke vorsetzt, um die Wut zu kanalisieren. Die Sündenbock-Strategie funktioniert in Krisenzeiten besonders gut, denn sie nutzt die Verunsicherung, Angst und latente Paranoia, indem sie ihr konkrete Bilder liefert: den terroristischen Muslim, den lüsternen Mob von Nordafrikanern, den brutalen Russen, den hinterlistigen Chinesen, den geldgierigen Juden, den faulen Griechen, den schmarotzenden Hartz-IV-Empfänger und so weiter. Die Liste solcher Klischees ist schier endlos und variiert von Land zu Land. Die interessierten politischen Kreise spielen virtuos damit, um von systemischen Fragen und Verteilungskonflikten abzulenken, während Teile der Medien sich als Megaphone dafür anbieten.

Die 1930er-Jahre zeigen die beiden Möglichkeiten exemplarisch. In den USA schuf nach dem Wirtschaftscrash die Regierung Roosevelt – unter massivem Druck der Arbeiterbewegung – mit dem New Deal ein Programm, das Arbeitnehmerrechte stärkte, Banken einer strengen Regulierung unterwarf und die Steuersätze für Reiche auf über 80 Prozent anhob. Roosevelt ging 1933 sogar so weit, alle Goldvermögen im Land zu beschlagnahmen, um seine Politik zu finanzieren.[29] Die Vermögenden mussten zuschauen, wie die staatlichen Inspektoren ihre Banktresore öffneten und die Goldbarren mitnahmen. In Europa dagegen unterstützten, nach anfänglichem Zögern, schließlich große Teile der wirtschaftlichen und politischen Eliten den Aufstieg der Faschisten. Vor die Wahl gestellt zwischen eine soziale Revolution, die ihre Vermögen und Privilegien bedroht hätte, und die nationalistischen und antisemitischen Bewegungen, wählten sie die Letzteren und öffneten damit die Schleusen für die Apokalypse des Zweiten Weltkriegs.

Terror: die große Ablenkung

Im Verhältnis zu den 1980er-Jahren ist die Anzahl von Menschen, die in Westeuropa in den letzten 15 Jahren durch terroristische Anschläge ums Leben gekommen sind, deutlich gesunken. Schwankten die Zahlen damals zwischen 150 und über 400 Toten pro Jahr, so lagen sie zwischen 2000 und 2014 meist unter zwanzig.[30] Die drei mit Abstand opferreichsten Jahre 2004, 2015 und 2016 forderten jeweils knapp 200 Menschenleben. 2017 waren bis Redaktionsschluss dieses Buchs im August etwa 75 Terroropfer in Westeuropa zu beklagen.

Die Entwicklung der öffentlichen Wahrnehmung verhält sich aber vollkommen anders als die Statistik. Obwohl in der EU jedes Jahr etwa 1000-mal mehr Menschen durch Autounfälle als durch Anschläge sterben, ist es einigen Politikern und Journalisten gelungen, den Terrorismus – insbesondere wenn er »Islamisten« zugeschrieben wird – zur größten Bedrohung der Zivilisation zu stilisieren. Regelmäßig ermahnen sie uns, dass wir »unsere westlichen Werte« mit allen Mitteln, auch mit Krieg und der Einschränkung unserer Bürgerrechte, verteidigen müssen. Und das, obwohl längst offensichtlich ist, dass Bomben auf arabische Länder nur noch mehr Terroristen hervorbringen und die Zersetzung der Demokratie durch Ausnahmezustand und Totalüberwachung Anschläge nicht verhindern wird. Währenddessen ist von den tatsächlich größten Bedrohungen für die Zukunft der Menschheit nie in einer auch nur annähernd so alarmistischen und pathetischen Sprache die Rede: von der sehr realen Möglichkeit eines Atomkrieges, den Verheerungen des heraufziehenden Klimachaos und den Gefahren künstlich erzeugten Lebens.[31]

Es geht hier in keiner Weise darum, Terrorismus zu verharmlosen. Jeder getötete oder verletzte Mensch ist einer zu viel. Bis zu einem gewissen Grad ist es auch verständlich, wenn Menschen von schockierenden Taten, die in ihrer Nähe geschehen, mehr bewegt werden als von abstrakten Bedrohungen und fernen Geschehnissen. Aber die Aufgabe von Medien und Politikern sollte es sein, emotionale Schocks nicht durch übergroße Darstellung zu verstärken, sondern im Gegenteil eine vernunftgeleitete Debatte zu führen, die Gefahren realistisch in ihrer Verhältnismäßigkeit zeigt. Doch genau das Gegenteil geschieht: Der Terrorismus in Europa wird zu einem Monster erhöht – eine Wirkung, die Attentäter und besonders der IS sehr attraktiv finden.

In vielen Fällen, etwa den Anschlägen an der Berliner Gedächtniskirche oder an der Strandpromenade von Nizza im Jahr 2016, handelte es sich, wenn man die Geschichten und Motive der Täter näher betrachtet, eher um Amokläufe oder erweiterte Suizide als um politisch-religiösen Terrorismus. Die Täter nutzten die große Terrorbühne, um ihren Tod zu inszenieren, und bedienten sich der IS-Ideologie als Maske.[32] Während bei rassistischen, rechtsradikalen Anschlägen wie den NSU-Morden in Deutschland, dem Breivik-Massaker in Norwegen 2011 oder dem von Breivik inspirierten Münchner Anschlag von 2016 meist Einzeltäterschaft unterstellt und niemals ein »Krieg gegen den Terror« ausgerufen wird, gelten Attentäter aus der muslimischen Welt schnell als Mitglieder eines weltumspannenden Terrornetzwerkes, auch wenn ihre Verbindungen zu Organisationen wie dem IS nur sehr oberflächlich sind oder sie lediglich Hinrichtungsvideos konsumierten.

Der Ausnahmezustand als Ordnungsversuch

Warum aber diese verzerrte Darstellung? Zum einen ist die Stilisierung der Terrorbedrohung natürlich im Sinne aller Kräfte, die höhere Rüstungsbudgets, eine Militarisierung der Polizei und eine Totalüberwachung der Bürger wollen. In einer Zeit extremer sozialer Ungleichheit und politischer Unruhe dient diese Strategie dazu, den Handlungsspielraum der Bürger einzuschränken und autoritäres, polizeistaatliches Verhalten als Dauerzustand zu legitimieren.

Zum anderen haben sich Terrorhysterie und Islamophobie als ausgesprochen nützlich erwiesen, um von systemischen Fragen abzulenken. Während immer mehr Menschen dämmert, dass mit unserem wirtschaftlichen, politischen und medialen System einiges sehr grundsätzlich im Argen liegt, und der Glaube an die Segnungen des Kapitalismus gegen null geht, sind der permanente Terroralarm und die verstörenden Bilder von Anschlägen ein ideales Mittel, um die Aufmerksamkeit und die Emotionen gefangen zu nehmen.

Einmal mehr sehen wir, dass eine ernsthafte Auseinandersetzung um die systemischen Ursachen von Ungleichheit und Gewalt verhindert wird, indem man den Fokus auf eine kleine Gruppe von »Gefährdern« lenkt. Zweifellos gibt es gefährliche, gewaltbereite Islamisten in Europa. Aber ist denn ein VW-Chef, der Hunderttausende von Menschen durch den

Abgasbetrug potenziell tödlichen Lungenkrankheiten aussetzt und den Klimawandel weiter anheizt, kein »Gefährder«? Sind Waffenproduzenten im beschaulichen Oberndorf am Neckar, die die Welt mit Maschinenpistolen beliefern, keine »Gefährder«? Ist ein Präsident der Europäischen Zentralbank, der vorsätzlich einen Bank Run in Griechenland erzeugt, kein »Gefährder«? Sind eine deutsche Kanzlerin und ihr Finanzminister, wenn sie die EU mit einer irrsinnigen Kaputtsparstrategie in den Ruin treiben und damit den neuen Nationalismen die Tür öffnen, keine »Gefährder«? Sind Regierungen von NATO-Staaten, die eine neue Runde atomarer Aufrüstung betreiben, keine »Gefährder«?

Erinnern wir uns, wer den »Kampf der Kulturen« 1996 ausgerufen hat: derselbe Samuel Huntington, der 1975 in dem Bericht *The Crisis of Democracy* vor zu viel Demokratie, zu vielen Arbeitnehmer- und Bürgerrechten, zu viel Gleichberechtigung, zu vielen kritischen Intellektuellen und Journalisten warnte.[33] Die Islamophobie und Terrorpanik wird von genau denjenigen geschürt, die Reichtum und Privilegien in den Händen weniger verteidigen wollen und einen Kulturkampf herbeireden, um von den wirklich wichtigen Fragen abzulenken. Der Terror dient auf diese Weise dazu, aus den zerfallenden westlichen Gesellschaften ein neues großes »Wir« zu schmieden, eine »eingebildete Gemeinschaft«, die gegen den als überlebensgroß inszenierten Feind wieder enger zusammenrückt und alle anderen Konflikte unter den Teppich kehrt.[34] Der permanente Ausnahme- und Kriegszustand ist ein Versuch, im zunehmenden globalen Chaos eine neue ideologische und politische Ordnung zu schaffen. Doch diese Strategie erzeugt zugleich am anderen Ende der Welt noch mehr Chaos, das früher oder später zu uns zurückkehrt.

Der Terror im Globalen Süden

Die mit Abstand meisten Opfer fordert der Terrorismus nicht in den reichen Industrieländern, sondern im Globalen Süden. Seit die USA und ihre Verbündeten den »Krieg gegen den Terror« ausgerufen haben, sind die Opferzahlen in Afghanistan, dem Irak, Pakistan, Somalia, Nigeria und vielen anderen Ländern geradezu explodiert. Kleine Terrorzellen wie Al Qaida haben sich nicht zuletzt durch die Interventionen in den betroffenen Ländern zu globalen Organisationen entwickelt. Während zwischen 2000 und 2015 in Europa 595 Menschen durch Terroranschläge getötet wurden, waren es in arabischen Ländern, Südasien und Afrika über 130.000.[35] Darin sind die zivilen Opfer von Staatsterrorismus, die den Bombardierungen durch die USA, Russland, Saudi-Arabien, Syrien, Israel und viele andere Regierungen erlagen, noch nicht enthalten.[36] Für diese Millionen von Toten gibt es, im Gegensatz zu den Opfern im Westen, keine Gedenkminuten und Trauermärsche in Europa – ein Faktum, das viele Muslime immer wieder zu Recht empört.

Die Wurzeln der Radikalisierung sind in Europa und der arabischen Welt sehr unterschiedlich. In Ländern wie Frankreich, Deutschland oder Großbritannien etwa sind die meisten Attentäter junge Männer, die am Rande der Wohlstandsgesellschaft leben, ohne berufliche Perspektiven, oft als Kleinkriminelle, viele mit wiederholten Gefängnisaufenthalten, einige von Abschiebung bedroht. Für psychische Probleme, Wut und Hass finden sie im Internet Projektionsflächen. Der Islamismus ist dabei nur eine von vielen Spielarten dessen, was der französische Politikwissenschaftler Olivier Roy als »Populärkultur der Gewalt« bezeichnet, die eigentlich nichts mit dem Islam zu tun hat, sondern ein globales Phänomen darstellt, das sich auch in gewaltverherrlichenden Filmen und Computerspielen findet.[37] In der arabischen Welt dagegen ist der Terror zu einem großen Teil aus den Foltergefängnissen der – in vielen Fällen vom Westen finanzierten – Diktaturen und schließlich aus den traumatisierenden Erlebnissen des Irakkrieges hervorgegangen. Die extreme sadistische Gewalt etwa des IS ist ohne diese Geschichte nicht zu verstehen. Politisch ist der militante Islamismus das Ergebnis einer hundertjährigen Demütigung und Entrechtung der arabischen Welt durch die westlichen Kolonialmächte, angefangen beim geheimen Sykes-Picot-Abkommen 1916, das den Nahen Osten in französische und britische Protektorate aufteilte, statt den Arabern die versprochene Unabhängigkeit zu geben.

Gegen beide Ursachenkomplexe gibt es Therapien, auch wenn sie einen langen Atem brauchen. Um die soziale Misere von Migranten und Geflüchteten in europäischen Vorstädten zu bekämpfen, müssen Milliarden von Euro nicht in neue Kampfhubschrauber fließen, sondern in substanzielle Sozial-, Bildungs- und Wohnungsprogramme. Auch für die Eindämmung der Gewalt in der arabischen Welt gibt es erfolgversprechende Wege. Zum

Beispiel die Option, Militärinterventionen, Waffenlieferungen und Subventionen von Diktaturen in der arabischen Welt zu stoppen. Oder einen Marshallplan für den wirtschaftlichen Wiederaufbau der seit Jahrhunderten von Kolonialismus und westlichen Kriegen verwüsteten Gebiete des Nahen Ostens und Nordafrikas auf den Weg zu bringen. Oder eine Organisation für Sicherheit und Zusammenarbeit im Nahen und Mittleren Osten nach dem Vorbild der OSZE ins Leben zu rufen, in der die Sicherheitsinteressen aller regionalen Player Berücksichtigung finden.[38] Warum hört man von diesen Vorschlägen wenig oder gar nichts? Wo sind, wenn der Terror doch eine derartige Bedrohung darstellt, die Sanktionen gegen die Finanziers aus Saudi-Arabien, wo ist die diplomatische Großoffensive, wo der milliardenschwere Fonds für den Wiederaufbau der Region? Sind die Entscheider zu dumm für solche einfachen Ideen? Oder ist der Feind zu nützlich, um ihm ernsthaft den Nährboden zu entziehen?

Die globale Apartheid

Als Bürger der EU kann ich in fast jedes Land der Welt reisen. Für viele Staaten brauche ich kein Visum, für fast alle anderen bekomme ich es in der Regel ohne große Probleme. Ein Flugticket etwa nach Nordafrika kostet einen durchschnittlichen EU-Bürger einen Bruchteil seines monatlichen Einkommens. Und so können wir diese Region als erweiterten Swimmingpool benutzen. Für einen durchschnittlichen Bürger aus Mali oder Afghanistan ist die Welt dagegen eine vollkommen andere. In die EU zu reisen, bedeutet für ihn, sein Leben zu riskieren. Da in der Regel nur die Reichen und Mächtigen seines Landes ein Visum bekommen, muss er einen illegalen Weg wählen. Er muss heimlich Grenzen überschreiten, Wüsten in überfüllten Kleinbussen und Meere auf Schlauchbooten überqueren, er muss Schlepper bezahlen und Polizisten bestechen. Für diese oft wochen-, monate- oder gar jahrelange Odyssee zahlt er am Ende mindestens das Zehnfache eines Flugtickets, während deutsche Billigurlauber vergnügt über seinen Kopf hinwegfliegen. Für den Horrortrip muss sich oft seine Familie verschulden und ihre ganze Habe verpfänden. Die Wahrscheinlichkeit, am Reiseziel anzukommen, ist am Ende für viele kaum höher als in der Wüste zu verdursten, im Meer zu ertrinken, im Bauch eines Schiffes zu ersticken, monatelang in Lagern eingesperrt oder gleich nach Hause zurückverfrachtet zu werden.

Die beiden Arten von Reisenden, Urlauber und Flüchtende, leben in radikal verschiedenen Welten, selbst dort, wo sie physisch nur wenige Meter voneinander entfernt sind. Während sich Feriengäste an Bord eines Kreuzfahrtschiffes darüber beschweren, dass der Wein nicht kühl genug ist, haben die Insassen eines Holzkahns, der in der Dunkelheit wenige Meter entfernt vorbeigleitet, nicht einmal ein Recht auf Leben. Sie gehören in der real existierenden Weltordnung zu einer anderen Kategorie von Menschen, so wie die Schwarzen im Apartheidregime Südafrikas oder unter der rassistischen Segregation in den USA, die bis in die 1960er-Jahre existierte.

Das globale Apartheidregime hat drei verschiedene Komponenten: die physische Macht des Staates, die Mauern errichtet, Polizeiroboter an den Grenzen stationiert und Internierungslager schafft; die strukturelle Gewalt der Ökonomie, die Einkommen und Vermögen weltweit so ungleich verteilt, dass die einen sich Privatjets leisten können und die anderen nicht einmal ein Schlauchboot; und schließlich die ideologische Macht, die solche Gewaltverhältnisse als natürlich, gottgegeben, vernünftig oder unvermeidlich maskiert.

Die ökonomische Seite dieser Zweiteilung der Welt wurde mir erstmals in aller Schärfe bewusst, als ich Ende der 1990er-Jahre in einer ländlichen Region Indiens mit einigen Kindern und Jugendlichen ins Gespräch kam, die mich fragten, was mein Flugticket gekostet habe. Ich kannte den Tageslohn von Bäuerinnen, die auf Baustellen arbeiteten oder mit Hammer und Meißel Steine zerklopften (eine dort bis heute weit verbreitete Tätigkeit): etwa 20 Rupien, damals eine D-Mark. Ich traute mich nicht, den Kids den wahren Preis meines Tickets zu nennen, es wäre für sie eine obszöne Zahl mit zu vielen Nullen gewesen. Für die 40.000 Rupien hätten ihre Mütter zweitausend Tage, also fast sechs Jahre, an sieben Tagen pro Woche arbeiten müssen, ohne etwas für Essen oder andere Dinge auszugeben. Der Preis eines Tickets für eine deutsche Arbeiterin würde dementsprechend weit über 100.000 Euro betragen. Ich zog also, ziemlich feige, einfach eine Null ab, weil ich mich für meinen Reichtum schämte.

Wir leben in dieser radikal zweigeteilten Welt und halten sie oft für normal. Über Jahrhunderte ist uns eingeredet worden, die Menschen in Afrika oder dem Nahen Osten seien einfach nicht in der Lage, vernünftig zu wirtschaften und einen Wohlstand wie wir im Norden zu erreichen. Das heiße Klima begünstige die Untätigkeit, die Leute hätten den Sprung in die Moderne verpasst und überhaupt sei die Mentalität eine andere. Außerdem könne man deutsche Touristen nicht mit Maliern oder Afghanen vergleichen, die ja als »Wirtschaftsflüchtlinge« herkämen, während wir unser wohlverdientes Geld schließlich in den armen Ländern ausgeben würden.

Diese Sichtweise ist das Produkt ideologischer Macht, mit der die Zweiteilung der Welt seit der Entstehung des modernen Weltsystems vor 500 Jahren gerechtfertigt wurde. Die Realität hinter solchen Verbrämungen ist ebenso schlicht wie brutal: Die Megamaschine braucht, um zu funktionieren, ein starkes Gefälle zwischen den »Zentren«, in denen der größte Teil der Wertschöpfung und Kapitalakkumulation stattfindet, und der »Peripherie«, die im Wesentlichen dafür da ist, billige Rohstoffe und Arbeitskräfte zu liefern.[39] Diese Spaltung ist von Anfang an eine systemische Konstante gewesen, wobei über die meiste Zeit etwa zwei Drittel der in die Weltwirtschaft integrierten Menschen zur Peripherie und ein Drittel zu den Zentren und der »Semiperipherie« zählten.[40] Dieses Verhältnis war zur Zeit der Fugger im 16. Jahrhundert etwa dasselbe wie heute. Der Grund dafür ist einfach: Nur wenn Rohstoffe und Arbeitskräfte in der Massenproduktion sehr billig sind, können die Güter in Stückzahlen und mit Gewinnspannen verkauft werden, die für Kapitalisten attraktiv sind. Nur durch dieses Gefälle war die ungeheure Akkumulation von Kapital in Westeuropa und später den USA möglich. Über die ersten Jahrhunderte seit Kolumbus war es vor allem die offene physische Gewalt von Kanonen, Gewehren und Peitschen, mit der dieses Gefälle hergestellt und aufrechterhalten wurde, von der Conquista über die Sklaverei bis zum Kolonialsystem. Als es den Bevölkerungen in Asien und Afrika nach dem Zweiten Weltkrieg in sehr harten Kämpfen gelang, das Joch der Kolonialherrschaft abzuschütteln, traten zwei andere Methoden ins Zentrum: zum einen die Auslöschung unabhängiger Regierungen im Globalen Süden durch verdeckte Operationen und Putsche, wie sie der Westen in Guatemala, Iran, dem Kongo, Indonesien, Chile, Brasilien, Haiti und Dutzenden anderen Ländern zu verantworten hat. Damit wurden dort alle Bemühungen um eine eigenständige Entwicklung untergraben. Seit den 1980er-Jahren kamen außerdem die »Strukturanpassungsprogramme« des Internationalen Währungsfonds hinzu, die verschuldete Länder dazu zwangen, billig für den Export zu produzieren und sie damit in die Armutsfalle trieben.[41] Die Tatsache, dass der Durchschnittslohn in Mali oder Afghanistan ein *Hundertstel* dessen beträgt, was ein Däne oder US-Bürger verdient, ist das Ergebnis von Jahrhunderten massiver Gewalteinwirkung zu genau diesem Zweck – und nicht das Resultat des Klimas, der »Mentalität« oder der »Kultur«.

Die neuen Mauern und der ökologische Kollaps

Dieses extreme Kaufkraftgefälle errichtet eine unsichtbare Mauer zwischen dem Globalen Norden und dem Süden. Doch 500 Jahre koloniale Plünderung, Krieg und inzwischen auch die Wirkungen des Klimawandels zwingen immer mehr Menschen, alle ihre Kräfte und Ressourcen zu mobilisieren, um diese Mauer zu durchbrechen und anderswo ein neues Leben zu beginnen. Sie stoßen dabei allerdings auf eine zweite Mauer: die der nackten physischen Gewalt. Sowohl die USA als auch die EU schotten sich seit Jahren durch eine massive Militarisierung ihrer Grenzen nach Süden ab. Zwischen 2000 und 2016 starben etwa 30.000 Menschen an den EU-Außengrenzen, allein im Jahr 2016 waren es 5000.[42] Keiner von ihnen hätte sterben müssen, wenn die EU legale, sichere Wege zur Einreise schaffen würde, statt die Menschen auf immer gefährlichere Seerouten zu drängen. Für diese Tausenden von Toten veranstalten wir ebenso wenig Gedenkfeiern und Schweigeminuten wie für die Terrortoten im Irak oder in Somalia. Die Gedenk- und Aufmerksamkeitskultur spiegelt exakt die Apartheidsarchitektur unserer Welt wieder.

Um die verstörenden Bilder der im Mittelmeer Sterbenden zu vermeiden und zu verhindern, dass Flüchtende überhaupt noch Europa erreichen, setzen die EU-Länder seit einiger Zeit darauf, mit autoritären Staaten wie der Türkei und Bürgerkriegsländern wie Libyen Deals zur »Flüchtlingsabwehr« zu vereinbaren. Millionen von Menschen stranden seither in den dortigen Lagern, in denen oft nicht einmal die elementarsten Anforderungen der UN-Flüchtlingskonvention erfüllt sind. So entsteht weltweit ein neuer »Archipel Gulag«. Nach seinem Besuch des irakischen Lagers Kawergosk sprach der französische Schriftsteller Laurent Gaudé von einem »Höllenexperiment«.[43]

Auch in anderen Teilen der Welt werden neue Mauern errichtet. An der Grenze zu Bangladesch etwa baut der indische Staat seit vielen Jahren das längste Abschottungssystem der Erde seit dem Bau der Chinesischen Mauer. Ein Stacheldrahtzaun soll die viertausend Kilometer lange Grenze schließen – angeblich zur Bekämpfung des Drogenschmuggels. Es ist aber ein offenes Geheimnis, dass sich Indien damit vor allem gegen die massiven Fluchtbewegungen rüstet, die der Meeresspiegelanstieg in Bangladesch verursachen wird. 30 Prozent des Landes liegen weniger als einen Meter über dem Meeresspiegel. Durch das Abschmelzen Grönlands und des westantarktischen Eisschildes und die mit der Wärme zunehmende Ausdehnung des Meereswassers ist damit zu rechnen, dass schon in den nächsten Jahrzehnten große Teile des Tieflandes unbewohnbar werden. Wo sollen diese Menschen in dem extrem dicht besiedelten Land hin? Indien arbeitet daran, sie zu Gefangenen im eigenen Land zu machen. Es genügt aber nicht, mit dem Finger auf die indische Regierung zu zeigen. Denn für den Anstieg des Meeresspiegels sind vor allem die Treibhausgasemissionen der früh industrialisierten Länder verantwortlich, die dementsprechend auch die Aufnahme der Geflüchteten bezahlen und organisieren müssten. Doch der Schauplatz ist fern genug, um im Westen so zu tun, als sei das Ganze eine Sache der beiden südasiatischen Länder.

Im März 2017 informierte der UN-Nothilfekommissar Stephen O'Brien den UN-Sicherheitsrat, dass 20 Millionen Menschen in Nigeria, Somalia, dem Süd-Sudan und im Jemen akut vom Hungertod bedroht sind – die größte humanitäre Krise seit Gründung der UN. Eine wesentliche Ursache neben Krieg und politischem Chaos: die klimabedingt schwerste Dürre seit Menschengedenken. Um diese Menschen zu retten, wären laut Vereinten Nationen vier Milliarden Dollar notwendig. Doch die Staatengemeinschaft hatte zum Stichtag nur ein Zehntel davon bereitgestellt. Währenddessen hat die US-Regierung das Rüstungsbudget um 54 Milliarden Dollar jährlich auf 610 Milliarden erhöht.[44] Deutschland stockt ebenfalls massiv seine Militärausgaben auf: Bis 2020 soll das Budget um genau jene vier Milliarden Dollar wachsen, mit denen das Leben von 20 Millionen Afrikanern und Jemeniten gerettet werden könnte.[45] Der Fall ist ein anschauliches Beispiel für das, was Jean Ziegler, der ehemalige UN-Sonderberichterstatter für das Recht auf Nahrung, eine »kannibalische Weltordnung« nennt.[46] Indem das globale Apartheidregime Klimaopfern sowohl direkte Hilfe als auch das Recht zu migrieren verweigert, nimmt es Schritt für Schritt die Dimensionen eines Genozids an.

Die große Herausforderung der kommenden Jahrzehnte wird – neben dem raschen Ausstieg aus den fossilen Energien – darin bestehen, für die Opfer des Klimachaos legale und sichere Wege zu schaffen, um in die noch bewohnbaren Regionen zu migrieren. Klimaflüchtlinge müssen dazu im internationalen Recht voll anerkannt werden, wie es etwa die Environmental Justice Foundation fordert.[47] Zwar sollte man die Genfer Flüchtlingskonvention nicht wieder aufschnüren, denn das würde vermutlich einen Prozess der Aufweichung von Flüchtlingsrechten in Gang setzen, weil viele Staaten nur darauf warten, sich daraus zurückzuziehen. Denkbar wäre es aber, im Rahmen der Klimarahmenkonvention für die Hauptverursacher, also für die Industrieländer, Verpflichtungen zur Aufnahme von Klimaflüchtlingen festzuschreiben. Darüber hinaus geht es darum, für Flüchtende sichere Einreisewege zu schaffen – ein Thema, das die Staaten in der Genfer Konvention absichtlich ausgespart hatten, um weiter durch restriktive Visapolitik Geflüchtete daran hindern zu können, ihr Territorium zu erreichen.

Die Industriestaaten mauern allerdings gegen eine Anerkennung von Klimaflüchtlingen, mit der Folge, dass dieses Thema bei den UN-Klimaverhandlungen bisher weitgehend ausgespart wurde. Doch der Umbruch der Weltordnung, wie wir ihn derzeit erleben, und das mögliche Ende der westlichen Dominanz könnten ein Fenster für eine neue Völkerrechtsarchitektur öffnen. Das aber wird davon abhängen, ob und wie sich die Menschen sowohl im Globalen Süden als auch im Norden organisieren, um diese Rechte durchzusetzen. Die Flüchtenden können hier im wörtlichen Sinne als soziale *Bewegung* verstanden werden, denn ihre physische Bewegung zwingt uns dazu, uns mit der Brutalität der gegenwärtigen Weltordnung auseinanderzusetzen. Politiker und Journalisten haben hier eine enorme Verantwortung: Reproduzieren sie die Ideologie der globalen Apartheid, indem sie Migranten als »Wirtschaftsflüchtlinge« denunzieren oder die altbekannte »Das-Boot-ist-voll«-Rhetorik bedienen? Oder zeigen sie konsequent die Verantwortung der Industriestaaten und die Notwendigkeit einer neuen, gerechten Friedensordnung, die ohne umfassende Migrations- und Asylrechte nicht zu denken ist?

Die Mehrheit der westeuropäischen Entscheidungsträger in Politik und Wirtschaft nehmen für sich in Anspruch, eine »liberale internationale Ordnung« zu vertreten, wie sie etwa auf den Münchener Sicherheitskonferenzen Jahr für Jahr feierlich beschworen wird. Doch was hier de facto unter Freiheit verstanden wird, ist die Freiheit des Kapitals, sich um den Globus zu bewegen. Die Bewegungsfreiheit der Menschen wird weitaus geringer geachtet als die des Geldes. Das zeigt die Inbrunst, mit der sich die Vertreter der »liberalen Ordnung« seit Jahrzehnten für die Abschaffung von Kapitalverkehrskontrollen eingesetzt haben und *zugleich* für eine stetige Verschärfung der Grenzregime zwischen reichen und armen Weltregionen. Es gehört zum strukturellen Zynismus dieser Ordnung, dass dem Geld mehr Rechte eingeräumt werden als den Menschen. Eine gerechte und zukunftsfähige Ordnung dagegen braucht Bewegungsfreiheit für Menschen und Grenzen für das Geld.

Die Aushöhlung des Asylrechts

In Deutschland zum Beispiel ist die Politik der Abschottung ein Kontinuum über alle Regierungswechsel hinweg, mindestens seit den frühen 1990er-Jahren. 1993 änderte die CDU-FDP-Regierung unter Helmut Kohl gemeinsam mit der SPD-Opposition das Grundgesetz, um das Grundrecht auf Asyl massiv einzuschränken. Das umfassende Asylrecht war ursprünglich eine der Lehren aus dem Nationalsozialismus. Es beruhte auf der Erfahrung aus Zweitem Weltkrieg und Holocaust, als Millionen von Menschen in der deutschen Todesmaschine gefangen waren und nicht herauskamen. Die USA, Großbritannien, die Schweiz und andere »liberale Demokratien« führten damals Obergrenzen ein. Die USA etwa ließen, als sich die Shoah anbahnte, nur maximal 27.000 Menschen pro Jahr einreisen, eine lächerlich niedrige Zahl im Verhältnis zur Größe des Landes. Die Folge: Hunderttausende starben, die hätten gerettet werden können. Zur besonderen Verantwortung Deutschlands für seine Geschichte sollte es, so dachten die Autorinnen und Autoren des Grundgesetzes, gehören, Menschen wirkungsvoll Schutz vor Verfolgung zu geben. Die verharmlosend »Asylkompromiss« genannte Grundgesetzänderung von 1993 brach mit den Lehren aus dieser Geschichte, indem sie das Konzept von »sicheren Drittstaaten« und »sicheren Herkunftsstaaten« schuf, um Asylsuchende aus Deutschland fernzuhalten. Damit ebneten Union, FDP und SPD den Weg für eine Politik, die heute Geflüchtete in Kriegsregionen wie Afghanistan zurück deportiert, indem sie solche Länder willkürlich zu »sicheren Herkunftsländern« erklärt.

Der Mythos von der Überforderung

Wer eine Ausweitung der Rechte von Migranten und Flüchtenden fordert, stößt meist auf eine Reihe von Einwänden, und das nicht nur von Konservativen, sondern oft auch von Menschen, die sich als links oder liberal verstehen. Das erste Argument lautet in der Regel: Geflüchtete, einschließlich Klimaflüchtlingen, konsequent aufzunehmen, würde die Gesellschaft organisatorisch und finanziell überfordern. Darauf gibt es eine kurze und eine lange Antwort. Die kurze ist eine Gegenfrage: Was hat mehr Gewicht: das Überleben von Millionen von Menschen, die vor Klimachaos, Krieg und

Hunger fliehen, oder unsere Bequemlichkeit und unser Wohlstand? Das ist eine sehr einfache Frage, die jeder für sich beantworten kann. Die lange Antwort lautet: Ein Land wie Deutschland, das zu den reichsten Nationen der Erde zählt, hat mehr als genug Geld und organisatorische Kapazitäten, um einige Hunderttausend Menschen pro Jahr aufzunehmen. Die Aufnahme von 400.000 Spätaussiedlern und weiteren Hunderttausenden von Übersiedlern aus der DDR allein im Jahr 1990 war organisatorisch und finanziell auch zu leisten. Natürlich braucht es ausreichende Ressourcen in Ämtern und Behörden, für die der Staat sorgen muss, aber eine angemessene Besteuerung von Multimillionären und Milliardären würde leicht die dafür notwendigen Mittel bereitstellen. Dass ein Asylrecht, das diesen Namen verdient, die Gesellschaft auf Dauer finanziell überlaste, ist darüber hinaus ein Mythos. Der Wirtschaftsjournalist Thomas Fricke, ehemaliger Chefökonom der *Financial Times Deutschland*, hat errechnet, dass sich die Aufnahme von Geflüchteten zum großen Teil selbst finanziert, weil praktisch alle Gelder, die für Unterbringung und zusätzliches Personal ausgegeben werden, wieder in den Wirtschaftskreislauf zurückfließen.[48] Maximal 0,3 Prozent des Bruttoinlandsproduktes mussten selbst auf dem Höhepunkt der Zuwanderung im Jahr 2015 aufgewendet werden. Ist das wirklich zu viel dafür, Hunderttausende vor Elend und Tod zu bewahren?

Das zweite Argument folgt meist, wenn das erste entkräftet ist: Zu viel Migration würde die EU-Länder *kulturell* überfordern. Dieses Argument beruht auf der Idee, es gebe so etwas wie eine einheitliche deutsche oder europäische Kultur, die es gegen »Fremde« zu verteidigen gelte. Aber tatsächlich haben eine badische Bäuerin, ein Schuhverkäufer aus Eisenhüttenstadt, ein Banker aus Frankfurt, ein Hippie aus dem Wendland und eine Filmproduzentin aus Berlin meist ziemlich wenig gemeinsam. Ihre Werte und Lebensentwürfe, die Musik, die sie hören, die Feste, die sie feiern, die Orte, die sie im Urlaub besuchen, könnten unterschiedlicher kaum sein. Die Idee, dass all diese Leute eine gemeinsame Kultur teilen, ist eine Erfindung des 18. Jahrhunderts, die später dazu benutzt wurde, von den explosiven sozialen Konflikten, die der Kapitalismus schuf, durch die Erzählung eines großen nationalen Wir abzulenken. Der Historiker Benedict Anderson nannte dies einst »eingebildete Gemeinschaften«.[49] Und auch hier gilt es wieder zu fragen, was mehr wert ist: das Überleben von Millionen von Menschen oder die Pflege einer Illusion, die schon in der Vergangenheit Tod und Schrecken verbreitet hat? Statt dem Phantasma einer Volksgemeinschaft nachzujagen, liegt der Weg in die Zukunft darin, echte Gemeinschaften vor Ort aufzubauen, die Menschen verschiedener Herkunft miteinander in Verbindung bringen. Hunderttausende von Menschen in Deutschland, Österreich und vielen anderen europäischen Ländern haben dies sehr erfolgreich in den vergangenen Jahren getan, indem sie dort, wo der Staat versagte, selbst die Initiative ergriffen, um Geflüchtete zu unterstützen.

Die Feuerwehr als Brandstifter

Das dritte Argument lautet meist: Wenn wir zu viele Leute hereinlassen, bekommen Rechtsradikale Auftrieb und gewinnen am Ende noch Wahlen. Dieses Argument ist eine fast exakte Wiederholung aus den Asyldebatten der 1980er- und 1990er-Jahre. 1992 etwa forderte der damalige CSU-Vorsitzende Edmund Stoiber, »endlich den massenhaften Zustrom unberechtigter Asylbewerber« zu stoppen, wenn man nicht »extremistischen Demagogen den Boden für die böse Saat des Fremdenhasses« bereiten wolle.[50] Solche Sätze kamen von genau jenen Politikern, die jahrelang Stimmung gegen Migranten gemacht und damit den Trend nach rechts überhaupt erst angetrieben hatten. CDU/CSU und *Bild-Zeitung* hatten in den 1980er-Jahren eine Kampagne gegen den angeblichen »Missbrauch des Asylrechts« in Gang gesetzt, die bis ins Detail Parallelen zur Gegenwart hat. Mehrfach zog die Union damit in den Wahlkampf – allen Warnungen zum Trotz, dass man die Geister, die man rief, nicht mehr loswerden würde. Selbst einige CDU-Abgeordnete warnten ihre Parteikollegen 1987:

> Wer durch unsaubere oder einseitige Zahlenpräsentation oder übertriebene und emotionalisierende Sprache Fremdenangst und Aggression schürt, der zerstört die vorhandene Aufnahmebereitschaft in der Bevölkerung und trägt zur Aushöhlung des Grundrechts auf politisches Asyl bei.[51]

Doch die Union und Teile der Medien verschärften den Ton weiter. Das Ergebnis dieser Kampagnen waren die Wahlerfolge rechtsextremer Parteien in den frühen 1990er-Jahren in West und Ost sowie die brutalen

Ausschreitungen gegen Asylbewerber in Hoyerswerda, Rostock, Mölln, Solingen und an vielen anderen Orten, bei denen 34 Menschen ermordet wurden. Der rechte Flächenbrand blieb jedoch nicht ohne Antwort. Im Dezember 1992 demonstrierten an einem einzigen Tag 800.000 Menschen allein in Hamburg und München mit Lichterketten gegen die fremdenfeindliche Gewalt: zusammengenommen die größte Demonstration in der Geschichte der Bundesrepublik.[52] Doch statt diese enorme zivilgesellschaftliche Mobilisierung zu nutzen, um die Rechte von Geflüchteten zu stärken, schleifte die SPD zusammen mit Union und FDP das Grundgesetz.

Diese Geschichte zeigt, dass führende Politiker keineswegs ängstlich den Stimmungen in der Bevölkerung folgten, um Schlimmeres zu verhindern, sondern die rassistischen Trends, die es bei Minderheiten gab, aktiv vergrößerten, um schließlich die Aufnahmebereitschaft in der Bevölkerung an den Rand zu drängen. Diese Strategie hatte damals wie heute auch die Funktion, von der massiven sozialen Spaltung abzulenken, die bereits von der Regierung Kohl eingeleitet und durch den Raubzug der Treuhand im Osten erheblich verschärft wurde. Statt über die immer ungerechtere Verteilung von Eigentum und Einkommen zu sprechen, wurde die Aufnahme von Geflüchteten zur existenziellen Krise der Gesellschaft erklärt.

Noch immer stehen jedoch große Teile der Gesellschaft Migration positiv gegenüber, und viele engagieren sich für Geflüchtete. In den meisten EU-Ländern, etwa in Deutschland und Frankreich, sehen 80 Prozent der Menschen zwischen 18 und 34 Jahren Zuwanderung als gesellschaftlichen Gewinn an. Offene Grenzen für Geflüchtete befürworten zwei Drittel der Befragten.[53] Es gibt also Grund zur Hoffnung, dass es eines Tages gelingen kann, die sichtbaren und unsichtbaren Mauern der globalen Apartheid niederzureißen.

Chaos in der Weltwirtschaft

In fast allen Ländern der Erde, ob in den USA, Indien oder Deutschland, geht die Schere zwischen Arm und Reich immer weiter auseinander. Im Jahr 2015 besaßen 62 Männer so viel wie die ärmere Hälfte der Weltbevölkerung, 2016 waren es nur noch acht.[54] Diese Armutsschere ist längst auch in der EU zu beobachten. In großen Teilen Südeuropas etwa herrscht eine Jugendarbeitslosigkeit von über 50 Prozent, eine ganze Generation verliert ihre Zukunftsperspektive.

Bei einer befreundeten italienischen Bauernfamilie, die nebenher ein Restaurant betreibt, starb kürzlich der alte »Padrone«. Die Familie hatte kein Geld für eine Beerdigung oder ein Urnengrab, also stellte sie sich die Asche des Opas einfach ins Regal. Die Familienmitglieder stehen seit ihrer Kindheit jeden Morgen um fünf Uhr auf und arbeiten bis spätabends, auch an den Wochenenden. Am Ende reicht das Geld nicht einmal für eine Beerdigung – und das in einem der wohlhabendsten Länder der Erde. Auf dem Fernseher, der neben der Urne im Regal steht, wird währenddessen angekündigt, dass die italienische Bank Monte dei Paschi di Siena mit 20 Milliarden Euro aus Steuergeldern gerettet werden soll. Die beiden Enkel des Padrone, beide volljährig und ohne Lohnarbeit, sitzen auf dem Sofa und schauen stumm zu. Sie wohnen noch immer zuhause. Und es sieht so aus, als ob das auch so bleiben würde. Das Restaurant ist inzwischen geschlossen, weil sich die Familie die Kosten für die exorbitant teure Müllabfuhr nicht mehr leisten kann.

Die Szenerie ist typisch für viele südeuropäische Länder. Auf dem Balkan ist schon seit fünfundzwanzig Jahren, seit dem Zusammenbruch Jugoslawiens, eine massive Verarmung und ein Exodus der jungen Generation im Gange. Auf der anderen Seite des Mittelmeers, in Ägypten, Tunesien oder Algerien, sieht es noch schlechter aus. Ein junger Algerier, der dreimal vergeblich versucht hat, über das Meer nach Europa zu kommen, berichtet: »Die Bilanz meines Lebens ist absolut negativ. Ich bin ohne Arbeit und ohne Wohnung. In Algerien sind sogar Ärzte und Ingenieure arbeitslos.«[55] Das einzige nordafrikanische Land mit geringer Arbeitslosigkeit war bis 2011 Libyen. Seit dem Bürgerkrieg und der NATO-Intervention ist es nun ein Trümmerhaufen. Wie auch große Teile des Nahen Ostens.

Das Ende des Wachstums oder:
Der Kapitalismus siegt sich zu Tode

Die desolate Lage im Mittelmeerraum ist ein Symptom für die strukturelle Krise der Weltwirtschaft, die in den 1970er-Jahren begann und sich seither von den Peripherien zu den Zentren frisst. Sie zeigt sich an einigen recht einfachen Zahlen, die jenseits der üblichen Konjunkturschwankungen die langfristigen Trends dokumentieren. Während in den 1950er- und 1960er-Jahren das weltweite Wirtschaftswachstum pro Kopf sich um die Marke von etwa drei Prozent bewegte, schwankt es seit Mitte der 1970er-Jahre um nur noch ein Prozent – mit sehr großen Ausschlägen nach unten.[56] Seit geraumer Zeit geht dieses Wachstum außerdem im Wesentlichen auf China zurück, in weiten Teilen der Welt stagniert oder schrumpft die Wirtschaftsleistung pro Kopf. Erstmals seit Ende des Zweiten Weltkriegs gab es außerdem einen absoluten Rückgang des Weltsozialproduktes, und das sogar zweimal innerhalb von sieben Jahren: einmal 2009 und zuletzt 2015.[57]

Nun kann man natürlich mit einiger Berechtigung fragen, was denn an einem langfristig stagnierenden Sozialprodukt so schlimm sei. Gibt es denn nicht genug Reichtum auf der Welt, den man nur anders verteilen müsste? Warum muss die Wirtschaft in eine Krise geraten, wenn ihre in Geldwerten gemessene Leistung konstant bleibt? Tatsächlich kann eine nicht-kapitalistische Wirtschaft, wie wir im zweiten Teil sehen werden, auch ohne BIP-Wachstum oder sogar mit einer Schrumpfung stabil bleiben und unter bestimmten Voraussetzungen sogar das Wohlergehen der Bürger dabei steigern. Solange die endlose Geldvermehrung aber das übergeordnete Prinzip der Ökonomie ist, bedeutet zu schwaches Wachstum, dass es zu wenig attraktive Investitionsgelegenheiten gibt – und damit Krisen, Arbeitslosigkeit, politisches Chaos.

Der wichtigste Grund für die Dauerkrise ist der Erfolg des Kapitalismus selbst. Mit dem neoliberalen Triumphzug der letzten 30 Jahre wurden Löhne gedrückt, Gewerkschaften geschwächt, soziale Sicherungen radikal abgebaut, Arbeitsplätze in Billiglohnländer und Gewinne in Steueroasen verlagert. Damit ist es Kapitalbesitzern gelungen, ihre Profitraten, die in den 1970er-Jahren massiv eingebrochen waren, wieder nach oben zu ziehen[58] – um den Preis allerdings, dass das Gesamtsystem immer instabiler wird. Denn wenn ein Großteil der Menschen immer weniger verdient, dann stellt sich die Frage, wovon sie die ungeheure Masse von Produkten und Dienstleistungen kaufen sollen, die ständig angeboten wird. Und die Menge dieser Produkte muss in einer kapitalistischen Ökonomie ja ständig wachsen, damit sich das angehäufte Kapital weiter verwerten kann. Wir stehen also vor der Situation, dass immer mehr gekauft werden muss, um das System am Laufen zu halten, die meisten Menschen aber immer weniger Geld dafür in der Tasche haben. Die Lösung, die dafür gefunden wurde, schien zunächst sehr einfach: Schulden.

Schulden und Crashs

Es begann damit, dass Banker aus den USA und Westeuropa in der weltweiten Rezession der 1970er-Jahre Diktatoren im Globalen Süden umfangreiche Kredite für fragwürdige Großprojekte aufdrängten. Das meiste davon wirtschafteten die Autokraten in die eigene Tasche, während Tilgung und Zinseszins teilweise bis heute von den Bevölkerungen abgearbeitet werden müssen. Dann wurden, vor allem in den USA, finanzschwache Konsumenten mit Kreditkarten ausgerüstet, um auf Pump ihren American Way of Life zu finanzieren. Später waren es Kredite für Häuslebauer, die sich Eigenheime eigentlich gar nicht leisten konnten. Banker wiederum bastelten aus all den windigen Krediten undurchschaubare »Finanzprodukte«, die sie an ahnungslose Dritte weitergaben, und liehen sich, um ihren Profithebel zu vergrößern, selbst Unsummen. Auf diese Weise wurde eine Weile der Schein gewahrt, als könne alles so weiter gehen wie bisher. Als ein Großteil dieses Kartenhauses 2008 zusammenbrach, kauften die Staaten die Pleitebanken frei, während Zentralbanken den Finanzsektor mit billigem Geld fluteten, um das Spiel wieder in Gang zu bringen.

Das Ergebnis von all dem ist, dass die Verschuldung von Haushalten, Unternehmen und Staaten weltweit rasant wächst, und zwar wesentlich schneller als die Wirtschaftsleistung.[59] William White, ehemaliger Chefökonom der Internationalen Bank für Zahlungsausgleich (die »Zentralbank der Zentralbanken«) war vor 2007 der einzige Zentralbanker, der die heraufziehende Krise richtig vorhergesagt hatte. Anfang 2016 warnte er vor einem neuen Crash:

Über die letzten acht Jahre haben sich die Schulden immer weiter aufgebaut und inzwischen in allen Teilen der Welt ein so hohes Niveau erreicht, dass sie ein gewaltiges Potenzial für Unheil darstellen. (...) In der nächsten Rezession wird es offensichtlich werden, dass viele dieser Schulden niemals bedient oder gar zurückgezahlt werden.[60]

Kein Mensch weiß, welche Schuldenblase zuerst platzen und damit die nächste Finanzkrise auslösen wird: ob es der aufgeblähte chinesische Immobilienmarkt ist, der Zahlungsausfall von Staaten, der marode Bankensektor der EU oder die »Kohlenstoffblase« der fossilen Industrien, deren billionenschwere Kohle- und Ölreserven nichts mehr wert sind, wenn mit dem Schwenk zu erneuerbaren Energien auch nur halbwegs ernst gemacht wird.[61] Klar ist aber eines: Wenn es zu einer neuen Finanzkrise kommt, wird es einmal mehr heißen, dass Regierungen mit Steuergeldern Pleitebanken retten sollen, um uns vor dem Weltuntergang zu bewahren. Der Preis für neue Bail-outs wäre aber enorm, politisch wie ökonomisch. Denn eine erneute Abwälzung der Schuldenlawine auf die breite Bevölkerung würde massive politische Verwerfungen hervorrufen. Bereits die Bankenrettungen und die darauf folgende Austeritätspolitik seit 2008 haben die EU an den Rand des Auseinanderbrechens gebracht und die nationalen politischen Systeme tief erschüttert. Zugleich würden weitere Kürzungsprogramme die Kaufkraft zusätzlich schwächen – und damit das System noch weiter destabilisieren. Ohne Bail-outs aber würde ein kompletter Crash drohen. Das Gesamtsystem ist also in eine Lage geraten, in der es immer instabiler wird, egal welche Entscheidungen kurzfristig getroffen werden.

Die Krise der Lohnarbeit

Wenn in Wahlkämpfen das Wort »Zukunft« beschworen wird, dann klingt das für immer mehr Menschen hohl. Kaum jemand glaubt noch ernsthaft daran, dass die Zukunft besser wird als die Gegenwart. Ökonomisch zeigt sich das etwa an der Tatsache, dass die Anzahl der Haushalte mit stagnierendem oder sinkendem Haushaltseinkommen in den vergangenen 20 Jahren dramatisch zugenommen hat. Hatten in Industriestaaten zwischen 1993 und 2005 null bis zwei Prozent der Haushalte stagnierende oder sinkende

Einkommen, so sind es heute in Großbritannien 70, in den USA 81 und in Italien sage und schreibe 97 Prozent.[62] Das ist ein epochaler Einschnitt: Er bedeutet das Ende der großen Wohlstandsverheißung, wie sie für den Westen mindestens seit dem Ende des Zweiten Weltkriegs, wenn nicht seit der Zeit der Hochindustrialisierung prägend war.[63]

Erschwerend kommt hinzu, dass die Lohnarbeit nicht nur tendenziell schlechter bezahlt wird, sondern schlichtweg verschwindet. Die offiziellen Arbeitslosenstatistiken täuschen meist darüber hinweg, weil Regierungen immer wieder die Erhebungsmethoden verändern, um ihr Wirken als Erfolg zu verkaufen. In den USA etwa werden Menschen, die fünf Jahre und länger vergeblich einen Job gesucht haben, einfach aus der Statistik gestrichen. In Deutschland haben die Regierungen seit Gerhard Schröder 17-mal die Berechnungsmethoden geändert und damit mindestens eine Million Arbeitslose auf dem Papier verschwinden lassen.[64] Während 2015 offiziell 2,6 Millionen Menschen arbeitslos waren, erhielten aber sieben Millionen Bundesbürger Arbeitslosengeld oder Hartz IV – doppelt so viele wie 25 Jahre zuvor. Selbst in Deutschland also, das mit seiner Exportwirtschaft global gesehen zu den großen Gewinnern gehört, bröckelt das System der klassischen Lohnarbeit langsam. In anderen Teilen der Welt sieht es weit extremer aus: In den meisten afrikanischen Ländern etwa haben nur 20 Prozent der arbeitsfähigen Menschen eine Lohnarbeit.[65]

Hinzu kommt ein Phänomen, das Sozialwissenschaftler »credential inflation« nennen: die Tatsache, dass Menschen einen immer größeren Teil ihrer Lebenszeit mit Schule, Ausbildungen und Sonderqualifikationen verbringen, bevor sie in den Arbeitsmarkt einsteigen. Dabei führen die zusätzlichen Jahre in Bildungseinrichtungen meistens nicht dazu, dass die Absolventen am Ende qualifiziertere Tätigkeiten ausüben. Aufgrund der großen Konkurrenz am Arbeitsmarkt müssen sie nur immer mehr Zertifikate anhäufen, um am Ende dieselben Jobs zu machen. Die Abschlüsse werden also weniger wert, sie inflationieren. Um es zugespitzt zu formulieren: Wer früher auch ohne Hauptschulabschluss noch Hausmeister werden konnte, muss heute im Masterstudiengang »Facility Management« studieren, um am Ende doch nur Glühbirnen auszutauschen. Der US-Soziologe Randall Collins schreibt dazu: »Die Inflation von Bildungszertifikaten hilft dabei, überschüssige Arbeitskräfte vom Arbeitsmarkt fernzuhalten.«[66] Dadurch wird die steigende Arbeitslosigkeit zusätzlich kaschiert, finanziert in den meisten EU-Staaten durch die staatlichen Bildungssysteme, in den USA vor allem durch die Verschuldung von Studierenden, die sich ihre Ausbildung an den teuren Privatuniversitäten per Kredit finanzieren müssen.

Nationale Arbeitslosenstatistiken helfen aus all diesen Gründen wenig, wenn man verstehen will, was weltweit passiert. Wesentlich aussagekräftiger ist die von der Weltbank dokumentierte Entwicklung der globalen Beschäftigungsrate. Und die sinkt seit Anfang der 1990er-Jahre kontinuierlich.[67] Das bedeutet, dass ein immer größerer Anteil der Weltbevölkerung keiner Lohnarbeit nachgeht.[68]

Der Grund dafür liegt nicht zuletzt darin, dass weltweit menschliche Arbeit durch Technik ersetzt wird. Dieser Prozess ist schon lange in der Industrie und Landwirtschaft zu beobachten; durch die Digitalisierung greift er aber inzwischen auch auf den Dienstleistungssektor und damit auf die Mittelschicht über. Wenn Fahrtkartenverkäufer und Bankerinnen, Telefonisten und sogar Ärztinnen durch Automaten ersetzt werden, werden die Jobs rar. Dieser Trend hat längst auch schon China erreicht, wo ebenfalls Millionen von Arbeitsplätzen durch Roboter und Computer ersetzt werden. Der Handyproduzent Foxconn etwa, der allein 1,3 Millionen Menschen beschäftigt, will in Zukunft weitgehend ohne Arbeiter in den Fabrikhallen auskommen.[69]

Nicht allein die Quantität, sondern auch die Qualität der Arbeit verändert sich dramatisch. Nur ein Viertel der arbeitenden Bevölkerung weltweit hat das, was wir als einen festen Arbeitsplatz bezeichnen würden, also ein stabiles Beschäftigungsverhältnis – Tendenz: sinkend. Die meisten verfügen über keinerlei Arbeitsvertrag, nicht einmal für wenige Tage, ganz zu schweigen von einer dauerhaften Anstellung. Und nur 16 Prozent der arbeitenden Weltbevölkerung besitzen eine Rentenversicherung.[70] Dieser Trend hat längst auch die gut ausgebildeten Mittelschichten erreicht. Hinter den vielbeschworenen Start-ups, die als strahlende Zukunftsvision propagiert werden, verbirgt sich immer öfter ein neues »digitales Proletariat«, das ohne Sozialversicherung unterhalb der Mindestlöhne die Arbeiten einst gut bezahlter Angestellter übernimmt. Ein Bericht der Internationalen Arbeitsorganisation befindet zusammenfassend: »Das Normalarbeitsverhältnis ist immer weniger repräsentativ für unsere heutige Arbeitswelt, weil immer weniger Menschen in solchen Verhältnissen beschäftigt sind.«[71] Doch selbst diejenigen, die das knapper werdende Gut eines Normalarbeitsplatzes besitzen, sind damit alles andere als froh: Laut einer Gallup-Umfrage in 142 Ländern sind nur 13 Prozent der Werktätigen weltweit bei ihrer Arbeit motiviert.[72]

Das Versprechen, dass alle irgendwann Jobs und vielleicht sogar gute Jobs bekommen, wenn wir nur die Zähne zusammenbeißen und uns alle brav anstrengen, erweist sich als Phantom für die überwältigende Mehrheit der Weltbevölkerung. In den Industriestaaten, in denen die Gesellschaften geradezu besessen von der Idee der Lohnarbeit sind, bedeutet das nicht nur einen ökonomischen, sondern auch einen tiefen kulturellen Bruch. Wenn Lebensentwürfe vor allem darauf beruhen, dass man sich irgendwo anstellen lässt, dann verschwinden mit den Jobs nicht nur Einkommen, sondern auch Sinnstiftung und Orientierung.

Der Zerfall der klassischen Lohnarbeit ist aber nicht nur ein Problem für die arbeitende und arbeitssuchende Bevölkerung, sondern auch für Kapitalbesitzer und das gesamte System der endlosen Geldvermehrung. Denn wer soll von welchen Löhnen noch die ständig wachsende Menge von Gütern und Dienstleistungen kaufen? Wie sollen, wenn der Kreislauf von Investition, Produktion, Profit und Reinvestition ins Stocken gerät, Kapitalbesitzer ihren Reichtum und ihre Macht in Zukunft sichern? Zumal, wenn die Verschuldungsspirale irgendwann ausgereizt ist? Eine mögliche Antwort zeichnet sich seit einiger Zeit ab. Sie besteht darin, das kapitalistische System der Profiterzielung mittels Produktion durch etwas anderes zu ersetzen. Nennen wir es: Tribut.

Tribut

Es gehörte schon immer zu den schmutzigen Geheimnissen des Kapitalismus, dass er mit freien Märkten sehr wenig zu tun hat und von Anfang an untrennbar mit staatlichen Herrschaftsstrukturen verflochten war. Die frühneuzeitlichen Staaten gewährten Händlern und Bankiers wie den Fuggern Monopolrechte als Gegenleistungen für Kredite, mit denen die Landesherren Söldner und Rüstungsgüter bezahlten. Nur durch diese Kredite konnten die sich neu formierenden Territorialstaaten ihre Macht aufbauen. Und nur durch die Monopole konnten die Händler und Bankiers die enorme Konzentration von Kapital in ihren Händen erreichen, ohne die der Kapitalismus undenkbar wäre. Die ersten Aktiengesellschaften des 17. Jahrhunderts waren Schöpfungen von Staaten und wurden von ihnen mit Charterbriefen, Monopolrechten und sogar militärischen Mitteln ausgestattet.[73] Bis heute sichern Staaten für private Unternehmen weltweit Handelswege und setzen Eigentumsrechte durch – oft gegen den massiven Widerstand lokaler Bevölkerungen, wenn es etwa darum geht, neue Kupferminen oder Tagebaue zu erschließen, Pipelines zu bauen oder Kleinbauern für Palmölplantagen zu vertreiben.

Im Laufe der Jahrhunderte haben sich darüber hinaus einige weitere Methoden entwickelt, mit denen Staaten die Maschinerie der endlosen Geldverwertung in Gang halten. Drei Strategien sind dabei von besonderer Bedeutung: Subventionen, leistungslose Einkommen aus Eigentumsrechten und Aneignung durch Schulden. Diese Dreifaltigkeit der Tributökonomie wird immer wichtiger, je instabiler die Weltwirtschaft wird. Denn sie beschert dauerhafte Geldflüsse auch dann, wenn sich am Markt kaum noch Profite durch den Verkauf von Gütern und Dienstleistungen erzielen lassen.

Konzerne am Tropf

In fast allen Staaten der Erde existiert ein komplexes Subventionsdickicht, durch das private Konzerne mit Steuergeldern kontinuierlich gefördert werden. In den letzten Jahrzehnten ist dieses Subventionsnetz zu einer Art Herz-Lungen-Maschine für den dahinsiechenden Kapitalismus geworden.

Ein Großteil der 500 größten Konzerne der Erde würde ohne die massive Unterstützung durch Steuergelder längst bankrott sein. Schauen wir uns die mächtigsten Branchen einmal nacheinander an:

- Die Erdöl-, Erdgas- und Kohleindustrie wird nach Schätzungen der ausgesprochen konservativen Internationalen Energieagentur jedes Jahr mit rund 500 Milliarden Dollar subventioniert.[74] Dabei sind die noch viel größeren Schäden, die diese Branche durch den Klimawandel verursacht – und für die sie bisher praktisch nichts bezahlt –, noch nicht mit einberechnet. Auch nicht berücksichtigt sind die Kosten für die Kriege um Erdöl und die militärische Sicherung von Pipelines und Tankerrouten, die ebenfalls aus Steuergeldern bestritten werden.[75]
- Die gigantischen Ölsubventionen stützen auch massiv die krisengeschüttelte Automobilindustrie weltweit. Würden die wahren Kosten des Öls auf die Benzinpreise umgelegt, wäre Autofahren für die meisten Menschen unbezahlbar, die Branche würde zusammenbrechen. Der Bau und Unterhalt von Straßen verschlingt außerdem in allen Ländern der Erde weit mehr Geld, als durch Kfz-Steuern eingenommen wird – eine billionenschwere Subvention, die der Autoindustrie einen entscheidenden Vorteil gegenüber dem Schienenverkehr verschafft. Das Umweltbundesamt hat errechnet, dass der Autoverkehr in Deutschland, wenn man Umweltschäden und Unfälle miteinberechnet, die Allgemeinheit jedes Jahr 59 Milliarden Euro mehr kostet, als der Fiskus über Auto-bezogene Steuern und Gebühren einnimmt.[76] Für die Umwelt- und Gesundheitsschäden infolge krimineller Machenschaften, etwa der Manipulation von Abgaswerten, zahlen Autokonzerne praktisch nichts. Hinzu kommen massive direkte Subventionen. Allein für die sogenannte Abwrackprämie nach der Finanzkrise flossen in Deutschland fünf Milliarden Euro an Steuergeldern, in den USA spendierte die Regierung sogar 80 Milliarden Dollar, um GM und Chrysler zu retten, davon waren zehn Milliarden am Ende für die Steuerzahler auf Dauer verloren.[77]
- Die Flugzeugbranche produziert den am schnellsten wachsenden Anteil an Treibhausgasen und bezahlt für die daraus folgenden

Schäden nichts. Für ihre Infrastruktur, insbesondere den Bau von Flughäfen, kommen fast ausschließlich die Steuerzahler auf. Allein der BER-Flughafen bei Berlin hat bereits in der Bauphase fünf Milliarden Euro verschlungen, das Äquivalent von etwa einer Million Kindergartenplätzen. Flugbenzin wird weltweit nicht besteuert, der Flugverkehr ist außerdem aus den UN-Klimaverhandlungen ausgespart. Airlines wie Al Italia oder Air Berlin wurden mit Hunderten Millionen Euro Steuermitteln vor dem Konkurs bewahrt. Die Flugzeugbauer Airbus und Boeing erhalten auf direktem und indirektem Wege staatliche Subventionen in Milliardenhöhe, die regelmäßig Gegenstand von Handelsstreitigkeiten zwischen der EU und den USA sind.[78]

- So gut wie alle Großbanken der USA, Deutschlands, Frankreichs, Großbritanniens und vieler anderer Staaten würden heute nicht mehr existieren, wenn sie seit 2008 nicht mit Steuergeldern in Billionenhöhe gerettet worden wären. Das Gleiche gilt für einige der weltweit größten Versicherungskonzerne wie AIG oder Allianz. Allein in Deutschland schlugen die Bankenrettungen für die Steuerzahler unterm Strich mit etwa 60 Milliarden Euro zu Buche, so viel wie alle deutschen Schulen zusammen pro Jahr kosten.[79] Auch die angeblichen »Rettungspakete für Griechenland« dienten, über den Umweg der griechischen Staatskasse, fast ausschließlich der Bankenrettung, bei den griechischen Bürgern ist davon so gut wie nichts angekommen: 206 Milliarden Euro aus den beiden ersten Rettungspaketen gingen an die privaten Banken, bei denen sich die griechische Regierung verschuldet hatte, nur 9,7 Milliarden kamen dem Staatshaushalt zugute.[80]

- Die Zentralbanken der USA, der EU und Japans haben seit 2008 die unglaubliche Summe von neun Billionen Dollar in das Finanzsystem gepumpt, um die Märkte vor dem Kollaps zu bewahren.[81] Ein einziger Monat aus dem EZB-Wertpapier-Programm hätte genügt, um die Schuldenkrise Griechenlands zu lösen. Stattdessen floss das Geld an die privaten Banken.[82] Seit 2016 gehört zu dem Programm neben dem Erwerb von Staatsanleihen auch der Ankauf von Aktien. Allein die EZB hat dafür etwa 80 Milliarden Euro ausgegeben.[83] Damit werden die Aktienwerte für die Shareholder künstlich nach oben getrieben.

- Die IT-Konzerne des Silicon Valley haben ihr Kapital auf Computer-Technologien aufgebaut, die jahrzehntelang von staatlichen, aus Steuergeldern finanzierten Forschungseinrichtungen entwickelt wurden, insbesondere dem Massachusetts Institute of Technology. Diese Technologien wurden Microsoft, Apple, Google, Facebook und Co. umsonst zur Verfügung gestellt. In einem iPhone steckt, wie die Ökonomin Mariana Mazzucato feststellt, nicht eine einzige Technologie, die nicht staatlich finanziert wurde.[84] Der Staat hat also als Forschungsabteilung für diese Unternehmen gewirkt. Die Konzerne wiederum haben die üppigen Staatsgeschenke privatisiert und daraus proprietäre Software entwickelt, die die Grundlage ihres Reichtums und ihrer Macht bildet. Dieses System wird durch staatliches Patentrecht und die Weigerung der meisten Regierungen, wirksam gegen die Monopole dieser Konzerne vorzugehen, gesichert.[85]
- Die Pharmaindustrie erhält milliardenschwere Subventionen, unter anderem über den Umweg von öffentlichen Forschungseinrichtungen. Die EU etwa pumpt mit der »Innovative Medicines Initiative« (IMI) 2,5 Milliarden Euro in die Pharmabranche. Ein trinationales Rechercheteam hat das Programm unter die Lupe genommen und ist zu dem Schluss gekommen, es diene »fast nur dazu, die Industrie über den Umweg der Forschung zu subventionieren.«[86] Die IMI ist dabei nur die Spitze vom Eisberg, große Teile der öffentlichen universitären Forschung im Bereich der »Life Science« dienen vor allem der Pharma- und Biotech-Industrie. In den USA werden zwei Drittel der Pharmaforschung aus staatlichen Subventionen bestritten, die sich auf ca. 30 Milliarden Dollar jährlich belaufen; die Gewinne aus den meist überteuerten Medikamenten dagegen sind vollständig privatisiert.[87]
- Die Hightech-Strategie der deutschen Bundesregierung, ein Forschungsprogramm mit einem Umfang von 27 Milliarden Euro, ist überwiegend ein Subventionsprogramm für Großunternehmen. Das ist wenig überraschend, da die »Forschungsunion Wirtschaft-Wissenschaft«, die für das Programm wesentlich mitverantwortlich war, mit Vertretern von Daimler, BMW, BASF, Siemens, E.ON, Boehringer Ingelheim und Dr. Oetker besetzt war. Die Forschungsförderung

für eine sozial-ökologische Transformation beträgt dagegen *ein Tausendstel* der High-Tech-Strategie, nämlich 30 Millionen Euro.[88]
- Die Chemieindustrie wird in Deutschland allein durch die Ausnahmen von der Erneuerbaren-Energien-Umlage mit 1,6 Milliarden Euro pro Jahr subventioniert.[89]
- Die Atomindustrie wurde und wird in allen Staaten, die Kernenergie produzieren, massiv subventioniert und war zu keinem Zeitpunkt ohne solche Hilfen existenzfähig. Laut einer Greenpeace-Studie flossen allein in Deutschland seit den 1950er-Jahren 200 Milliarden Euro an öffentlichen Geldern in die Kassen der Energiekonzerne.[90] Noch nicht einberechnet sind dabei die Kosten für Rückbau und Endlagerung, von denen die Steuerzahler vermutlich den größten Teil bezahlen werden.
- Die gesamte Rüstungsbranche wird ausschließlich durch die aufgeblähten staatlichen Verteidigungsetats am Leben gehalten, weltweit ein Geschäft von 1,5 Billionen Dollar pro Jahr. Mit einem Bruchteil dieses Geldes ließe sich sowohl der Hunger auf der Welt, der 800 Millionen Menschen betrifft, beseitigen, als auch die Energieversorgung vollständig auf erneuerbare Alternativen umstellen.
- Die EU gibt jährlich mindestens 50 Milliarden Euro für Agrarsubventionen aus. Der Löwenanteil davon fließt in die industrielle Landwirtschaft, die weltweit für etwa ein Drittel der Treibhausgasemissionen, die Degradierung der Böden, die Entstehung multiresistenter Erreger in der Massentierhaltung und 80 bis 90 Prozent des Süßwasserverbrauchs verantwortlich ist. Durch den Export der hochsubventionierten Überproduktion wird außerdem die Landwirtschaft vor allem in westafrikanischen Ländern zerstört. Agrarsubventionen fließen sogar an branchenferne Konzerne wie BASF, Bayer, RWE und – man kann es kaum glauben – an den Panzerhersteller Rheinmetall.[91]
- Praktisch alle großen Konzerne profitieren von dem Netz aus Steueroasen und Steuerschlupflöchern, das von Staaten geschaffen und – allen gegenteiligen Lippenbekenntnissen zum Trotz – hartnäckig aufrechterhalten wird. Allein in der EU betragen die staatlichen Einnahmeverluste durch Steuerflucht und Schattenwirtschaft schätzungsweise 1000 Milliarden Euro pro Jahr. Damit ließen sich

mittelfristig alle Staatsschulden in der EU begleichen.[92] Oft sind es die Regierungen selbst, die Steuervermeidungsdeals einfädeln, wie etwa der Fall der Luxemburg-Leaks gezeigt hat. Die meisten großen Staaten pflegen und protegieren ihre Steueroasen fürsorglich, ob es die britischen Kanalinseln, Bermudas oder Kaimaninseln sind, das US-amerikanische Delaware oder Pseudostaaten wie Monaco in Europa. Dem ganzen Spuk könnte sofort Einhalt geboten werden, wenn die Zentralbanken allen Kreditinstituten, die mit Steueroasen Geschäfte machen, ihre Konten kündigen würden. Doch Regierungen und Zentralbanken weigern sich beharrlich, diesen Schritt zu tun. Die Bundesregierung unterstützt die Steuerflucht außerdem mit einem Trick, indem sie die Aufsicht darüber ausgerechnet an die Wirtschaftsprüfungskonzerne KPMG und PricewaterhouseCoopers outgesourct hat, die selbst Steuervermeidung im großen Stil organisiert haben.[93]

- Investitionsschutzabkommen (manche davon werden irreführend »Freihandelsabkommen« genannt) geben Konzernen die Möglichkeit, Staaten auf Schadensersatzzahlungen zu verklagen, wenn ihnen zum Beispiel durch neue Sozial- oder Umweltgesetze fiktive künftige Profite entgehen könnten. Deutschland hat bereits 130 solcher Abkommen abgeschlossen, um Investitionen deutscher Unternehmen im Ausland abzusichern. Auch das CETA-Abkommen der EU mit Kanada und das »Freihandelsabkommen« mit Japan sehen exklusive Klagemöglichkeiten für Konzerne vor. Der Sinn dieser Verträge besteht darin, Investitionsrisiken auf Steuerzahler abzuwälzen, Gesetzgeber von unliebsamen Regulierungen abzuschrecken und eine neue Art von Geldflüssen aus Staatskassen an Unternehmen zu organisieren.
- Ein beträchtlicher und wachsender Teil der 130 Milliarden US-Dollar, die Staaten für Entwicklungszusammenarbeit ausgeben, fließen über Organisationen wie USAID oder die Deutsche Entwicklungsgesellschaft DEG in die Kassen großer Konzerne und ihrer Shareholder. Deutsche Entwicklungshilfe wird zum Beispiel benutzt, um Gentechnik-Konzerne wie Monsanto und Bayer zu fördern, den Verkauf von Dr.-Oetker-Pizzen in Ostafrika zu subventionieren, Steuerflucht zu unterstützen und Kleinbauern von ihrem Land zu vertreiben,

um dort Palmölplantagen aufzubauen. Immer öfter stehen dabei Öffentlich-Private Partnerschaften (ÖPP/PPP) im Zentrum, die dazu dienen, Gewinne zu privatisieren und Verluste auf die Steuerzahler abzuwälzen.[94]

- Auch im Inland enthalten ÖPPs oft versteckte Subventionsmechanismen. Bei der Teilprivatisierung der Berliner Wasserbetriebe in den 1990er-Jahren etwa schloss der Senat mit den »Investoren« Vivendi/Veolia und RWE einen geheimen Vertrag, der den Konzernen garantierte Profite in Höhe der durchschnittlichen marktüblichen Renditen *plus zwei Prozent* zusicherte, und zwar unabhängig von den Leistungen des Unternehmens. Damit schufen sie eine von der öffentlichen Hand finanzierte Gelddruckmaschine für Shareholder.[95] Die geplante Bundesfernstraßen-Gesellschaft, für die CDU/CSU und SPD im Frühjahr 2017 dreizehn Grundgesetzänderungen durch Bundestag und Bundesrat brachten, dient vor allem dazu, die deutschen Autobahnen mit einem Wert von schätzungsweise 200 Milliarden Euro für die private Kapitalverwertung zu öffnen. Mit ÖPPs und »stillen Einlagen« sollen Finanzkonzernen wie Allianz und Deutscher Bank, die verzweifelt nach lukrativen Anlagen suchen, risikolose, staatlich abgesicherte hohe Renditen verschafft werden.[96]

- Die Teilprivatisierung des deutschen Rentensystems (»Riester-Rente«) ist ein gigantisches Subventionsprogramm für die großen Versicherungs- und Bankkonzerne. Der ehemalige deutsche Arbeitsminister Norbert Blüm hat errechnet, dass die 13 Milliarden Euro Staatszuschüsse vor allem in die Kassen privater Versicherungskonzerne wie der Allianz flossen.[97] Die Deutschen bezahlen das nicht nur mit ihren Steuergeldern, sondern auch mit einer gewaltigen Rentenkürzung, denn sie haben inzwischen bei gleicher Lebensarbeitszeit und gleichem Einkommen eine um 30 Prozent niedrigere Rente als die Österreicher, die am staatlichen Umlagesystem festgehalten haben.[98]

Diese Liste könnte man noch eine ganze Weile fortsetzen. Sie zeigt, dass die vielbeschworenen »freien Märkte« eine Fata Morgana sind, ein sorgsam gepflegter Mythos, der verschleiern soll, dass die Maschinerie der endlosen Geldvermehrung nur noch funktioniert, weil wir sie täglich mit Unsummen aus Steuergeldern subventionieren. Während Staaten rund um die Erde massiv an Ausgaben, vor allem im Sozialbereich, sparen, werden diese Subventionen kaum angetastet, oft sogar ausgebaut.

Nun führen Verteidiger dieses Wohlfahrtstaats für Konzerne ins Feld, es würden dadurch Arbeitsplätze gesichert. Dieses Argument ist offensichtlich unsinnig, weil man mit demselben Geld genauso gut andere, gemeinwohlorientierte Aktivitäten fördern könnte, bei denen pro eingesetztem Euro oft sogar weit mehr Arbeitsplätze entstehen, etwa im Gesundheitsbereich, im öffentlichen Verkehr, in der Bildung oder der bäuerlichen ökologischen Landwirtschaft.

Die Liste zeigt auch, dass die größten Subventionsempfänger zugleich die destruktivsten Branchen der Erde sind. Es scheint die Regel zu gelten: je zerstörerischer, desto mehr Staatshilfe. Fast alle der für das Klimachaos hauptverantwortlichen Unternehmen, einschließlich der sie finanzierenden Banken, wären entweder bankrott oder in erheblichen Schwierigkeiten, wenn sie nicht künstlich von Staaten am Leben gehalten würden. Mit anderen Worten: Die Streichung dieser Subventionen ist ein entscheidender Hebel, um die Spirale der Zerstörung zu stoppen und einen sozial-ökologischen Wandel auf den Weg zu bringen. Der Tropf, an dem diese Unternehmen hängen, ist zugleich ihr verwundbarster Punkt. Denn während transnationale Unternehmen demokratisch schwer angreifbar sind, bestimmen über die Verwendung von Steuergeldern – zumindest theoretisch – die Bürger. Die scheinbar allmächtigen Giganten der Weltwirtschaft würden sehr rasch ins Straucheln kommen, wenn ihnen die künstliche Ernährung durch den Staat abgestellt würde.

Rente statt Profit

Das Subventionswesen für Konzerne, für ihre Shareholder und Manager, ist Teil einer größeren Struktur, die man bisweilen als »Sozialismus für Reiche« oder »Neofeudalismus« bezeichnet hat. Den oberen Schichten ist es gelungen, sich ein »bedingungsloses Maximaleinkommen« zu sichern, das von ihren Leistungen und Verfehlungen weitgehend entkoppelt ist.[99] Nicht Markterfolge erhalten und vermehren die großen Vermögen und Einkommen, sondern Strategien der Privilegiensicherung, insbesondere durch Einflussnahme auf den Staat. Die staatliche Gabenökonomie für Superreiche verbindet sich mit dynastischen Strukturen, in denen Macht und Reichtum wie einst beim Adel durch die Geburt vererbt werden.[100]

Dazu gehört auch, dass ein immer größerer Teil des Kapitals gar nicht durch Produktion und Verkauf von Waren und Dienstleistungen vermehrt wird, sondern durch das, was man in der Ökonomik »Renten« nennt. »Rente« bedeutet hier nicht Altersversorgung, sondern ein Einkommen aus Gebühren für die Nutzung von Land, Wohneigentum oder aus »geistigen Eigentumsrechten«, zum Beispiel Patenten. Entscheidend ist, dass Kapitalbesitzer hier gar nichts produzieren und dann verkaufen, sondern allein aus dem Rechtstitel auf ein Eigentum ein Einkommen generieren.[101]

Tributzahlungen von diesem Typ vereinnahmen einen erheblichen Anteil der Volkseinkommen. In deutschen Großstädten wie Hamburg, Berlin oder München müssen die Menschen im Schnitt etwa die Hälfte ihres Einkommens für Miete bezahlen. Nur ein Bruchteil davon kann als Gebühr für Baukosten, Instandhaltungen und Dienstleistungen aufgefasst werden. In Berlin zum Beispiel konnten Wohnungseigentümer bei Altbauten mit einer Nettomiete von sechs Euro pro Quadratmeter bis vor Kurzem gut leben, ausreichend Rücklagen für Reparaturen bilden und sogar Gewinne machen. Dieselben Wohnungen werden nun für einen Quadratmeterpreis von zwölf Euro und mehr vermietet. Die sechs zusätzlichen Euro sind reines Tributgeld. In anderen europäischen Metropolen liegen die Preise oft noch viel höher, in Paris zum Beispiel bei bis zu 50 Euro pro Quadratmeter. Die *Frankfurter Allgemeine Zeitung* bemerkte zu Recht: »Der Pariser Wohnungsmarkt kennt keine Wirtschaftskrise.«[102]

Wenn neu gebaut wird, sind natürlich größere Investitionen notwendig, und es lässt sich die Vermietung als ein gewöhnliches Geschäft begreifen, um diese Kosten plus einen Gewinn herauszuholen. Nun sind Wohngebäude aber keine Verbrauchsgüter, sondern können potenziell Jahrhunderte existieren. Sind die einmal getätigten Investitionen amortisiert, fließt, von Verwaltungskosten und gelegentlichen Instandsetzungen abgesehen, ein endloser Strom leistungslosen Einkommens an die Eigentümer. Da in vielen Ballungsgebieten strukturell Knappheit von Wohnraum herrscht, die nur sehr bedingt oder gar nicht durch Angebotserweiterung gemildert werden kann, sind diese Einkommensströme einem echten Marktgeschehen weitgehend entzogen.[103]

Die Konzentration des Wohneigentums ist ein zentrales Mittel, um einen gewaltigen Geldfluss von der Unter- und Mittelschicht in Richtung der großen Vermögen aufrecht zu erhalten, der so gut wie nichts mit der Produktion und dem Verkauf von Gütern und Dienstleistungen zu tun hat. Ähnlich wie einst die Adelsprivilegien, so verleiht hier der bloße Eigentumstitel umfassende Rechte auf Tributzahlungen. Und der Staat schützt diese Privilegien und setzt sie notfalls mit Gewalt durch: Wer seine Miete, sei sie auch noch so überzogen, nicht bezahlen kann oder will, wird irgendwann von der Polizei geräumt. Das Gespann von Immobilieneigentümern und Staatsgewalt gehorcht letztlich einem ähnlichen Prinzip wie das Schutzgeldsystem der Mafia: Man entrichtet Tribut dafür, dass man nicht mit Gewalt vertrieben wird. Und wie bei der Mafia kann man nicht über einen fairen Preis verhandeln.

In dieser Perspektive ist der Kampf für ein »Recht auf Stadt« und gegen Zwangsräumungen eine wichtige Keimzelle für eine andere ökonomische Ordnung – so wie seit biblischen Zeiten der Kampf um eine gerechte Landverteilung. Wie es in der Epoche der Französischen Revolution um eine Abschaffung der Adelsprivilegien ging, so gilt es heute, das moderne Tributsystem des Geldadels aufzubrechen und die Städte den Menschen zurückzugeben, die sie bewohnen. Die Überführung privater Wohnungsgesellschaften in die Hände von nicht-profitorientierten Genossenschaften und kommunalen Betrieben wäre dazu ein erster Schritt.

Die künstliche Verknappung immaterieller Güter

Das Tributsystem erstreckt sich auch auf immaterielle »geistige Güter« wie etwa wissenschaftliche Entdeckungen, technische Erfindungen, kulturelle Leistungen, Software, Markennamen und sogar die genetischen Codes von Lebewesen. »Geistige Eigentumsrechte«, die eine exklusive Verfügung über solche Güter garantieren, sind bei näherer Betrachtung ein sehr seltsames juristisches Konstrukt. Sie verknappen künstlich, was eigentlich im Überfluss da ist und durch intensivere Nutzung nicht weniger wird, sondern mehr. Wenn jemand etwa einen Softwarecode nutzt, wird er einem anderen nicht weggenommen, sondern vervielfältigt sich. Die Kosten dafür gehen gegen Null. Natürlich müssen Programmierer von etwas leben; aber Patentgebühren fließen in den seltensten Fällen in die Hände der tatsächlichen Urheber, so wenig wie Mieten in die Hände der Bauarbeiter fließen, die die Häuser einst erbauten. Stattdessen sind sie vor allem eine Methode von Kapitalbesitzern, um in einem Wirtschaftssystem, in dem es immer schwieriger wird, durch Produktion Profite zu machen, dauerhaft leistungslose Einkommen zu generieren.

Und diese Strategie ist recht erfolgreich. Gebühren aus »geistigen Eigentumsrechten« nehmen einen immer größeren Anteil der Volkswirtschaften und Unternehmensprofite ein. In den USA bestreitet die Copyrightbranche bereits elf Prozent des Bruttoinlandproduktes.[104] In einem Bericht des Europäischen Patentamtes heißt es, dass Industrien, die sehr viele geistige Eigentumsrechte beanspruchen, inzwischen bereits 42 Prozent des EU-Sozialproduktes und 90 Prozent der Exportwirtschaft ausmachen.[105] Die Profite daraus gehen meist am Fiskus vorbei, indem sie zum Beispiel über eine Briefkastenfirma in den Niederlanden kanalisiert werden, wo auf Patentgebühren keine Steuern anfallen.[106]

Nun funktioniert dieser Teil des Tributsystems keineswegs reibungslos, sondern wird immer wieder herausgefordert. Gegen das ACTA-Abkommen, das die Ansprüche aus geistigen Eigentumsrechten gegen die Bürger massiv verschärfen sollte, gingen weltweit Hunderttausende auf die Straße. Es gelang schließlich, den Vertrag im EU-Parlament zu stoppen. Das Internet hat die Monopol- und Gatekeeper-Funktionen der Schallplatten-, Film- und Medienindustrie untergraben und freie Software bringt Microsoft und Co. in Bedrängnis.

Allerdings ist es Microsoft bisher gelungen, seine 50 Milliarden US-Dollar Umsatz aus Lizenzen zu verteidigen, obwohl es weitaus bessere, tributfreie Alternativen gibt und Microsoft-Programme enorme Sicherheitslücken aufweisen, die regelmäßig von Kriminellen und staatlichen Überwachungsorganen genutzt werden. Die Strategie des Monopolisten besteht darin, die Kunden in eine »Lock-in«-Situation zu manövrieren, indem die Kompatibilität mit anderen Systemen gezielt verhindert wird. Dazu fügt Microsoft zum Beispiel in Word-Dokumente große Mengen von verschlüsseltem Code ein, der beim Öffnen in anderen Programmen zu Entstellungen führt – und zugleich Hackern Tür und Tor öffnet. Öffentliche Verwaltungen haben immer wieder versucht, sich aus dem Microsoft-Tributsystem zu befreien, etwa die Städte Wien und München, sind aber durch Lock-in-Strategien und intensiven Lobbyismus – im Fall der Stadt München auch durch den Filz zwischen Konzern und CSU – dazu gedrängt worden, zu Windows und Office zurückzukehren.[107] Microsoft-Lobbyisten sitzen weltweit in Ministerien und Stadtverwaltungen und nutzen mit staatlicher Förderung Schulen und Universitäten zum Marketing. Der Ökonom Rufus Pollock von der Cambridge University spricht vom »klassischen Drogendealer-Modell«: früh abhängig machen und dann ein Leben lang zahlen lassen.[108]

Um die umstrittenen Tributansprüche aus »geistigem Eigentum« durchzusetzen, greifen einige staatliche Behörden zu harschen Einschüchterungsmethoden. Ein Beispiel dafür ist der Fall von Aaron Swartz. Der Programmierer und Netzaktivist hatte Millionen von Copyright-geschützten wissenschaftlichen Artikeln heruntergeladen, um sie öffentlich zugänglich zu machen. Ein schweres Verbrechen? Das kommt auf die Betrachtungsweise an. Wissenschaftsverlage verdienen Milliarden damit, dass öffentliche Bibliotheken ihre Zeitschriften für horrende Gebühren abonnieren, obwohl weder die Autoren noch die Lektoren (peer-reviewer) bezahlt werden, die Produktionskosten also gering sind. Die Forschungsergebnisse, die auf diese Weise privatisiert werden, sind meistens von öffentlichen Universitäten finanziert worden.[109] Swartz' Aktion griff diese Form von Tributsystem an. Obwohl die betroffene Online-Plattform auf eine Klage verzichtete, forderte die Staatsanwaltschaft 35 Jahre Haft und eine Million Dollar Strafe. Wenige Monate später beging der nur 26-jährige Swartz Selbstmord. Doch der weltweite Aufschrei über seinen Tod hat den Widerstand gegen das Tributsystem weiter angefacht.

Die Gentechnik-Industrie hat es in vielen Ländern geschafft, staatliche Protektion dafür zu erlangen, um die globale Landwirtschaft in ein Tributsystem für Patentinhaber zu verwandeln. Hersteller von patentiertem Saatgut wie Monsanto und Bayer, die inzwischen drei Viertel des Weltmarktes kontrollieren, verbieten es Bauern, einen Teil der Ernte als Saatgut für das nächste Jahr zu nutzen, so wie es die Menschheit seit mehr als 10.000 Jahren getan hat. Patentämter, Ministerien und Gerichte untermauern den Anspruch dieser Unternehmen, jedes Jahr erneut Tribut zu fordern. Der Bauer Vernon Bowman etwa wurde von einem US-Gericht zu einer Strafe von 85.000 Dollar verurteilt, weil er es gewagt hatte, Samen erneut zu benutzen, ein

Urteil, das vom Obersten Gerichtshof bestätigt wurde.[110] Auf der anderen Seite schwillt der Widerstand gegen die Gentechnik- und Patentindustrie weltweit massiv an. Der Kampf um freies Saatgut ist eines der entscheidenden Felder der Auseinandersetzung um eine zukunftsfähige Landwirtschaft und Ernährung geworden.

Schulden als Tributstrategie

Neben der staatlichen Alimentierung der Konzerne und leistungslosen Einkommen aus Eigentumsansprüchen hat sich noch eine dritte Strategie herausgebildet, um Tribut zu extrahieren. Sie funktioniert ungefähr so: Man leihe jemandem, der chronisch knapp bei Kasse ist, viel Geld. Wenn er, wie zu erwarten war, irgendwann vor der Zahlungsunfähigkeit steht, rufe man ein paar Schlägertypen und zwinge ihn, noch mehr Schulden aufzunehmen, um seine ersten Schulden weiter zu bedienen. Für Zins und Tilgung dieser nun höheren Schulden pfände man den größten Teil seines Einkommens und seines Eigentums. Außerdem nötige man ihn, immer härter zu arbeiten, seine Freunde, Verwandten und Nachbarn anzupumpen und bei ihnen schließlich nachts das Mobiliar herauszutragen. Bis am Ende alles Hab und Gut weit und breit und auch das Land dem Gläubiger gehört, während die Schulden weiter wachsen.

Ein großer Teil dessen, was wir »Finanzmärkte« nennen, funktioniert nach diesem Muster. Die klammen Leute aus dem Beispiel sind in der Realität Staaten, die Freunde, Verwandten und Nachbarn seine Bürger. Die Schlägertypen bestehen aus Institutionen wie dem Internationalen Währungsfonds, der Troika oder den Gläubigerclubs in Paris und London. Der Witz an dem Spiel ist, dass eine erfolgreiche Entschuldung, ebenso wie eine geregelte Insolvenz, auf jeden Fall ausgeschlossen werden muss, da sonst der kontinuierliche Geldstrom versiegt. Dieses Spiel wurde jahrzehntelang von den Gläubigerinstitutionen in Afrika, Lateinamerika und Südostasien gespielt. Und seit einiger Zeit auch in Ländern wie Griechenland.

Natürlich stößt ein solches System irgendwann an Grenzen, wenn nämlich der Schuldner sein letztes Hemd hergegeben und auch sein ganzes Umfeld ausgenommen hat. Die Kredite werden dann »faul«, also wertlos. In diesem Moment betritt eine weitere Figur die Spielfläche. Nennen wir ihn Staat Nummer zwei. Die Gläubiger rufen verzweifelt: Wir stehen vor der Kernschmelze des Finanzsystems, wenn ihr uns nicht rettet, kommt der Weltuntergang. Was tut Staat Nummer zwei? Er verschuldet sich bei einer weiteren Bank, subventioniert die faulen Kredite und sorgt so dafür, dass die Schuldknechte weiter schwitzen müssen, um untilgbare Schulden zu bedienen.

Dass Ergebnis des ganzen Spiels ist ein leistungsloses Dauereinkommen – ein Tribut – für die Manager und Shareholder der Finanzinstitute, während alle anderen Akteure Schritt für Schritt in den Bankrott getrieben werden. Dieses Spiel trägt erheblich zu der enormen Konzentration von Eigentum in immer weniger Händen bei. Mit dem Finger allein auf die Banker zu zeigen, hilft dabei jedoch relativ wenig, denn es sind ja die Staaten und ihre erweiterten Bürokratien in Form von IWF und Troika, die dieses System in Gang halten.

Jenseits des Tributs: die Trennung von Staat und Großkapital

Tribut ist eine Abgabe, die ein besiegtes Volk dem Sieger zu erbringen hat. Sich nicht zu unterwerfen, bedeutet, den Anspruch auf Tribut zurückzuweisen. So wie es einst der jüdische Widerstand gegen das Römische Weltreich oder die indische Befreiungsbewegung gegen das Britische Empire tat.

Dabei steht heute der vermeintlich unbesiegbare Gegner bei näherem Hinsehen auf tönernen Füßen. Das globale Tributsystem funktioniert nur, weil gewählte Regierungen unsere Steuergelder über unzählige offene und versteckte Wege in die Hände der reichsten 1 Prozent kanalisieren und uns am Ende einreden, das Ganze beruhe auf »Markterfolgen«. Der erste Schritt zur Überwindung dieses Systems besteht darin, es ans Licht der Öffentlichkeit zu ziehen, seine Legitimität zu bestreiten und es zum Gegenstand politischer Auseinandersetzungen zu machen. Die staatliche Alimentierung der Konzerne etwa ist so gut wie nie Thema von Wahlkämpfen oder Talkrunden. Die meisten Menschen haben keine Ahnung, was mit ihren Steuergeldern wirklich geschieht und welche Alternativen es dazu gibt.

In einer größeren Perspektive geht es darum, mit der Trennung von Staat und Kapital endlich ernst zu machen. Liberale fordern seit jeher, der Staat solle sich aus der Wirtschaft heraushalten. Doch hat sich dies bisher als bloße rhetorische Fassade erwiesen, denn über die Nabelschnüre, mit denen der Staat das private Kapital versorgt, wird vornehm geschwiegen. Und das hat gute Gründe: Denn die liberale Rhetorik beim Wort zu nehmen, würde das Ende des kapitalistischen Weltsystems bedeuten, das ohne öffentliche Alimentierung nicht existieren kann.

Auch Kritiker des Neoliberalismus begehen oft den Fehler, dass sie der Rhetorik auf den Leim gehen und die Kritik auf die angeblichen »freien Märkte«, die »Marktradikalen« und den »Freihandel« konzentrieren, während sie zugleich eine fatale Schwächung des Staates beklagen. Dabei hat die neoliberale Realität gar nichts mit freien Märkten zu tun. Und auch der neoliberale Staat ist keineswegs ein schwacher »Nachtwächterstaat«, der hilflos zuschaut, wie Konzerne und Superreiche ihre Vermögen an ihm vorbei bewegen, sondern eine sehr mächtige Bürokratie, die aktiv die stotternde Maschinerie der endlosen Kapitalverwertung mit Schmieröl versorgt.[111]

Eine wirksame Trennung von Staat und Kapital würde enorme Freiräume für andere, zukunftsfähigere Wirtschaftsformen schaffen. Dabei muss man keineswegs bei null anfangen. Seit der Französischen Revolution ist es sozialen Bewegungen in langen Kämpfen gelungen, dem Staat, der anfangs nichts als eine despotische Militärorganisation war, gemeinwohlorientierte Funktionen abzuringen. Diesen Weg weiterzugehen, bedeutet, die Nabelschnüre des Kapitals und des militärisch-industriellen Komplexes Schritt für Schritt zu kappen und die frei werdenden Ressourcen in den Aufbau einer postkapitalistischen ökologischen Gesellschaft zu kanalisieren. Dazu gehört, wie wir in Teil II sehen werden, eine tiefgreifende Veränderung unserer ökonomischen Institutionen, ihrer Rechts- und Eigentumsformen.

Der futurologische Kongress

Wenn es um die Zukunft der technischen Entwicklung geht, höre ich oft den Satz: Was möglich ist, wird irgendwann gemacht. Viele Menschen glauben, dass technische Entwicklung naturgesetzlich verläuft, in eine bestimmte Richtung, die immer nur bedeuten kann, mehr Technik anzuwenden, komplexere Technik, mächtigere Technik. Wenn der Satz stimmt, dass alles, was technisch möglich ist, auch irgendwann geschieht, wäre das Schicksal von Menschheit und Erde besiegelt. Die Zündung von 15.000 Atomsprengköpfen und die Freisetzung synthetisch erzeugter Killerorganismen wären nicht zu verhindern und würden früher oder später das Leben auf diesem Planeten weitgehend auslöschen.

Doch diese Erzählung von Technik gehört in den Bereich der Mythologie. Welche Technik entwickelt wird und welche nicht, welche eingesetzt wird und welche nicht, beruht auf gesellschaftlichen Entscheidungen, die auch anders aussehen könnten. Es ist zum Beispiel technisch möglich, Mobilität in Städten weitgehend ohne Autos zu organisieren. Die Techniken dafür existieren seit über einhundert Jahren, und es wäre weit billiger als der Autoverkehr. Aber es wird nicht gemacht. Und dafür gibt es Gründe. Es ist ebenfalls technisch möglich, die gesamte Weltbevölkerung durch kleinbäuerliche ökologische Landwirtschaft zu ernähren, und zwar deutlich besser als heute, auf diese Weise große Teile der Treibhausgasemissionen einzusparen und den Süßwasserverbrauch dramatisch zu senken. Die Techniken dafür existieren teilweise seit Jahrtausenden, teilweise seit Jahrzehnten. Aber es wird nicht gemacht. Und auch dafür gibt es Gründe. Es ist auch technisch möglich, über weite Entfernungen miteinander zu kommunizieren, ohne jedes zweite Jahr einen neuen Taschencomputer zu kaufen, der Unmengen von Ressourcen verschluckt. Aber das Gegenteil findet statt. Und die Gründe dafür ähneln denen der beiden ersten Beispiele.

Welche Technik entwickelt wird und sich durchsetzt, hängt nicht von der Technik selbst und einem in ihr wirkenden mysteriösen »Drang zur Weiterentwicklung« ab, sondern davon, wie die menschliche Gesellschaft, in der Technik genutzt wird, funktioniert. Das moderne Weltsystem, das vor 500 Jahren in Europa entstand und seit etwa einhundert Jahren den

Globus umspannt, beruht auf zwei zentralen Dynamiken: zum einen dem territorialen Expansions- und Kontrollhunger militarisierter Staaten; zum anderen auf dem Prinzip der endlosen Geldvermehrung. Es ist daher wenig verblüffend, wenn man feststellt, dass die technischen Weichenstellungen in den letzten Jahrhunderten von diesen beiden Kräften entscheidend geprägt wurden.

Das automobile System

Dass von Mumbai bis Mexiko-Stadt und von Paris bis Kapstadt die urbane Weltbevölkerung im Alptraum des automobilen Individualverkehrs versinkt, der Städte in lärmende, stinkende Moloche verwandelt und Fortbewegung zur Qual macht, ist das Ergebnis sehr konkreter Entscheidungen, die genau diesen Kräften folgen. In den USA etwa zerstörten Auto- und Ölkonzerne von den 1930er- bis 1950er-Jahren konsequent öffentliche Nahverkehrssysteme. General Motors, Standard Oil und der Reifenhersteller Firestone kauften dazu unter falscher Flagge in 45 US-Städten, darunter New York und Los Angeles, öffentliche Verkehrsbetriebe auf, um Schritt für Schritt Straßenbahnen und Nahverkehrszüge stillzulegen.[112] Auf den brachliegenden Trassen wurden dann Highways gebaut, auf denen GM-Autos mit Firestone-Reifen und Standard-Oil-Sprit fuhren – oder, besser gesagt: bald schon mehr standen als fuhren. Der Staat hat dieses System massiv unterstützt. Der Grund dafür ist einfach: Der Bedarf an öffentlichen Nahverkehrsgütern näherte sich Sättigungsgrenzen, die Geldverwertung drohte ins Stocken zu geraten. Mit der Automobilisierung dagegen konnten allen Bürgern eigene neue Antriebssysteme verkauft werden. Und dank der Macht der Ölkonzerne wurden die dreckigen Verbrennungsmotoren in Umlauf gebracht anstelle von Elektromotoren, die es schon damals gab.[113] Europa, Japan und später Südamerika, China, Indien und Afrika folgten demselben Muster wie die USA.

Liegt diese Entwicklung in der Natur der Technik selbst? Nein. Liegt sie darin begründet, dass die Menschheit diese Dinge unbedingt will? Keineswegs. Wenn die Menschen, bevor sie vom Propagandatsunami der Autoindustrie getroffen wurden, sagen wir um das Jahr 1900, darüber hätten abstimmen können, ob sie lieber jeden Tag stundenlang im Stau stehen, ihre Kinder nicht mehr auf der Straße spielen lassen dürfen, vom Dauerlärm einen

Hörsturz bekommen, im Alter an den Folgen von Feinstaub sterben und einen vom Klimawandel verwüsteten Planeten hinterlassen wollen oder ob sie sich lieber wesentlich schneller mit abgasfreien öffentlichen Verkehrsmitteln, die im Ein-Minuten-Takt verkehren, bewegen: Welche Option hätten sie wohl gewählt? Die Propaganda, die man verharmlosend »Werbung« nennt, führt dazu, dass wir das, was gut für die Kapitalakkumulation ist, im Nachhinein für unvermeidlich oder gar erstrebenswert halten.

In der Matrix

Die Mobilfunk-Technologie ist ein weiteres sehr anschauliches Beispiel dafür, wie die Kräfte der Kapitalverwertung technische Entscheidungen prägen und wie sie schließlich mit der staatlichen Kontrollmacht zusammenwirken. Als ich klein war, hatte man ein Telefon praktisch ein Leben lang. Zumindest gab es keinen besonderen Grund, es auszutauschen. Und so gut wie jeder hatte eins. Das war zwar gut für die Bürger, aber natürlich ein enormes Problem für Telefonhersteller. Der Markt war praktisch tot, es ließ sich mit Telefonen kein Kapital mehr akkumulieren. Also erfand man irgendwann Tastentelefone. Man konnte nun schneller wählen, das war sicher ein Vorteil. Irgendwann hatten fast alle Tastentelefone. Also kamen die Schnurlosen. Endlich konnte man sich freier in der Wohnung bewegen! (Aber hatte ich vorher eigentlich beim Telefonieren herumlaufen wollen?) Dann folgten die Handys. Doch auch dieser Markt war irgendwann gesättigt. Warum also nicht das Internet aufs Telefon holen? Allerdings lud das bei der ersten Generation Filme quälend langsam. (Aber hatte ich vorher eigentlich je das Bedürfnis gehabt, Filme auf einem Telefon zu sehen?) Also brauchte es schnellere Netze, mehr Transponder, schnellere Prozessoren, stärkere Akkus und vor allem: immer öfter ein neues Telefon.

Diese ganze Entwicklung kam nicht dadurch zustande, dass Telefonbesitzer in den 1980er-Jahren über die Beschränkungen ihrer analogen Telefone wehklagten und händeringend um potentere Apparate flehten, die sie endlich aus der Steinzeit erlösen würden, sondern weil IT-Konzerne Wege finden mussten, um das einmal angehäufte Geld weiter zu vermehren. Ihnen ist es schließlich gelungen, aus einem einfachen Bedürfnis von Menschen, nämlich zu kommunizieren, einen ins Unendliche wachsenden Industriezweig zu schaffen, der Nutzer dazu bringt, in immer kürzeren Abständen ihre Geräte wegzuwerfen und durch neue zu ersetzen. Der besondere Clou dabei ist, dass die Nutzer am Ende auch noch denken, damit ihren ureigenen Bedürfnissen zu folgen, während sie letztlich nur dem Räderwerk der großen Maschine dienen.

Smartphones sind zweifellos bemerkenswerte technische Erfindungen. Für manche Menschen sind sie auch mehr als ein Spielzeug und wirklich existenziell hilfreich. Etwa für viele Afrikaner, die nie ein Festnetz hatten und jetzt mit Freunden und Verwandten sprechen können, zum Beispiel mit ihren nach Europa geflüchteten Kindern. Doch bei allem, was man Positives über diese Technik sagen kann, besteht das Problem darin, dass ihre großen Schattenseiten in der öffentlichen Diskussion systematisch verdrängt werden. Etwa die enormen Naturzerstörungen durch den Bergbau, um die Metalle, darunter seltene Erden, zu gewinnen, die in den Geräten gebraucht werden. Oder die Kriege, die mit dem Kampf um diese Rohstoffe verbunden sind. Oder die Müllberge am anderen Ende der Nutzungskette. Allein in Deutschland werden jedes Jahr 25 Millionen Smartphones verkauft – und etwa ebenso viele landen auf dem Müll.

Die immer leistungsfähigere Technik wird nicht nur von Konsumenten und Unternehmen genutzt, sondern auch von Staaten. Zum Beispiel um uns in einer Weise zu überwachen, von der die totalitären Herrscher des 20. Jahrhunderts nicht einmal hätten träumen können.[114] Aufenthaltsort, Kontaktdaten, E-Mail-Verkehr, Telefongespräche, Einkaufsgewohnheiten, Medienvorlieben sowie bei Bedarf Mitschnitte über das Mikrofon und die HD-Kamera erlauben eine fast lückenlose Überwachung der Bürger. Und spätestens seit den Enthüllungen von Edward Snowden wissen wir, dass die gigantischen Spähorganisationen moderner Staaten weidlich davon Gebrauch machen, praktisch ohne jede öffentliche Kontrolle. Dabei helfen ihnen die privaten IT-Konzerne tatkräftig, allen gegenteiligen Beteuerungen zum Trotz. Was es noch an minimalen Beschränkungen gibt, wird Schritt für Schritt mit jedem neuen Terroranschlag entsorgt. Das Fabelhafte dabei ist, dass die Bürger sich die sie überwachende Technik selbst anschaffen und bezahlen und dabei noch das Gefühl haben, Freiheit dazuzugewinnen. Perfekter lassen sich die Interessen der endlosen Geldverwertung und staatlicher Kontrolle nicht verbinden.

Nun sagen viele: Ich habe nichts zu verbergen, warum sollte der Staat nicht wissen, was ich mache? Eine Sichtweise, die viele von uns eines Tages die Freiheit und einige womöglich das Leben kosten könnte. Als der türkische Präsident Erdoğan Anfang 2017 Tausende von Regierungskritikern verhaften ließ, offenbarten ihm Smartphone-Daten ein perfektes Schaubild von Kontakten und Verbindungen; nicht zuletzt dadurch waren die Verhaftungswellen so schnell und so umfassend. In Ägypten konnte das Al-Sisi-Regime nach dem Arabischen Frühling dank Facebook und Twitter ebenfalls besonders effektiv zuschlagen und Dissidenten aus dem Verkehr ziehen. Wann wer auf welche Weise in das Mahlwerk des Staates gerät, hängt überhaupt nicht davon ab, ob Bürger sich für unbescholten halten oder nicht, sondern wen Machthaber als potenziell störend betrachten. Wie der Wikileaks-Gründer Julian Assange treffend feststellte, haben Telekommunikationskonzerne und Nachrichtendienste längst ein schlüsselfertiges System für einen totalitären Staat geschaffen. Und die Bürger helfen ihnen dabei nach Kräften.

Überwachung findet übrigens nicht nur durch den Staat statt, sondern zunehmend auch durch Arbeitgeber am Arbeitsplatz. Die digitalen Techniken geben ihnen ganz neue Mittel an die Hand, um darüber zu wachen, dass jede Sekunde der Arbeitenden maximal ausgenutzt wird.[115] In einer Studie des Deutschen Gewerkschaftsbundes gab die Mehrheit der Beschäftigten an, dass die Arbeitsbelastung und die Überwachung am Arbeitsplatz durch Digitalisierung erheblich gewachsen sind.[116]

Lebendexperimente an einer ganzen Gesellschaft

Seit vielen Jahren mehren sich die wissenschaftlichen Erkenntnisse darüber, wie eine übermäßige Nutzung digitaler Medien die menschliche Gesundheit massiv schädigen kann, und das auf sehr vielfältige Weise. Kinder, die jeden Tag stundenlang Bildschirmen und Smartphones ausgesetzt sind, entwickeln zum Teil erhebliche kognitive und körperliche Defizite, darunter Aufmerksamkeitsstörungen.[117] Die Zahl der »Internetsüchtigen« steigt rasant, besonders unter Kindern und Jugendlichen. Auch die zunehmende Belastung durch gepulste Mikrowellenstrahlung von Smartphones, Funkmasten, WLAN-Netzen und schnurlosen Telefonen stellt ein wachsendes Gesundheitsrisiko dar, wie zahlreiche Studien ergeben haben.[118] Nicht nur die IT-Industrie leugnet diese Risiken oder spielt sie herunter, sondern auch viele Nutzer wollen der unangenehmen Wahrheit nicht ins Gesicht sehen, dass ihr liebstes Spielzeug weniger harmlos ist, als sie es gerne hätten. Wissenschaftler und Ärzte, die vor den Gefahren einer schrankenlosen Digitaltechnik warnen, werden oft als »Kulturpessimisten«, »Technikfeinde« oder »Anti-Digitalisierungs-Prediger« diffamiert. In diesem Propagandasturm wird das Vorsorgeprinzip, das besagt, dass Techniken nur dann großflächig eingeführt werden dürfen, wenn ihre Harmlosigkeit erwiesen ist, lautlos entsorgt.

Vertreter der Industrie versichern uns immer wieder, dass Digitalisierung und Mobilfunktechnik erst am Anfang stehen. Wer auf den Zug von »Industrie 4.0«, »Smart Cities« und selbstfahrenden Autos nicht aufspringe, verpasse die Zukunft und werde im globalen Wettbewerb abgehängt. Die 5G-Technologie soll es nach den Plänen der Branche in einigen Jahren möglich machen, Datenmengen mobil zu übertragen, die dem Zigtausendfachen heutiger Kapazitäten entsprechen. Selbstfahrende Autos etwa sollen 50 Gigabyte an Daten *pro Stunde* über Funk austauschen – so viel wie ein heutiger DSL-Nutzer im Schnitt in einem ganzen Monat im Netz bewegt.[119] Dazu muss das Land mit einer vollständig neuen und weitaus energieintensiveren Infrastruktur von Sendemasten und Rechenzentren ausgestattet werden. Über den enormen zusätzlichen Umweltverbrauch und die möglichen gesundheitlichen Folgen gibt es keine Debatte. Auch die massiv gesteigerten Überwachungsmöglichkeiten und Risiken von Hackerangriffen sind kein Thema. Besonders absurd aber ist es, dass nach dem Sinn dieser ganzen Entwicklung überhaupt nicht gefragt wird. Denn die weitaus einfachere, kostengünstigere und umweltschonendere Alternative, nämlich anstelle des unzeitgemäßen Autoverkehrs den öffentlichen Verkehr auszubauen und nutzerfreundlicher zu machen, wird gar nicht erst erwähnt.

Eine ehrliche Bilanz zeigt, dass wir mit einer schrankenlosen Digitalisierung, wie sie die Industrie anstrebt, einige der höchsten Werte menschlichen Lebens, nämlich unsere Freiheit, eine intakte Umwelt und unsere Gesundheit, gefährden, während wir im Gegenzug dafür kaum mehr als ein paar Gimmicks bekommen. Sind 4K-Filme auf einem handtellergroßen Display und die Aussicht, in Zukunft mit einem selbstfahrenden Auto im Stau zu stehen, es wirklich wert, so viel dafür zu riskieren? Um es noch einmal zu sagen: Die Digitaltechnik hat brillante technische Erfindungen hervorgebracht. Aber wenn einem jemand ein paar wunderschöne Glasperlen für ein riesiges Stück Land samt Haus und Hof bietet, geht es nicht darum, ob die Glasperlen schön sind, sondern darum, was man dafür hergibt und in welchem Verhältnis beides zueinander steht. Diese Güterabwägung aber findet nicht statt. Wir starren nur entzückt und gebannt auf die Glasperlen, während Konzerne und Staaten dabei sind, unser Land zu plündern und unser Hab und Gut wegzutragen.

Immersion oder: Die Abschaffung der Wirklichkeit

Technik dient in der Logik der Megamaschine nicht nur dem Antrieb der endlosen Geldvermehrung und der staatlichen Machterweiterung, sondern auch der Ablenkung von der Wirklichkeit. In seinem Roman *Der futurologische Kongress* beschrieb der polnische Science-Fiction-Autor Stanisław Lem eine Welt, in der den Menschen durch chemische Drogen in Luft und Nahrung eine perfekte Phantasiewelt vorgegaukelt wird, während sie tatsächlich in einer postapokalyptischen Ruinenlandschaft leben. Als der Protagonist eine Gegendroge nimmt, erkennt er, dass dort, wo eben noch schick gekleidete Bürger in komfortablen Luxusfahrstühlen auf und ab zu fahren schienen, sich tatsächlich menschliche Wracks mit ihren bloßen Händen an Kabeln in Aufzugschächten heraufziehen.

    Die digitalen Weltersatzmaschinen übernehmen heute ähnliche Funktionen wie die chemischen Drogen in Lems Vision. Die flächendeckende Bestückung von Haushalten und öffentlichen Räumen mit Bildschirmen verstellt zunehmend den Blick auf die Realität. Sinnbildlich ist diese Entwicklung bei den Virtual-Reality-Brillen zu beobachten, die die Außenwelt komplett ausblenden. Im Fachjargon nennt man das »Immersion«: das vollständige Eintauchen in die künstlichen Welten und das Vergessen der Wirklichkeit. Bürger werden zu Konsumenten einer für sie von Konzernen geschaffenen Ersatzwelt, die ihnen erlaubt, aus der von denselben Konzernen verwüsteten Wirklichkeit zu fliehen. Auch hier haben wir es wieder mit einer Win-Win-Situation für den autoritären Staat und die Maschinerie der endlosen Geldvermehrung zu tun: Die Bürger kaufen sich freiwillig die Technik, die sie davon abhält, ihre reale Situation zu erkennen und zu verändern.

Der Hass auf den Körper

Einigen federführenden Akteuren des Silicon Valley geht das aber noch lange nicht weit genug. Ray Kurzweil etwa, Leiter der technischen Entwicklung bei Google, träumt seit Jahrzehnten davon, den biologischen Menschen abzuschaffen und sein Bewusstsein in ein Netz von Daten zu überführen. Dieser »Transhumanismus« ist weit verbreitet unter den Entwicklern Künstlicher Intelligenz. Viele von ihnen erwarten sehnsüchtig in den nächsten Jahrzehnten die sogenannte »Singularität«: den Moment, wenn die Rechenleistungen von Computern die Denkleistungen von Menschen überschreiten sollen und die Automaten den körperlichen Menschen überflüssig machen. In dieser Vision verbinden sich die Geschäftsinteressen des Silicon Valley mit einer radikalen mechanistischen Ideologie, die zu den Wurzeln der Megamaschine führt: der Vorstellung, dass Menschen, Tiere, Pflanzen – ja sogar der gesamte Kosmos – letztlich nur Maschinen seien. Schon René Descartes behauptete im 17. Jahrhundert, Tiere ließen sich leicht nachbauen, wenn man ihren Aufbau einmal verstanden hätte.[120]

Das Warten auf den Moment, da der Mensch endlich als körperliches und fühlendes Wesen ausgelöscht werden kann, ist symptomatisch für eine technokratische Männerwelt, die von ihrer eigenen Innenwelt so weit abgespalten ist, dass sie Denken, Fühlen und Wahrnehmen von *Rechnen* – das Einzige, was Rechner können – nicht mehr unterscheiden kann. Es ist der Endpunkt einer Unterwerfung des Menschen unter die Maschinenlogik der blinden endlosen Geldverwertung und der eng damit zusammenhängenden Disziplinarapparate. Der digitalisierte Mensch ist der endgültig zu Tode disziplinierte Mensch, der nur noch als Datensatz fortlebt und in dem folglich alles, was Leben ausmacht – Spontaneität, fühlendes Erleben und Kreativität –, verschwunden ist. Es ist klar, dass diese Vision in letzter Konsequenz nicht ohne den realen physischen Tod der Menschen umgesetzt werden kann, denn der Körper ist, im Unterschied zum Rechner, ein unvorhersehbares, ein empfindendes und nicht rechnendes, kurz: ein lebendiges Etwas.

Wollen wir Leuten mit solchen Visionen unsere Zukunft anvertrauen? Wollen wir ihnen weiterhin unsere Daten zur Verfügung stellen, durch ihre Google-Brillen die Welt sehen und uns bald in von ihnen gesteuerten

Autos herumfahren lassen? Oder werden wir in der Lage sein, uns aus der von ihnen geschaffenen Matrix zu befreien und die Wirklichkeit, unseren Körper und unseren Geist zurückzugewinnen?

Die Illusionen des linken Technikoptimismus

Angesichts dieser bedenklichen Entwicklungen ist der auch unter vielen Liberalen und Linken noch immer verbreitete Technikoptimismus verblüffend. Der US-amerikanische Soziologe Jeremy Rifkin und der britische Journalist Paul Mason etwa glauben, dass sich der Kapitalismus durch die weitere technische Entwicklung langsam aber sicher selbst abschaffen werde.[121] Durch freie Software und freie Downloads, 3-D-Drucker, das »Internet der Dinge« und sogenannte Peer-to-Peer-Produktion, in der gleichberechtigte Entwickler zusammenarbeiten, würden die traditionellen Formen von Arbeit und Wertschöpfung verschwinden. Indem die »Grenzkosten« in der Produktion – also die Kosten für die Herstellung eines weiteren Exemplars, nachdem die Anfangsinvestitionen schon getätigt wurden – gegen null gehen, würden wir in eine Welt des Überflusses und der Fülle für alle eintreten. Diese Idee ist im Grunde eine Wiederholung der marxistischen Vorstellung, die technische Entwicklung der Produktivkräfte würde gleichsam automatisch die Grundlagen für ein kommunistisches Paradies schaffen. So verständlich diese Perspektive vor 150 Jahren war, als man hoffen konnte, durch industrielle Produktion einen gewissen allgemeinen Wohlstand zu schaffen, so weltfremd mutet sie doch heute angesichts einer zunehmend dystopischen Technikentwicklung an. Die enormen Umweltkosten der Digitalisierung werden ebenso ausgeblendet wie die Tatsache, dass 3-D-Drucker exakt dieselben dreckigen Rohstoffe brauchen wie Industrieanlagen und zudem längst nahtlos in die kapitalistische Verwertung eingegliedert sind. Von Erfindungen wie dem 3-D-Drucker eine quasi vollautomatische Weltrevolution zu erwarten, ist ein Symptom für den Realitätsverlust einer technokratisch geprägten Gesellschaft, die sich angesichts des Chaos der stotternden Megamaschine in magisches Denken flüchtet.

Wege zu einer menschenfreundlichen Technik

Sich aus der Matrix entmenschlichender und entmündigender Technik zu befreien, bedeutet nicht, Computer abzuschaffen oder gar in eine romantisierte vorindustrielle Welt zurückkehren zu wollen. Diskussionen über Technik leiden oft darunter, dass sie entlang einer Linie geführt werden, die zwischen vermeintlichen Technik-Feinden und vermeintlichen Technik-Freunden verläuft. Es geht aber nicht darum, ob man für oder gegen Technik ist. Diese Frage ist unsinnig, denn Menschen nutzen Technik, seit die Gattung Homo sapiens vor 200.000 Jahren entstanden ist. Die Frage heißt daher nicht: pro oder contra Technik, sondern: *welche* Technik, und: *wie viel* davon? Was sind wünschenswerte Techniken für eine menschenwürdige und zukunftsfähige Welt? Wie können wir unseren Blick von den glänzenden Glasperlen, die uns vorgehalten werden, auf den größeren Kontext lenken, in den Technik immer eingebettet ist? Wie können wir über Technik vernunftgeleitet und realistisch sprechen und entscheiden? Und vor allem: *Wer* entscheidet? Denn der Mythos vom unaufhaltsamen technischen Fortschritt, dessen Richtung vorherbestimmt ist, verdeckt die Tatsache, dass hinter jeder Entwicklung menschliche Entscheidungen stehen, die veränderbar sind, und hinter jeder Entscheidung reale Personen mit Name, Anschrift, bestimmten Motiven und vor allem einem Konto.

Wege zu einer menschenfreundlichen Technik zu beschreiten, bedeutet, Technik aus der Maschinerie der Kapitalverwertung und der militarisierten Staaten herauszulösen. Während heute IT-Konzerne und Autofabrikanten mit massiver staatlicher Unterstützung unsere Zukunft designen und uns das, was gut *für sie* ist, als unvermeidlich *für uns* verkaufen wollen, geht es in dieser Perspektive darum, Techniken nüchtern und differenziert nach ihrem tatsächlichen Nutzen und den von ihnen verursachten Schäden zu beurteilen.

In den 1970er- und 1980er-Jahren gab es angesichts von Risikotechnologien wie der Atomkraft und wachsenden Umweltzerstörungen eine intensive und kritische gesellschaftliche Diskussion über diese Fragen.[122] Durch das neoliberale Rollback in den folgenden Jahrzehnten wurden diese wichtigen Debatten allerdings wieder in den Hintergrund gedrängt und großenteils vergessen.[123] Die Kulturanthropologin Andrea Vetter hat in jüngster Zeit einige dieser Ansätze neu belebt und in Anlehnung an den

Philosophen Ivan Illich ein sehr hilfreiches Konzept zur Technikbewertung vorgestellt. Ihre »Matrix der konvivialen Technik« fragt danach, was die Herstellung, die Nutzung und die notwendigen Infrastrukturen bestimmter Techniken für gesellschaftliche und ökologische Folgen haben, und zwar in fünf Dimensionen: Verbundenheit, Zugang, Anpassungsfähigkeit, Bio-Interaktion und Angemessenheit.[124] Verbundenheit fragt danach, wie bestimmte Techniken menschliche Beziehungen verändern. Erfordern sie zum Beispiel hierarchische Strukturen, wie es etwa die Atomkraft tut, oder erlauben sie gleichberechtigte Organisationsformen? Zugang beschreibt, wer unter welchen Voraussetzungen Techniken nutzen kann. Wird der Zugang durch Patente blockiert? Ist die Technik aufgrund ihrer Komplexität nur Spezialisten zugänglich? Anpassungsfähigkeit fragt danach, inwieweit Techniken in verschiedenen Kontexten genutzt und an verschiedene Bedürfnisse angepasst werden können. Sind sie im kleinen Maßstab und in dezentraler Organisationsform herstellbar und nutzbar? Sind sie modular aufgebaut und leicht zu reparieren? Bio-Interaktion behandelt den Stoffwechsel einer Technik mit der lebendigen Welt. Welche schädlichen Emissionen produziert sie, und zwar in Bezug auf den gesamten Lebenszyklus von der Ressourcenbeschaffung bis zur Entsorgung? Was bedeutet sie für die menschliche Gesundheit? Angemessenheit schließlich thematisiert die Frage, wie viel Input an Zeit und Ressourcen eine Technik im Verhältnis zu ihrem Output erfordert. Mit einem zwei Tonnen schweren Auto Brötchen zu holen ist ein Beispiel für groteske Unangemessenheit.

In der üblichen Sicht auf Technik, die von der Logik der Geldverwertung dominiert wird, ist Effizienz meist das entscheidende Kriterium: Je schneller man immer mehr herstellen kann, desto besser. In einer am Gemeinwohl orientierten Betrachtung, die alle fünf Dimensionen berücksichtigt, ist Effizienz zwar nicht unwichtig, aber ein Kriterium unter vielen. Erst eine solche mehrdimensionale Betrachtung ermöglicht qualifizierte gesellschaftliche Entscheidungen über Technik. Die Gewichtung der Dimensionen ist dabei niemals ganz objektivierbar, sie ist das Ergebnis von individuellen Vorlieben und kollektiven Abwägungen und Aushandlungsprozessen. Aber genau darum geht es: die Technik aus dem Griff der eindimensionalen Fortschrittsmythologie zu befreien und zum Gegenstand gesellschaftlicher Entscheidungsfindungen zu machen. Dazu braucht es einen umfassenden zivilgesellschaftlichen Bewertungsprozess *vor* der Einführung neuer Technologien, ein Moratorium für Risikotechnologien und einen Stopp aller Subventionen für ökologisch und sozial destruktive Technikentwicklung. Es liegt an uns, ob wir das Feld Transhumanisten, Geldverwertern und dem Überwachungsstaat überlassen oder es wieder selbst in die Hand nehmen.

Der Zerfall komplexer Systeme

Es gibt in der 5000-jährigen Geschichte hierarchischer Gesellschaften kein System, das nicht irgendwann zerfallen wäre und einer anderen Organisationsform Platz gemacht hätte. Zerfall und Reorganisation sind insofern ein integraler Bestandteil unserer Geschichte. Die entscheidende Frage lautet, was dieser Prozess jeweils für die Menschen konkret bedeutet: Handelt es sich um einen katastrophischen Kollaps, der Elend und Krieg mit sich bringt; oder gibt es einen relativ friedlichen Übergang? Und wohin führt dieser Übergang? Zu neuen Formen der Ausbeutung und Gewalt? Oder in eine gerechtere und friedlichere Ordnung?

Wir tun uns schwer damit, uns Übergänge vorzustellen. Meistens scheint es nur zwei Alternativen zu geben: totaler Zusammenbruch oder weiter wie bisher. Für beides haben wir Vorbilder: Für ein Weiter-so braucht es gar keine Vorstellungskraft, man muss nur das, was jetzt der Fall ist, in die Zukunft projizieren; und für das Weltende können wir uns der reichen apokalyptischen Bilderproduktion der letzten 2000 Jahre – von der Offenbarung des Johannes bis zu Hollywood-Blockbustern – bedienen. Für graduelle Übergänge fehlen uns Bilder und oft auch Worte. Dabei sind sie historisch eher die Regel als die Ausnahme.

Die Desintegration komplexer hierarchischer Gesellschaften muss nicht gleichbedeutend mit einem katastrophischen Kollaps sein. Sie kann sogar für die Mehrheit der Bevölkerungen erhebliche Vorteile mit sich bringen. Als das Weströmische Reich zerfiel, war dies eine Befreiung sowohl für die Sklaven als auch für die meisten Bauern, denn die Bürde der erdrückenden Steuerlasten und Zwangsdienste entfiel. Der oft beweinte »Untergang Roms« war vor allem für die Reichen und Mächtigen ein Niedergang, weil ihnen die Instrumente der Herrschaft über ihre Untertanen abhandenkamen.

Eine Regionalisierung und die Herauslösung der Ökonomie aus globalen Wertschöpfungsketten könnten auch im 21. Jahrhundert für Mensch und Umwelt heilsam sein. Allerdings sind die Gefahren des Übergangs heute aus mehreren Gründen ungleich größer als vor 1500 Jahren. Zum einen können Zerfallsprozesse in einer globalisierten Industriegesellschaft mit existenzbedrohenden Versorgungslücken verbunden sein, während in einer

Agrargesellschaft wie der römischen eine Reorganisation wesentlich leichter ist. Zum anderen ist die heutige Welt zum Bersten voll mit Schusswaffen, Atomsprengköpfen und Risikotechnologien, die es damals noch nicht gab. Ein Nachdenken über den Übergang muss sich heute daher nicht nur mit der wirtschaftlichen Reorganisation beschäftigen, sondern auch mit der Frage, wie auf plötzliche Systemausfälle, Versorgungsengpässe und die Ausbreitung von Gewalt reagiert werden kann.

Roms Ende oder: Das Theorem vom abnehmenden Grenzertrag

Der US-Anthropologe Joseph Tainter hat in seinem Buch *The Collapse of Complex Societies* die These aufgestellt, komplexe Gesellschaften zerfielen, wenn ihre Methoden der Problemlösung immer weniger Nutzen im Verhältnis zum Aufwand erzielen, wenn also, in den Worten der Wirtschaftswissenschaften, ihr »Grenzertrag« sinkt.[125] Das Römische Reich etwa habe, so Tainter, so lange stabil funktioniert, als es durch Expansion und Plünderung der eroberten Gebiete neue Einnahmen generieren konnte, von denen mehr Militär bezahlt und neue Gebiete erobert wurden. Doch sobald die Ausdehnung des Reichs ihr Maximum erreicht hatte und sich der Fokus darauf verlagerte, die Provinzen zu verwalten und militärisch abzusichern, stiegen kontinuierlich die Kosten.

Unter normalen Bedingungen war es noch möglich, Steuereinnahmen und Ausgaben halbwegs im Gleichgewicht zu halten, doch sobald Stressfaktoren auftraten, zum Beispiel ein Krieg an der Grenze, ein Aufstand oder eine Naturkatastrophe, explodierten die Kosten. Nicht nur das Militär verschlang in solchen Situationen besonders viel Geld, auch die Ausgaben zur Legitimierung der Herrschaft stiegen, etwa für große Repräsentations- und Sakralbauten oder »Brot und Spiele«, mit denen die Bevölkerung in Krisenzeiten bei Laune gehalten wurde. Nachdem der Weg weiterer Expansion nicht mehr gangbar war, um diese Ausgaben zu bestreiten, gab es nur zwei Möglichkeiten: entweder die Bevölkerung stärker zu besteuern; oder die Währung, in der die Kosten beglichen wurden, durch diverse Tricks abzuwerten. Beide Wege schlugen die Cäsaren ein – und beide verschärften letztlich die Krise. Mehr Steuern bedeuteten größere

Unzufriedenheit und größeres Aufstandspotenzial, das zu bekämpfen oder zu beschwichtigen wiederum mehr Militär und mehr »Brot und Spiele« erforderte, was die Kosten erneut in die Höhe trieb. Um diesem Problem zu entgehen, werteten viele Kaiser die Währung ab, indem sie weniger Silber oder Gold pro Münze verwendeten, sodass ihr Nominalwert (der auf der Münze stand) und ihr tatsächlicher Metallwert immer weiter auseinanderklafften. Mit diesem Trick konnte man zwar zunächst mehr Soldaten und Staatsbeamte bezahlen, doch da der Tauschwert der Münzen auf diese Weise langsam, aber sicher abnahm, bekamen die Söldner dafür letztlich immer weniger zu essen, ihre Moral sank und die Gefahr von Meutereien stieg. Am Ende dieses Prozesses war es für immer größere Teile der römischen Gesellschaft immer weniger attraktiv, an dem komplexen großen System namens Imperium Romanum teilzuhaben, und das nicht nur für die unteren Schichten, sondern zum Beispiel auch für Provinzgouverneure und Heeresführer, die anfingen, auf eigene Rechnung zu wirtschaften und sich abzuspalten.

Das Weströmische Reich zerfiel nicht wegen eines Ansturms von »Barbaren« oder der eigenen »Dekadenz« (was immer das genau sein soll), sondern weil die Option der Auflösung für immer mehr Teile des Systems vorteilhafter erschien als die Aufrechterhaltung. Hatten die Italiener mit römischem Bürgerrecht um das Jahr Null noch vollkommene Steuerfreiheit und darüber hinaus sogar kostenloses Getreide genossen, ächzten sie seit dem 3. Jahrhundert unter einer immer weiter zunehmenden Abgabenlast. Die Bauern mussten, um die Abgaben zu erwirtschaften, sich selbst und das Land so rigoros ausbeuten, dass am Ende Böden und Menschen gleichermaßen ausgelaugt waren. Als dann vergleichsweise kleine Gruppen von Hunnen, Langobarden und anderen Völkern aus Mitteleuropa in Italien eindrangen, wurden ihnen oft bereitwillig die Türen geöffnet, weil sie weniger als Invasoren denn als Befreier empfunden wurden. Längst wissen wir auch, dass die römischen Berichte über das barbarische Wüten dieser Gruppen, etwa der sprichwörtlich gewordenen Vandalen, zu einem beträchtlichen Teil Propaganda waren.[126] Tatsächlich verhielten sie sich oft weit weniger barbarisch, als es die Römer zuvor in den von ihnen besetzten Gebieten getan hatten, wo sie für eine Politik der verbrannten Erde berüchtigt waren.

Abnehmende Grenzerträge im modernen Weltsystem

Das moderne Weltsystem funktioniert in vieler Hinsicht vollkommen anders als das Römische Reich. Und doch lassen sich einige analoge Wirkungszusammenhänge beobachten. Bei jedem komplexen Gesellschaftssystem geht es letztlich um die Aufrechterhaltung einer bestimmten Prämisse. Die Prämisse Roms, sein übergeordnetes Prinzip, war die Festigung des Reiches, der damit verbundenen Eigentumsverhältnisse und der zentralen Macht des Kaisers. Um diese Prämisse herum formierten sich seine Institutionen und Ideologien. Die Prämisse der modernen Megamaschine ist es, aus Geld mehr Geld zu machen, und zwar um jeden Preis. Und die modernen Institutionen und Ideologien haben sich darum gruppiert. Aber es wird immer schwieriger, diese Prämisse aufrechtzuerhalten, die Kosten dafür steigen, und der Nutzen weiterer Investitionen in die dazugehörigen Strukturen sinkt für einen immer größeren Teil der Akteure.

Um aus Geld dauerhaft mehr Geld zu machen, spielte in den vergangenen 500 Jahren die technische und wissenschaftliche Entwicklung eine entscheidende Rolle. Die Expansionsphasen des Systems waren stets verbunden mit neuen Technologien wie den Feuerwaffen und dem großtechnischen Bergbau im 15. und 16. Jahrhundert, der Eisenbahn im 19. Jahrhundert oder der Chemieindustrie, dem Auto und dem Computer im 20. Jahrhundert. Nun gilt für technische und wissenschaftliche Entwicklung Max Plancks berühmter Satz: »Mit jedem Fortschritt wird die Schwierigkeit der Aufgabe größer.« Zunächst werden stets die »tiefhängenden Früchte«, die am leichtesten zu erreichen sind, geerntet. Für die Erfindung der ersten elektrischen Batterie brauchte Alessandro Volta kaum mehr als ein paar Kupfer- und Zinkplatten, etwas Stoff und eine Salzlösung. Heute arbeiten Tausende von Ingenieuren daran, die Ladekapazitäten auch nur um wenige Prozent zu steigern, damit Batterien in Elektroautos eingesetzt werden können. Galileo Galilei brauchte für die Entdeckung der Fallgesetze kaum mehr als eine schiefe Ebene, eine Kugel und viel Geduld und Verstand. Neue Entdeckungen in der Physik von dieser Tragweite sind heute kaum mehr zu erwarten. Um selbst vergleichsweise kleine Fragen wie die nach der Existenz eines »Higgs-Bosons« zu lösen, müssen gigantische großtechnische Anlagen wie der Ringbeschleuniger bei Genf gebaut werden, der 30 Kilometer im Durchmesser misst und zehn

Milliarden Euro kostete. Zur Entdeckung des Penicillins brauchte es nur wenige Forscher und ein paar Mikroskope. Heute sind für die Entwicklung neuer Antibiotika, auch wenn sie nur die Verbreitung multiresistenter Keime kompensieren, ganze Heerscharen von Wissenschaftlern Jahrzehnte beschäftigt – und die Kosten entsprechend immens. Während am Anfang dieser Entwicklungskurve eine einfache Erfindung enormen Nutzen bringt, braucht es an ihrem Ende immer weiter steigende Investitionen, um auch nur den Status quo aufrechtzuerhalten.

Das gilt auch für den Ressourcenabbau: Zuerst werden die zugänglichsten Lagerstätten mit dem ergiebigsten Erz, dem reinsten Erdöl, der energiereichsten Kohle erschlossen. Wenn sie erschöpft sind, muss in unzugänglicheren Gegenden tiefer gegraben und gebohrt werden, um immer minderwertigere Ressourcen zu fördern, die einer immer aufwändigeren Verarbeitung bedürfen. Das kostet Energie, menschliche Arbeitskraft und damit Geld. Enthielt Kupfererz zu Beginn der industriellen Nutzung im Schnitt noch etwa 15 Prozent Kupfer, so sind es heute nur noch 0,5 Prozent.[127] Daher braucht es heute dreißigmal so viel Energie, um dieselbe Menge Metall aus dem Erz zu holen. Bei den Energieträgern zeigt sich dieselbe Entwicklung: Die Förderung von Erdöl in der Tiefsee oder die Verarbeitung von Teersanden wird aufwändiger und teurer und verschlingt selbst immer mehr Energie. Beim Wasser ist es ähnlich: Eine Erschöpfung von Grundwasserreserven wird in der Regel dadurch kompensiert, dass man tiefere Brunnen bohrt. Damit wird das Problem aber nicht gelöst, sondern nur verschoben. Denn mit den tieferen Brunnen werden auch noch die letzten unterirdischen Wasserspeicher leergepumpt, bis gar nichts mehr da ist. Das Prinzip gleicht dem der Cäsaren: Indem sie die Münzen schleichend entwerteten, verschoben sie das Problem auf die Zukunft und verschafften sich für eine Weile Luft. Doch damit untergruben sie die langfristige Funktionsfähigkeit des Systems.

Die Grenzen der Lernfähigkeit

Gesellschaften, die auf bestimmte Methoden der Problemlösung setzen, stoßen mit diesen Methoden irgendwann an Grenzen, jenseits derer der Aufwand den Nutzen übersteigt. Nun könnte man fragen: Warum sind die Menschen in solchen Systemen nicht genügend lernfähig, um andere Wege zu wählen? In einem gewissen Maß findet Lernen innerhalb der Systemlogik tatsächlich statt: Man versucht zum Beispiel, fossile Brennstoffe durch andere Energieträger, Kupfer durch andere Materialien zu ersetzen. In solche Entwicklungen fließt sehr viel Kreativität und Mühe, und es findet zweifellos auch Lernen statt. Aber eine Prämisse wird dabei nicht angetastet: dass immer mehr produziert werden muss, damit das eingesetzte Kapital weiter verwertet und vermehrt werden kann. Ein Bruch mit dieser Prämisse würde einen Bruch mit dem System selbst bedeuten. Daher wirken alle systemischen Kräfte, alle wesentlichen Institutionen, die sich in den letzten 500 Jahren zur Aufrechterhaltung dieser Prämisse gebildet haben, gegen einen solchen Wandel. Vorschläge, weniger zu produzieren und die Dinge dafür gerechter zu verteilen, werden als »unrealistisch« abgetan – wer sie vertritt, wird vermutlich keine besonders steile Karriere machen. Anreize und Abschreckungen sind also so verteilt, dass es für alle Beteiligten stets einfacher und vorteilhafter ist, sich innerhalb eines bestimmten Korridors zu bewegen, der den Blick auf technische Innovationen beschränkt und die entscheidenden systemischen Fragen umgeht. Die »Lösungen«, die sich durchsetzen, sind daher tendenziell vom Typ »mehr vom selben«: mehr Großtechnik, tiefere Brunnen, mehr industrielle Landwirtschaft, mehr Geld ins System pumpen. Nicht zufällig wird in den Diskussionen um die Energiewende das Konzept der Suffizienz, also der Begrenzung von Produktion und Konsum, systematisch ausgeblendet. Auch ein Umstieg auf kleinbäuerliche ökologische Landwirtschaft, der beträchtliche Mengen von Treibhausgasen einsparen könnte, die geschädigten Böden wiederaufbauen und zudem wesentlich mehr Menschen in der Landwirtschaft ein Auskommen sichern würde, wird von Politik und Agrobusiness konsequent blockiert, denn damit würde die Kapitalverwertung im Agrarsektor ausgebremst.

Auf diese Weise arbeitet sich die Megamaschine immer weiter an die typischen Grenzen komplexer Systeme heran. Je näher wir diesen Grenzen kommen, desto wahrscheinlicher werden partielle Systemausfälle und schließlich eine Desintegration des Gesamtsystems.

Systemausfälle

Der Soziologe Charles Perrow beschrieb in seinem Buch *Normale Katastrophen. Die unvermeidbaren Risiken der Großtechnik*, warum komplexe und zugleich »eng gekoppelte« Systeme besonders anfällig für Störfälle und Systemzusammenbrüche sind. Er schilderte diese Risiken anhand von technischen Unfällen wie dem GAU des Atomreaktors in Harrisburg 1979; seine Analysen lassen sich jedoch auf die Organisation vieler anderer gesellschaftlicher Bereiche übertragen.[128]

Komplexität bedeutet für Perrow, dass die Ursache-Wirkungszusammenhänge nicht linear wie bei einem Fließband sind, wo der Ausfall eines Teils vorhersehbare Folgen hat (in diesem Fall: der Rest des Fließbands steht still). Bei komplexen Systemen treten Rückkopplungen und »Nebenwirkungen« auf, die kaum vorhersehbar sind. Jeder Teil kann im Prinzip in unvorhersehbarer Weise mit jedem anderen interagieren.

»Eng gekoppelt« heißt, dass sich eine Störung sofort in anderen Teilen des Systems fortsetzt. Eng gekoppelte, aber wenig komplexe Systeme geben zwar Störungen schnell weiter, erzeugen aber kaum unvorhersehbare Entwicklungen. Bei einem Eisenbahnsystem zum Beispiel setzt sich ein Ausfall in einem Teil in anderen Teilen in Form von Verspätungen fort, aber abgesehen von den Verzögerungen tauchen kaum neue, unvorhergesehene Effekte oder Kettenreaktionen auf. Zumindest nicht, wenn man den Blick auf das Eisenbahnsystem beschränkt.

Große Teile der modernen Megamaschine sind sowohl extrem komplex als auch eng gekoppelt. Und das macht sie besonders anfällig für Systemausfälle. Ein anschauliches Beispiel dafür ist das Blackout der indischen Stromversorgung im Jahr 2012, das größte Blackout der Geschichte. Im Sommer 2012 fiel für etwa 600 Millionen Menschen der Strom über mehrere Tage aus. Der Grund lag nicht allein in einer unzulänglichen Infrastruktur, sondern in einer außergewöhnlichen Hitzewelle. Als Folge davon stieg der Stromkonsum für Kühlanlagen drastisch an; der ausbleibende Monsunregen zwang darüber hinaus die Bauern, immer mehr Grundwasser mit elektrischen Pumpen aus dem Untergrund zu fördern, um ihre Felder zu bewässern, so dass auch hier der Stromverbrauch steil anstieg. Der Regenmangel hatte außerdem den Pegel der Stauseen erheblich sinken lassen, die Wasserkraftwerke lieferten weniger

Strom. Unter der gewachsenen Last brach das Netz schließlich zusammen. Das bedeutete: kein Licht, keine U-Bahnen, keine Telekommunikation, vor allem aber kein Wasser, weder für die täglichen Bedürfnisse noch für die vertrocknenden Felder.

Die Menschen organisierten ihr Leben innerhalb weniger Stunden vollständig um. Im Gegensatz zu der populären Erzählung, dass solche Systemausfälle vor allem zu Mord, Totschlag und Plünderungen führen, zeigt sich in vielen Fällen, dass enorme positive Kräfte der Reorganisation freigesetzt werden können. Das beschreibt die US-Autorin Rebecca Solnit in ihrem Buch *A Paradise Built in Hell* an vielen Beispielen, vom Großen Brand in San Francisco über das Blackout von New York bis hin zum überfluteten New Orleans nach dem Hurrikan Katrina.[129] So war es auch in Nordindien: Die Leute improvisierten, bildeten Fahrgemeinschaften, holten Generatoren heraus, teilten den dezentral erzeugten Strom und reaktivierten manuelle Pumpsysteme. Nach ein paar Tagen gingen die Lichter wieder an und die Menschen nahmen ihr früheres Leben wieder auf.

Das Beispiel zeigt, wie eng verschiedene komplexe Systeme hier miteinander verwoben sind: das globale Klimasystem mit dem Elektrizitätsnetz, das Elektrizitätsnetz mit der Wasserversorgung und Ernährung, die Wasserversorgung mit dem Verkehr und so weiter. Eine Störung in dem übergeordneten System, von dem alle abhängen – dem Klima –, hat zum Zusammenbruch der Subsysteme geführt. Der Fall zeigt auch, wie anfällig ein solches Geflecht von komplexen und eng gekoppelten Subsystemen auf Störungen reagieren kann: Der Ausfall in einem Teilsystem setzt sich in allen anderen fort. Diese Tendenz wird durch die vielbeschworene weitere Digitalisierung und das »Internet der Dinge« noch weiter verstärkt. Wenn bei einem Stromausfall im »Smart Home« nicht einmal die Fenster aufgehen und die selbstfahrenden Autos durch Hackerangriffe verrücktspielen, nehmen sich partielle Systemausfälle noch verheerender aus.

Die Finanzkrise 2008 und die darauffolgende Rezession sind ein anderes Beispiel für unvorhersehbare Kettenreaktionen in einem komplexen und eng gekoppelten Subsystem. Das globale Finanzsystem ist ein selbst für Insider kaum durchschaubares hyperkomplexes Geflecht von riesigen transnationalen Institutionen und verschachtelten »Finanzprodukten«, die vorsätzlich so designt sind, dass sie kaum jemand versteht. Das System ist außerdem eng gekoppelt, weil sich die Akteure in diesem Spiel für jede Transaktion ein Mehrfaches der eingesetzten Summe anderswo leihen, um ihren »Hebel« – also den potenziellen Profit – zu vergrößern. Der Abbau staatlicher Regulierungen, etwa die Aufhebung des Trennbankensystems (Trennung von Geschäfts- und Investmentbanken) in den USA unter Bill Clinton, hat außerdem dazu geführt, dass Schutzvorkehrungen verschwanden und staatliche Behörden weniger Überblick haben. Einzelne Ausfälle in diesem System hatten daher rasche und unvorhersehbare Kettenreaktionen durch das globale Schuldennetz zur Folge, die schließlich auch die ebenfalls komplexen und eng gekoppelten Subsysteme der globalen Güterproduktion und des Handels erreichten.[130]

Alternative Infrastrukturen und Resilienz

Ganze Gesellschaftssysteme brechen natürlich nicht über Nacht zusammen wie die indische Stromversorgung; selbst große Finanz- und Wirtschaftskrisen können zwar zum Kollaps von Staaten oder gar Staatenverbünden wie der EU führen, sind aber nicht gleichbedeutend mit dem Zerfall der gesamten Ordnung. Die Desintegration großer Gesellschaftssysteme erstreckt sich meist über Jahrzehnte oder gar Jahrhunderte. Anders als beim Blackout haben sie, wenn der Zerfall einsetzt, aber auch nicht die Chance, zum früheren Zustand zurückzukehren, die Zeit lässt sich für sie nicht umkehren.

Ob ein Zerfall katastrophisch oder glimpflich verläuft, ob er den meisten Menschen ein schlechteres oder ein besseres Leben beschert, hängt entscheidend davon ab, ob und wie es gelingt, die Subsysteme neu zu organisieren. Können die Menschen zum Beispiel eine Wasserversorgung aufbauen, die vom landesweiten Elektrizitätsnetz unabhängig funktioniert? Können sie Transport und Kommunikation entkoppeln? Können sie sich vielleicht sogar von Störungen des Klimasystems teilweise entkoppeln? Gelingt es, Versorgungssysteme aufzubauen, die vom globalen Finanz-, Produktions- und Handelssystem soweit unabhängig sind, dass Systemausfälle ausgeglichen werden können? Mit anderen Worten: Wie können Gemeinschaften *Resilienz* gegenüber schockartigen Veränderungen des Umfeldes entwickeln?[131] Die Antworten auf diese Fragen sind auch abhängig davon, ob alternatives Wissen und alternative Infrastrukturen zumindest ansatzweise existieren, sei es als

Relikte aus früheren Versorgungssystemen, sei es durch vorausschauendes Planen. Trifft der Zerfall Gemeinschaften, in denen es sowohl an alternativen Traditionen als auch an Experimentierfreude mit neuen Modellen fehlt, ist die Wahrscheinlichkeit eines katastrophischen Verlaufs besonders groß. Aus diesem Grund ist ein Warten auf den Crash, in der vagen Hoffnung, dass dann irgendetwas besser wird, die denkbar schlechteste Strategie. Wenn der Ausstieg aus der Megamaschine dagegen bereits begonnen wird, während sie noch läuft, gibt es weitaus bessere Chancen für einen positiven Übergang.

TEIL II

REORGANISATION

Vom Kleinen und Großen

Immer mehr Menschen wird angesichts des globalen Chaos klar, dass wir sehr tiefgreifende Veränderungen brauchen, um zukunfts- oder auch nur gegenwartstauglich zu werden, und es mit dem Drehen an ein paar Justierschräubchen nicht getan ist. Die verunglückten sozialistischen Utopien des 19. und 20. Jahrhunderts haben allerdings bei vielen Menschen eine Abneigung gegenüber neuen Gesellschaftsentwürfen hinterlassen, die am Reißbrett entwickelt werden. Und das zu Recht: Denn eine andere Gesellschaft und Ökonomie lassen sich nicht in derselben Weise planmäßig herstellen wie ein Möbelstück oder ein technisches Gerät, für das man ein Modell entwerfen und es dann umsetzen kann. Neue gesellschaftliche Strukturen entstehen immer aus konkreten Auseinandersetzungen zwischen verschiedenen Gruppen von realen Menschen, und die Ergebnisse sind weder vorhersehbar noch planbar, einfach weil Menschen und ihre Konflikte von grundsätzlich anderem Typ sind als Stuhlbeine oder Maschinenteile.

Über tiefgreifende, an die Wurzel gehende politische und gesellschaftliche Veränderung gibt es selbst innerhalb des emanzipatorischen Spektrums sehr unterschiedliche Vorstellungen. Die einen glauben, dass nur durch praktische Änderungen im Alltag, in den zwischenmenschlichen Beziehungen und im Bewusstsein ein solcher Wandel erreicht werden kann. Die anderen setzen auf eine Umgestaltung der großen politischen und ökonomischen Strukturen. Die einen imaginieren den Wandel als eine Folge kleiner Schritte, die anderen als einen großen Bruch. Für die einen spielt die Eroberung der Staatsmacht eine zentrale Rolle, während andere darauf setzen, die Welt zu verändern, ohne die Macht zu ergreifen.[1] Ist für viele ein hierarchiefrei organisiertes Netzwerk oder Mosaik die richtige Organisationsform, so glauben andere, dass ohne ein Mindestmaß an Hierarchie niemals genügend politische Stoßkraft entwickelt werden kann. Auch die Ziele sind sehr verschieden. Streben die einen eine vollständig von Geld und Tauschlogik befreite Welt an, in der alles in Form von Gemeingütern geteilt wird, so sehen andere den Weg in Richtung einer nicht-kapitalistischen, gemeinwohlorientierten Marktwirtschaft.

Es war lange Zeit eine der Lieblingsbeschäftigungen linker Kräfte, sich entlang solcher Gegensatzachsen entweder erbittert zu bekämpfen oder trotzig zu ignorieren. Wenn man die widerstreitenden Positionen historisch betrachtet, fällt auf, dass sie alle ein Stück weit recht behalten haben und alle ein Stück weit gescheitert sind. Eine revolutionäre Umgestaltung der großen politischen und ökonomischen Strukturen durch die Eroberung der Staatsmacht erwies sich oft als Phantom und selbst dort, wo sie gelang, letztlich als Pyrrhussieg, weil sich der neue Staat nur als Variante der Megamaschine entpuppte. Umgekehrt hat sich ein Rückzug in gesellschaftliche Nischen, in die kleine Genossenschaft oder Ökokommune, immer wieder als Sackgasse erwiesen, wenn man dadurch die systemischen Veränderungen aus dem Blick verlor. Das Warten auf den großen Bruch ist oft genug zur Ausrede dafür geworden, nicht hier und heute mit konkreten Dingen anzufangen. Auf der anderen Seite kann eine ausschließliche Konzentration auf die kleinen Schritte dazu führen, historische Gelegenheiten, in denen sich Zeitfenster für radikalen Wandel öffnen, zu verschlafen.

Statt das Große gegen das Kleine auszuspielen, das Nahe gegen das Ferne, das Schnelle gegen das Langsame, den Plan gegen die Improvisation, das Dezentrale gegen das Zentrale, kann es hilfreich sein, sich darin zu üben, die Gleichzeitigkeit der Gegensätze zu denken: Welche Mischungsverhältnisse sind in welchen Situationen sinnvoll? Wie lassen sich die verschiedenen widerstreitenden Ansätze auf konkrete Situationen in Raum und Zeit anwenden?

Von der Utopie zur Topie

In den letzten Jahren ist immer wieder davon die Rede gewesen, dass es neue Utopien brauche, um der wachsenden Orientierungslosigkeit und Zersplitterung etwas entgegenzusetzen. Die Problematik der Utopie liegt allerdings schon in ihrer ursprünglichen Wortbedeutung: U-topos bedeutet auf Griechisch »Nicht-Ort«. Die politischen Utopien der Neuzeit, von Thomas Morus' Vision eines autoritären Kommunismus im 16. Jahrhundert angefangen, sind davon geprägt, dass sie einen abstrakten Plan, der von den real existierenden Orten und Menschen abgelöst ist, der Wirklichkeit aufzuzwingen versuchen und sie dabei oft genug vergewaltigen.[2] Diese Ortsvergessenheit charakterisiert sowohl viele realsozialistische Projekte als auch kapitalistische Utopien, die beide darauf hinauslaufen, die gewordene Welt durch ein geplantes Paradies – oft verbunden mit einer technokratischen Vision – zu ersetzen. Utopien von diesem Typ sind Teil der tief verankerten westlichen Tradition des apokalyptischen Denkens, das sich Wandel nur als radikalen Bruch vorstellen kann, als Auslöschung der verdorbenen heutigen Welt, die durch eine neue, ideale Welt ersetzt werden muss. Damit reproduziert das apokalyptische Denken aber nur die traumatischen, disruptiven Erfahrungen, aus denen es einst hervorgegangen ist.[3]

Um aus dieser fatalen Tradition auszusteigen, brauchen wir Topien statt Utopien: auf die konkreten Orte und Menschen bezogenes Denken und Handeln.[4] Die Voraussetzungen für positiven Wandel sind in der Provinz Rojava im Norden Syriens, wo Kurden und andere Gruppierungen zwischen den Fronten des Krieges ein rätedemokratisches System aufgebaut haben, vollkommen andere als in einer hessischen Kleinstadt, in der Bürger versuchen, die Wasserversorgung zu rekommunalisieren und die Energieversorgung umzubauen. Nicht nur Ökosysteme und wirtschaftliche Bedingungen sind vollkommen verschieden, sondern auch die Geschichten der Menschen, ihre sozialen und politischen Prägungen, ihre Wunden und ihre Träume.

Systemischen Wandel nicht als Großutopie zu denken, sondern als eine Vielzahl von Topien, wirft natürlich die Frage auf, wie sich diese Vielheiten gegen die strukturelle und physische Macht der Megamaschine durchsetzen sollen. Eine mögliche Antwort besteht in der Formel, die einst vom Weltsozialforum geprägt wurde: »Viele Jas und ein großes Nein«.[5] Während die positiven Alternativen von Ort zu Ort ganz verschieden ausfallen können, ist der Widerstand eine gemeinsame und globale Angelegenheit. Fossile Brennstoffe im Boden lassen, den Militarismus stoppen, Rechte von Migranten verteidigen und sich dem ausbeuterischen Tributsystem widersetzen, sind große gemeinsame Themen, die eine Verbindung von lokalem und globalem Handeln nötig machen. Das gemeinsame Nein ist der Schild, der das Wachsen einer lebendigen Vielfalt von Alternativen vor der zerstörerischen Monokultur der Megamaschine beschützt. Die Kraft des Nein sollte man dabei nicht unterschätzen oder als etwas »bloß Negatives« abtun. Das zeigt sich schon bei kleinen Kindern, für die das Nein eines der wichtigsten Wörter ist: Es gibt ihnen ein Gefühl von Autonomie und Willenskraft, von Definitionshoheit über ihren Bereich. Das Nein öffnet überhaupt erst einen Raum der Selbstwirksamkeit, der geschlossen bleibt, wenn man immer nur Ja sagt.

Die Grenzen der Milieus überwinden

Die Unterscheidung zwischen den vielen Jas und dem einen Nein sollte man allerdings nicht schematisch verstehen, denn natürlich kann es auch beim Nein viele Differenzen und bei den Jas viele Gemeinsamkeiten geben. Die Formel hilft aber dabei, sich Wandel vorzustellen, ohne dass sich alle am Anfang darauf einigen müssen, wie man leben soll oder wie eine ideale Gesellschaft auszusehen hat. Ein Beispiel dafür sind die Anfänge der Anti-Atomkraftbewegung in den frühen 1970er-Jahren. Die Weinbauern vom Kaiserstuhl und die Studenten aus Freiburg, die gemeinsam den Bauplatz des Kernkraftwerks Wyhl besetzten, hatten zum Beispiel recht unterschiedliche Lebensentwürfe und politische Ansichten. Und doch ist es ihnen gelungen, gemeinsam das Kraftwerk zu verhindern und damit den Grundstein für eine Bewegung zu legen, die nach 40 Jahren Kampf entscheidend zum Ausstieg aus der Atomenergie beitrug und Deutschland sowohl kulturell als auch politisch verändert hat. Studenten und Bauern mussten sich nicht erst darauf einigen, wie man leben soll. Das wäre auch ein hoffnungsloses Unterfangen gewesen. Aber während sie Tag um Tag, Monat um Monat, Jahr um Jahr gegen den gemeinsamen Gegner protestierten, lernten sie einander besser kennen und verstehen. Und das erlaubte ihnen auch, schwierige Situationen zu meistern, ohne sich zu zerstreiten.

Bewegungen werden meist dann stark, wenn sie es schaffen, die engen Grenzen von Milieus zu überwinden. Wir leben in einer Welt, die aus unzähligen Parallelgesellschaften besteht. Diese Milieus sind getrennt durch unterschiedliche Sprachen – nicht nur verbale, sondern auch Körpersprachen und andere Codes – und unterschiedliche Werte. Um diese Grenzen zu überwinden, sind oft relativ einfache, unscheinbare Dinge von großer Bedeutung. Die Arbeitertochter Frieda Bieselin etwa schloss sich früh der Besetzung des Bauplatzes in Wyhl an. Sie baute eine Essensversorgung auf und sorgte so dafür, dass die Stimmung gut blieb. Da die Besetzer sehr lange ausharren mussten, hatte sie die Idee, auf dem Platz eine Art Volkshochschule aufzubauen, wo alle gemeinsam etwas über Ökologie, Energie und politische

Veränderung lernen konnten. So schuf sie gleich zwei Räume, die Küche und die Hochschule, in denen Menschen unterschiedlichster Prägung nonverbal und verbal begannen, über die Grenzen ihrer Milieus hinauszuwachsen. Und das war eines der Erfolgsgeheimnisse dieser Bewegung.

Das Beispiel zeigt einmal mehr, dass es keinen Sinn hat, das Kleine gegen das Große auszuspielen. Eine Feldküche kann einen entscheidenden Anteil im Kampf gegen eine der mächtigsten Branchen der Erde haben. Und was für den Atomausstieg wahr ist, gilt umso mehr für einen Ausstieg aus der Megamaschine, der unzählige kleine Schritte braucht und zugleich den Mut, das Große zu denken. Aus diesem Grund werde ich in diesem Kapitel auch einen Bogen spannen, der von unseren Träumen und Prägungen über die Kraft der kleinen Schritte bis zu den großen Veränderungen unserer ökonomischen und politischen Ordnung reicht. Dieser Bogen ist nicht als Programm zu verstehen, sondern als ein Gebäude voller Türen, die zu öffnen unsere Vorstellungskraft von gesellschaftlicher Veränderung erweitern mag.

Der Stoff, aus dem die Träume sind[6]

Aus der Traumforschung ist bekannt, dass man im Traum nicht rechnen kann, jedenfalls nicht über das Niveau einer ersten Grundschulklasse hinaus. Das deckt sich mit meinen Selbstbeobachtungen: Wenn ich – was extrem selten vorkommt – im Traum rechne, gelingt es mir selbst unter großer Mühe kaum, ein paar einfache Zahlen zu addieren. Im Traum ist der *berechnende* Mensch abwesend. Und das auch im übertragenen Sinne: Wir können uns im Traum nicht vornehmen, einen Konkurrenten durch eine Reihe von Schachzügen auszubooten, um ihn zu überrunden und mehr Punkte zu sammeln. Wir können im Traum nicht Mensch-ärgere-dich-nicht oder Monopoly spielen. Unser Unbewusstes ist zur Berechnung weitgehend unfähig. Die tiefsten Schichten unserer Existenz und unseres Verhältnisses zur Welt sind nicht ökonomischer Art. Das beginnt schon, wenn wir auf die Welt kommen. Das Verhältnis eines Babys zu seiner Mutter ist kein ökonomisches. Da wird nichts getauscht und nicht gerechnet. The best things in life are free: Liebe, Freundschaft, Natur, echte Kreativität, Schönheit. Wouter van Dieren, Autor des Berichtes an den Club of Rome *Mit der Natur rechnen*, schrieb einmal, dass das Bruttoinlandsprodukt im Himmel gleich null sein müsste, in der Hölle dagegen gigantisch.[7]

Über Jahrhunderte ist uns eingeredet worden, der Kern des Menschen sei das unstillbare Verlangen, seinen Vorteil gegenüber anderen zu mehren. Wir wissen längst aus der vergleichenden Anthropologie, dass diese Erzählung ein Mythos ist, erfunden von europäischen Männern, die in ihrem eigenen Leben kaum etwas anderes kennengelernt haben. Menschen sind für Kooperation geschaffene Wesen. Sie suchen manchmal den eigenen Vorteil, oft aber ganz andere Dinge.

Nun wird man sagen, dass ein Mensch, um zu träumen, um Freundschaft, Liebe, Kreativität und Schönheit erfahren zu können, auch etwas essen muss, ein Dach über dem Kopf haben muss und vieles mehr. In der Tat. Aber muss er, um das bereitzustellen, zu einem berechnenden Wesen werden? Um einen Dachstuhl oder ein Schiff zu bauen, ist zweifellos so etwas wie berechnende Planung nötig. Das ist eine wichtige Fähigkeit unseres Geistes. Aber das bedeutet keineswegs, dass die *Beziehungen* der Menschen, die das tun, auf Berechnung, auf individueller Vorteilsmaximierung beruhen müssen.

Es ist das große Verdienst von Karl Marx, erkannt zu haben, dass Geld keine Sache ist, sondern ein Symbol für menschliche Beziehungen. Wenn ich eine Kiwi kaufe, trete ich mit anderen Menschen in Beziehung. Irgendjemand hat sie irgendwo angepflanzt und geerntet, andere haben sie verpackt und transportiert. Diese Menschen haben für mich etwas Wichtiges getan, auch wenn ich sie niemals zu Gesicht bekomme. Das Geld verdeckt unsere Beziehung. Es suggeriert, dass ich eine Sache, die Kiwi, gegen eine andere Sache, das Geld, tausche. Die Menschen, mit denen ich eigentlich in Beziehung trete, bleiben dabei unsichtbar. Und das macht einen beträchtlichen Teil der Armut unseres Lebens aus. Die Leere, die der Fetisch des Geldes hinterlässt, weil er unsere Beziehungen zu anderen Menschen verdunkelt, lässt sich auch mit noch so vielen Dingen nicht füllen.

Eine den Menschen angemessene, eine menschenfreundliche, eine gerechte Ökonomie muss daher zuerst einmal die Beziehungen, die das Geld verdeckt, sichtbar machen. Selbst der einsamste Mensch wird seine Welt rasch bevölkert sehen, wenn er sich fragt, wer denn den Stuhl, auf dem er sitzt, und den Kaffee, den er gerade trinkt, hergestellt hat. Wenn die Menschen aus dem Nebel, den das Geld schuf, plötzlich hervortreten, wird er sich vielleicht auch fragen, ob dies eine freundliche oder feindliche Begegnung sein wird. Das aber hängt nicht zuletzt davon ab, was die Menschen erdulden und erleiden mussten, um für ihn Stuhl und Kaffee herzustellen. Hat er sich daran beteiligt, den Preis für ihre Arbeit mit allen Mitteln zu drücken? Was hat er selbst gegeben? Und sind hier Dritte im Spiel, die beide Seiten gleichermaßen ausgebeutet und ihre Beziehungen verdunkelt haben?

An diesem Punkt können sich beide gemeinsam fragen, wie sie diese unsichtbaren Dritten aus ihrer Beziehung bekommen. Wie sie aufhören können, gegeneinander um Geld zu konkurrieren, um stattdessen miteinander zu kooperieren. Das scheinen heute vermessene, unrealistische, utopische Fragen zu sein. Gibt es denn etwas anderes als fremdbestimmte Lohnarbeit? Ist nicht jeder ein *Träumer*, der etwas anderes will? Die Frage läuft letztlich darauf hinaus, ob wir in der Lage sind, unsere Lebens- und Tätigkeitsverhältnisse gemeinsam selbstbestimmt zu gestalten. Oder ob wir die Gnade der Arbeit aus den Händen einer mysteriösen, gottgleichen Institution namens Markt von oben empfangen wollen – und von oben auch wieder entzogen bekommen. Es fällt uns selten auf, wie absurd und infantil die Idee ist, dass irgendjemand uns Arbeit gibt. Sind wir nicht mit Händen und Verstand gesegnet, um selbst etwas zu tun? Ist uns nicht die Gabe der Sprache verliehen, damit wir uns miteinander verständigen und Gemeinsames schaffen können? In den 200.000 Jahren, die der Homo sapiens auf der Welt ist, haben Menschen den überwältigenden Teil der Zeit genau das getan. Die antiken Marktwirtschaften und der moderne Kapitalismus sind dagegen nichts als kurze Zwischenspiele, auf die wir einst – wenn wir den Kapitalismus überleben – kopfschüttelnd zurückblicken werden.

Prägungen

Eine Gesellschaft kann man als die Summe der Arten und Weisen, wie Menschen miteinander umgehen, verstehen. Diese Beziehungen entstehen aber nicht spontan in jedem Moment neu, sondern sind geformt von Prägungen aus der Vergangenheit und Institutionen, die ebenfalls vor langer Zeit geschaffen wurden. Deshalb lassen sich Gesellschaften auch nicht einfach von jetzt auf gleich verändern. Denn Veränderung bedeutet nicht nur, die Gegenwart zu verwandeln, sondern in gewisser Weise auch die Vergangenheit.

Prägungen sind lebensnotwendig. Ohne sie müssten wir in jedem Moment unser gesamtes Denken und Fühlen, unsere täglichen Handlungen, unsere Beziehungen neu erfinden. Das würde uns nicht nur vollständig überfordern, es wäre einfach unmöglich. Um zu leben, muss ein großer Teil unserer Bewegungen und Handlungen unbewusst verlaufen. Wollten wir zum Beispiel jeden einzelnen unserer 650 Muskeln in jedem Moment bewusst steuern – und damit direkter Veränderung zugänglich machen – könnten wir uns keinen Zentimeter bewegen, sondern nur unkoordiniert und hilflos zappeln. Das Üben beim Klavierspielen dient dazu, die mühsame bewusste Steuerung der einzelnen Finger in weitgehend unbewusste, »automatisierte« Routinen zu verwandeln. Nur so ist es beim Spielen möglich, die Aufmerksamkeit von der Kontrolle der einzelnen Finger auf eine höhere Ebene zu verlagern: auf die Interpretation, die Phrasierung, den melodischen und rhythmischen Ausdruck. Das Unbewusstwerden ist also, einem verbreiteten Vorurteil entgegen, kein Vergessen, sondern ein *tieferes Lernen*. Und dementsprechend dauert es auch viel länger. Das tiefe Lernen macht höhere Ebenen bewusster Entscheidungen, die sich nicht nur auf Details, sondern auf die Gesamtorganisation beziehen, überhaupt erst möglich. Der Preis dafür ist allerdings, dass sich die Details oft einer direkten Änderung entziehen. Anfänger, die ein Klavierstück mit einem bestimmten Fingersatz eingeübt haben und es flüssig spielen, können die Reihenfolge der Finger nur unter größter Mühe wieder verändern. Es bedarf eines Lernens zweiter Ordnung, das sich erst mit langer Praxis einstellt, um zumindest zwischen verschiedenen Routinen wählen zu können. Aber selbst eine Klaviermeisterin wie Martha Argerich hätte große Schwierigkeiten, wenn sie ein Klavier bespielen sollte, bei dem weiße und schwarze Tasten vertauscht sind.

Bei vielen Tieren ist eine große Zahl von Prägungen bereits angeboren. Das hat den Vorteil, dass die Kleinen schneller selbstständig werden. Ein Rehkitz kann innerhalb von wenigen Stunden stehen und sogar staksig laufen. Bei einem Menschen dauert dieselbe Entwicklung über ein Jahr. Dafür haben Menschen ein viel größeres Spektrum von Lernfähigkeit. Während ein Reh sein Bewegungsrepertoire kaum verändern kann, können Menschen Break Dance, Skifahren oder balinesischen Tanz lernen. Dieses Lernen kann zwar im Prinzip ein Leben lang dauern, allerdings werden in Kindheit und Jugend entscheidende Lernerfahrungen zu tiefen Prägungen, die sich später nur bedingt und nur sehr langsam verändern lassen. Für gesellschaftliche Veränderungen ist deshalb die Frage von größter Wichtigkeit, wie Menschen ihre ersten zwei Jahrzehnte verbringen. Jede neue Generation bietet – das ist die Genialität der Natur – Chancen für Veränderungen, die in der bereits geprägten älteren Generation kaum mehr möglich sind. Allerdings gibt eine Generation ihre Prägungen auch auf vielfältige Weise an die nächste weiter. Die Nahtstelle zwischen den Generationen ist daher eine entscheidende Weiche für die gesellschaftliche Entwicklung – und auch für die Chancen einer sozial-ökologischen Transformation.

Eine Begegnung im Zug

Auf einer längeren Zugfahrt sitzt mir ein Familienvater schräg gegenüber, einige Sitze weiter. Seine beiden Kinder sehe ich zunächst nicht, sie sind hinter den Sitzen verborgen, von wo ab und zu ihre Stimmen leise zu mir dringen. Ich höre und sehe eine Weile also fast nur den Vater, dessen einzige Kommunikationsform – von ein paar sachlichen Hinweisen abgesehen – darin zu bestehen scheint, die Kinder zurechtzuweisen. »Wenn Du damit nicht sofort aufhörst, weiß ich nicht, was ich tue, aber es wird für Dich auf jeden Fall sehr unangenehm.« – »Wenn Du das nicht lässt, steige ich an der nächsten Station aus und fahre in die andere Richtung weiter.« Der Mann ist äußerlich durchaus nicht der Stereotyp eines autoritären Vaters, er trägt kurze Jeans und Sandalen, ist mit Rucksack unterwegs und wirkt so, als würde er im Prenzlauer Berg wohnen. Mit seinen Kindern spricht er abwechselnd Deutsch und Französisch.

Nach einer Weile schlägt er vor, auf dem Laptop einen Film zu schauen. Die Kinder wechseln die Sitze und ich bekomme sie nun zu sehen: einen Jungen und ein Mädchen im Alter von schätzungsweise acht und neun Jahren. Sie machen beide einen verweinten Eindruck, obwohl ich sie nicht hatte weinen hören. Es liegt aber noch mehr in ihren Gesichtern, eine tiefere, schon ältere Verunsicherung. Sie wirken ängstlich, eingeschüchtert, man spürt, dass sie gern etwas sagen wollen, etwa: »Papa, warum meckerst Du die ganze Zeit, kannst Du nicht auch mal was Nettes zu uns sagen?« oder: »Ich würde gern ein bisschen im Zug auf und ab rennen« – aber sie trauen sich nicht. Nicht mehr. Es ist offensichtlich, dass diese Umgangsformen schon tief eingefahren sind und sich jeder Einspruch dagegen längst als vergeblich erwiesen hat. Ihre Stimmen sind zaghaft und brüchig. Während der mehrstündigen Zugfahrt spricht der Vater nicht ein einziges liebevolles Wort, macht keinen Scherz, nimmt die Kinder, denen es offensichtlich nicht gut geht, nicht in den Arm oder klopft ihnen auch nur auf die Schulter. Stattdessen klappt er nun seinen Laptop auf. Während die Kinder mit offenem Mund auf den Bildschirm starren und sich ihre traurigen, ausdrucksstarken Gesichter nun glätten und leeren, liest der Vater Zeitung.

Ich ertappe mich bei dem Gedanken, dass dieser Mann sich nicht wie ein Vater verhält, sondern wie ein Aufseher, ein Wärter. Wenn das den ganzen Tag so geht, und jeden Tag so weiter, wenn es auch mit der Mutter und den Lehrern nicht wesentlich anders ist, welchen Weg sollen diese Kinder dann finden? Wie sollen sie auf dieses Universum von Kälte und Härte reagieren, das nach außen so locker und modern daherkommt, aber innen versteinert ist? An Bildung – im engeren Sinn – fehlt es hier nicht, die Zweisprachigkeit und der ganze Habitus deuten auf eine Akademikerfamilie hin. Aber genau hier liegt der springende Punkt: *welche* Bildung? Die Bildung des Herzens ist es sicher nicht. Und sie findet sich auch in keinem Lehrplan. Diese Lehrpläne, mit denen die Menschheit gepeinigt wird und in denen doch das Wichtigste immer fehlt!

Ein paar Minuten später kommen zwei andere Jungen vorbei, die ausgesprochen verwildert und sogar etwas verwahrlost aussehen. Sie rennen kichernd durch den doppelstöckigen Wagen, oben an mir vorbei und dann unten zurück und wieder hoch, wie bei der Geschichte vom Hasen und dem Igel. Dem älteren fehlen ein paar Zähne, der jüngere ist fast schwarz vor Dreck im Gesicht, ein Finger ist mit einer Papierserviette verbunden. Die beiden wirken ein wenig so, als seien sie dem Musical *Les Misérables* entlaufen. Offensichtlich kommen sie nicht aus einem Akademikerhaushalt. Aber sie sind nicht verängstigt und haben sich die Fähigkeit bewahrt, unmittelbar mit anderen Menschen in Kontakt zu kommen. Ich spiele ihr Spiel mit, sie kommen immer wieder vorbeigerannt und grinsen mich an. Der Junge und das Mädchen hinter dem Bildschirm schielen zu uns herüber. Offensichtlich haben sie Lust mitzumachen. Aber sie wissen schon, dass ihr Papa das nicht zulassen würde.

Als die beiden wilden Jungen weg sind und der Film zu Ende ist, kommt der Junge von gegenüber vorsichtig zu mir und fragt, wo denn meine Kinder seien. Ich verstehe ihn erst nicht richtig und erzähle davon, wo meine Tochter gerade ist. Dann begreife ich, dass er die anderen Kinder meinte, und erkläre, dass ich die beiden gerade erst kennengelernt hatte. Der Junge schaut mich verdutzt an, er kann offenbar kaum glauben, dass man mit fremden Kindern einfach spielen kann. Aber da steht auch schon der Vater hinter ihm und sagt auf Französisch, er wisse doch, dass man mit Fremden nicht sprechen solle. Der Junge wagt es, kurz zu widersprechen, ich sei doch sehr nett, und ich versuche ihn zu unterstützen, indem ich einwerfe, miteinander zu reden sei doch etwas Normales. Aber der Vater bleibt dabei und der Junge fügt sich. Die Traurigkeit kehrt auf sein Gesicht zurück, aber lebloser, resignierter als zuvor. Der Vater klappt den Bildschirm wieder auf.

Etwas später beginnt der Vater aus heiterem Himmel, dem Jungen eine Standpauke zu halten: »Du arbeitest nicht genug für die Schule, du bringst ständig Dreien nach Hause. Ich bin sehr enttäuscht. Ich schlafe oft sogar schlecht wegen Dir. Statt zu arbeiten, versteckst Du Dich im Garten. Vielleicht müssen wir das mit dem Fußballspielen stoppen, damit Du mehr für die Schule arbeiten kannst.« Der Junge sagt nichts dazu, er sinkt nur langsam und stumm auf den Sitz. Ich kann ihn so gut verstehen. Auch ich hätte mich im Garten versteckt. Denn aus diesem höllischen System aus Drohungen und Druck, aus Vater und Schule gibt es ja sonst kein Entrinnen. Ich wünschte, ihm helfen zu können, denn in diesem Alter ist noch alles möglich, eine freundlichere Umgebung würde ihn sicher wieder zum Leben erwecken. Aber ich fühle mich zum Beobachten verurteilt.

Gesellschaftliche Veränderung erwächst aus anderen Erfahrungen menschlicher Beziehungen, anderen Arten, miteinander umzugehen. Dieser Schritt kann nicht übersprungen werden. Welchen Sinn soll es haben, andere Strukturen und Institutionen aufzubauen, wenn sie am Ende von Aufsehern und Wärtern bevölkert werden? Viele progressive Initiativen versuchen, ob aus Zeitmangel oder eigener Prägung, sich über die Fragen nach den Arten des Umgangs hinwegzusetzen, um gleich auf die »harten Fakten« zu kommen: die Politik, die Wirtschaft, die Eigentumsverhältnisse etc. Aber unsere Prägungen und Umgangsformen sind Teil der »harten Fakten«. Wenn es nicht gelingt, sie zu verwandeln, wird jede denkbare neue Welt der alten erschreckend ähnlich sehen. Die oft bemühte Frage, ob es darum geht, sich oder die Welt zu verändern, ist falsch gestellt. »Die Welt« ist ein Netz von Beziehungen, das aus verschiedenen miteinander verwobenen Ebenen besteht, von der emotionalen bis zur wirtschaftlich-politischen. Wo immer Wandel beginnt, verändert er das ganze Gewebe.

Die pädagogische Revolution

Aus diesem Grund war und ist die pädagogische Revolution im Gefolge von 1968, die trotz aller Rollback-Tendenzen bis heute anhält, einer der wichtigsten gesellschaftlichen Veränderungsprozesse der letzten 500 Jahre. Die Entwicklung der Megamaschine war eng verbunden mit einer Unterwerfung der Kinder unter die Institutionen der patriarchalen Familie und der (dem Militär nachempfundenen) Schule, mit dem Ziel, aus neugierigen und eigensinnigen Wesen gehorsame Rädchen im Getriebe zu machen. Schon Martin Luther forderte 1529 in seinem Großen Katechismus: »Willst du nicht Vater und Mutter gehorchen und dich von ihnen erziehen lassen, so gehorche dem Henker; gehorchst du dem nicht, so gehorche dem Streckebein, das heißt dem Tode.« Zwar wurden autoritäre Vorstellungen wie die Luthers nicht in allen Schichten, an allen Orten und in allen Jahrhunderten seither gleichermaßen zur Praxis, doch drangen sie, nicht zuletzt auch dank des staatlichen Schulsystems, tief in die Gesellschaft ein. Dass Millionen von Menschen gehorsam in die beiden Weltkriege marschierten, wäre ohne das 500-jährige Wirken Schwarzer Pädagogik nicht möglich gewesen.[8]

In Deutschland blieb diese Tradition weit über die Nazizeit hinaus dominant. Johanna Haarers NS-Bestseller *Die deutsche Mutter und ihr erstes Kind* fand sich beispielsweise bis in die 1970er-Jahre in fast jedem bundesdeutschen Haushalt (»Liebe Mutter, werde hart! Fange nur ja nicht an, das Kind aus dem Bett herauszunehmen, es zu tragen oder zu wiegen.«).[9] Auch heute gibt es wieder unzählige Ratgeber über die angeblichen »Tyrannenkinder«. Sie tragen Titel wie »Lob der Disziplin«, »Von der Pflicht zu führen«, »Warum unsere Kinder Tyrannen werden« oder »Jedes Kind kann schlafen lernen«. Darin werden Eltern zum Beispiel ermutigt, ihre Kinder so lange weinen zu lassen, bis sie endlich still werden. Andernfalls würden sie zu unersättlichen Monstern heranwachsen. Manche Ratschläge erinnern nicht zufällig an die Empfehlungen aus Haarers Werk.

Allerdings wurde diese Tradition durch die Weltrevolution von 1968 massiv herausgefordert und in den folgenden Jahrzehnten Schritt für Schritt zurückgedrängt. Seither ist es in immer mehr Familien zur Normalität geworden, die Gefühle, Gedanken und Wünsche von Kindern ernst zu nehmen und Herzlichkeit und Liebe nicht als Verwöhnung zu verteufeln. Nicht zufällig ist die Bereitschaft, Krieg zu führen, in Deutschland heute relativ gering ausgeprägt. Umfragen zeigen zum Beispiel immer wieder, dass eine große Mehrheit der Deutschen eine Ausweitung von Auslandseinsätzen ablehnt.[10]

Die pädagogische Revolution ist ein Beispiel für eine Tiefentransformation, deren Früchte erst in einem langen Zeithorizont erkennbar werden. Sie zeigt auch, dass Revolutionen oft ganz andere Wege nehmen als geplant. Der von vielen Protagonisten der 68er-Generation ersehnte politische und ökonomische Umbruch blieb zwar aus; aber dafür bewegten sich in der Tiefe die tektonischen Platten der Gesellschaft. Und vielleicht hat erst diese Verschiebung die Voraussetzungen für die menschenfreundlichen Revolutionen der Zukunft geschaffen.

Die Kraft der kleinen Handlungen

Wer nicht mehr weiter weiß und unter politischen Depressionen leidet, sollte Pam Warhurst einladen. Die unglaublich humorvolle und schlagfertige Nordengländerin hat in ihrer Heimat ein Netzwerk mit aufgebaut, das sich *Incredible Edible* nennt, auf Deutsch etwa: unglaublich essbar. Und kaum jemand kann die Geschichte davon so mitreißend und bewegend erzählen wie Pam. Als ich sie zum ersten Mal bei einer Konferenz in Stuttgart hörte, hatten viele von uns im Zuschauerraum Tränen in den Augen. Dabei ging es nicht um tragische Liebesgeschichten, sondern um Gemüsebeete in einer verregneten britischen Kleinstadt.

Nach Jahren der Arbeit in Verwaltung und Politik, in denen sie das Gefühl hatte, dass sich die Dinge nur unglaublich langsam oder gar nicht bewegen, machte sich Pam auf die Suche nach einer einfachen Sprache, die alle Menschen verstehen und mit der wir über Veränderung praktisch kommunizieren können. Und die Sprache, die sie fand, war das Essen. Das Motto der Bewegung lautet dementsprechend: »When you eat, you're in.« (Wenn Du isst, bist Du dabei.) Und der Ort, wo Pam und ihre Mitstreiterinnen anfingen, diese Sprache zu sprechen, war Todmorden, eine Kleinstadt, die von Deindustrialisierung, Arbeitslosigkeit und einer ziemlich hohen Kriminalitätsrate geprägt war. Die erste Aktion bestand darin, einen kleinen Grünstreifen, der bis dahin als Hundeklo benutzt worden war, in ein Gemüsebeet zu verwandeln. Es wurden keine Genehmigungen eingeholt, keine langen Meetings abgehalten, keine Konzepte geschrieben. Denn die Sprache bestand aus Handlungen. Keiner der Beteiligten hatte eine gärtnerische Ausbildung. Und doch gelang es schnell, ein Beet zu schaffen, in dem so einiges Essbare wuchs. Einige Wochen passierte nichts. Doch plötzlich stand eine Sitzbank im Gemüsebeet. Ein Mitarbeiter der Stadtverwaltung hatte sie einfach dort hinstellen lassen. Auch er schrieb keine Konzepte, und er beschwerte sich nicht, dass ihn niemand um eine Genehmigung gefragt hatte. Er hatte einfach die Sprache der kleinen Handlungen verstanden. Pam betont immer wieder, dass es in fast allen Institutionen Menschen gibt, die gerne etwas positiv verändern wollen, aber nicht wissen wie. Die Sprache, die sie benutzt, ist eine Einladung an solche Menschen, aus ihrer Einsamkeit herauszukommen und mitzuwirken. Statt die Institution und ihre Mitarbeiter anzugreifen und zu sagen: Warum lasst Ihr die Grünflächen so verwahrlosen, geht sie den Weg der wortlosen Einladung. Und ihr sollten von Schritt zu Schritt immer mehr Menschen folgen.

Als Nächstes fragten Warhurst und ihre Mitstreitenden eine ältere Frau, die an einer von Fußgängern stark frequentierten Ecke wohnte, ob sie bereit wäre, ihren privaten Garten zur Straße zu öffnen, den Zaun wegzunehmen und anstelle von Zierpflanzen etwas Essbares zu pflanzen. Sie hatte nichts dagegen. Doch kein Passant traute sich, die Erdbeeren und Kräuter, die bald dort wuchsen, anzufassen. Bis eines Tages Kinder kamen und einige Früchte ernteten. Am nächsten Tag stand ein Teller mit einem daraus zubereiteten Kuchen vor der Tür der alten Frau. Die Kinder (und vermutlich auch ihre Eltern) hatten die Sprache verstanden. Der Bann war gebrochen: Von da an bedienten sich die Menschen im Garten. Und keiner verwüstete ihn, auch jene Jugendlichen nicht, die schon die eine oder andere Telefonzelle eingetreten hatten.

Der nächste Streich bestand darin, eine öde Fläche im Ortskern in einen großen Garten zu verwandeln. Nach einiger Zeit machten es sich die Todmordener zur Gewohnheit, sich aus einem Laden etwas zu essen zu holen und als Nachtisch Obst aus dem Garten. Nachdem umsichtige Geister aus der Stadtverwaltung Bänke aufgestellt hatten, setzten sich die Leute dort zum Mittagessen. Mit der Zeit wurde der Platz zum neuen Ortszentrum, wo Feste gefeiert und Reden gehalten werden. Dabei existiert dieser Platz auf keinem Stadtplan.

Dann war die Polizei an der Reihe. Ob jemand etwas dagegen habe, wenn Hochbeete vor dem Präsidium gepflanzt würden, fragte Pam. Es traute sich niemand, zu widersprechen, damit die Ordnungshüter nicht als bürgerfeindlich dastehen würden. Nach ein paar Monaten waren die Stauden höher als der Eingang des Gebäudes und wurden regelmäßig geerntet. Seitdem, so berichtet die Polizei heute rückblickend, habe sich das Verhältnis zur Bevölkerung spürbar und messbar verbessert, weil die Polizei etwas von ihrer Bedrohlichkeit verlor. Das örtliche Krankenhaus war das nächste Ziel. Pam und ihren Mitstreiterinnen leuchtete es nicht ein, dass ausgerechnet rund um ein Haus, das zur Genesung da war, nur Ziersträucher angepflanzt wurden. Die Leitung wollte kein Geld für eine andere Begrünung bezahlen, aber wenn es nichts kostete, hatte sie nichts gegen eine Umnutzung. Inzwischen gehen die Menschen auf dem Weg zu ihrem »Gesundheitshaus« durch eine essbare Landschaft. Die Schule und der Bahnhof folgten.

Incredible Edible hat auch die Wirtschaft in der Region verändert. In immer mehr Geschäften werden lokale Lebensmittel angeboten und nachgefragt. Es entsteht ein neues regionales Selbstbewusstsein. Dazu trägt auch der Tourismus bei: Durch die Initiative werden Menschen aus dem ganzen Land und darüber hinaus angezogen, um die »essbare Stadt« zu bestaunen – und etwas von der leiblichen und geistigen Nahrung mitzunehmen. So sprach sich die Idee über die Stadtgrenzen hinaus herum. Die Freiwillige Feuerwehr von Manchester etwa legte auch Gärten an und ließ sich von den Todmordenern beraten. Viele Stadtverwaltungen folgten. Inzwischen gibt es allein in Großbritannien 122 Incredible-Edible-Initiativen, weltweit sind es 700.

Das zentrale Ziel der ganzen Sache ist es nicht, Todmorden oder Nordengland in der Lebensmittelversorgung autark zu machen. Es geht darum, Menschen das Gefühl zu geben, dass Veränderung möglich ist und sie selbst Teil davon sein können. Die »essbare Stadt« ist nicht Selbstzweck, sondern ein Mittel, Selbstwirksamkeit wiederzuentdecken. Lokale Veränderungen von diesem Typ sind die Voraussetzung dafür, dass demokratisch organisierter

Wandel auf höheren Ebenen überhaupt möglich wird. Jahrhundertelang hat die Megamaschine die Menschen ihrer Selbstwirksamkeit beraubt und zu Rädchen in einer globalen Wirtschaftslogistik gemacht, sie hat die lokalen Gemeinschaften zerrissen und Menschen zu isolierten Wirtschaftsatomen degradiert, jeder für sich in seiner Schachtel, jeder mit seiner eigenen Weltersatzmaschine.[11] Wie soll unter diesen Voraussetzungen ein »Wandel von unten« stattfinden? Die von Linken oft beschworene »Demokratisierung aller Lebensbereiche« bleibt ein Phantom, solange Menschen nicht auf lokaler Ebene die unsichtbaren Barrieren zwischen sich überwinden, miteinander ins Gespräch kommen und etwas Gemeinsames entdecken. Und dieses Gespräch lässt sich oft durch konkrete Handlungen besser beginnen als durch Worte. Und vor allem: Es kann jeder mitreden, unabhängig von Herkunft, Bildung und weltanschaulicher Prägung.

Die Geschichte, die mit der Umwandlung eines Hundeklos begann, ist noch lange nicht zu Ende. Und sie wird immer politischer und weitgreifender. Die britische Regierung in London stellte vor ein paar Jahren ein Projekt mit dem Titel »Northern Powerhouse« vor, das Nordengland in eine Boomregion wie London verwandeln soll, mit neuen Autobahnen und Biotechnologie-Parks. Incredible Edible stellt dem ein alternatives regionales Entwicklungsmodell unter dem Titel »Northern Greenhouse« entgegen, getragen von einem breiten Netzwerk von Bürgern.

Manch einer wird sagen: Das ist ja alles recht hübsch, aber an den großen Strukturen ändert das nichts. Doch diese Sichtweise beruht auf einem Missverständnis darüber, wie »große Strukturen« funktionieren. Sie können nur durch die Ohnmacht, Stummheit und Zersplitterung der Bürger fortbestehen. Initiativen wie die »essbaren Städte« tragen dazu bei, diese Ohnmacht und Zersplitterung zu überwinden. Gerade ihr zunächst harmlos und unpolitisch erscheinender Charakter ist eine Voraussetzung dafür, dass die Menschen wieder lernen, angstfrei miteinander zu kommunizieren und den Raum ihrer Gemeinde als gemeinsam gestaltbar zu erfahren.[12] Und das ist die Voraussetzung dafür, auch die größeren Aufgaben miteinander angehen zu können.

Wege zu einer zukunftsfähigen Ökonomie

Das Ganze des Wirtschaftens

Die Trennung der ökonomischen Sphäre von anderen Aspekten menschlichen Zusammenlebens und des Haushalts (griechisch: *oikos*) ist im Grunde eine sehr künstliche Angelegenheit. Wenn ich für einen Freund umsonst einen Tisch repariere, gilt das in der Regel nicht als Teil der »Wirtschaft«. Wenn er mir aber dafür 50 Euro gibt, schon. Wenn ich einen Fisch im Fluss fange und ihn brate, ist das keine »wirtschaftliche Aktivität«, keine »Arbeit«; wenn ich ihn aber auf dem Markt verkaufe und mir am Nachbarstand dann einen praktisch identischen anderen Fisch kaufe, habe ich »gearbeitet« und »Wirtschaft« betrieben. Wenn ich mich um Kinder, meine eigenen oder die anderer Familien, unbezahlt kümmere, ist das nicht Teil der Wirtschaft, wenn ich jedoch als Erzieher in einer Kita arbeite, gilt das als ökonomisches Handeln.

Die Konzentration auf die Geldflüsse blendet das große Fundament jeden Wirtschaftens aus, ohne das alles andere gar nicht existieren könnte: die Gaben der Natur, die Sorge um Kinder, kranke und alte Menschen, die Tätigkeiten für die Gemeinschaft, das selbstverständliche Teilen in der Familie und im Freundeskreis. Über 98 Prozent der Zeit, die Homo sapiens auf der Erde verbrachte, bestand die *oikonomia* ausschließlich aus Tätigkeiten von diesem Typ. Die Einführung von Zwangsarbeit und Sklaverei in Mesopotamien vor 5000 Jahren und der Geldwirtschaft und Lohnarbeit in Griechenland vor gut 2500 Jahren schufen die Grundlagen für die Spaltung der menschlichen Tätigkeiten in »Arbeit«, »Haushalt« und »Freizeit«, der inzwischen die meisten Menschen auf dem Planeten unterworfen sind. Die Lohnarbeit wurde zu einer männlich dominierten Sphäre, die man als »Wirtschaft« definierte, während Sorgearbeit Frauen zugerechnet, unsichtbar gemacht und gesellschaftlich entwertet wurde.[13]

Auf diese Weise wird *ein* Teil der Ökonomie und des Lebens auf Kosten aller anderen vorangetrieben. Was die Geldflüsse erhöht, erhält Vorfahrt, während die Schäden, die dadurch in den anderen Bereichen entstehen, ausgeblendet werden. Wenn der Arbeitsplatz im Braunkohletagebau, bei Daimler, Heckler & Koch oder BASF wichtiger ist als die Zukunft des Lebens auf der Erde, wenn die Erwerbsarbeit immer mehr Zeit verschluckt und man die Kinder bestenfalls noch am Wochenende sieht, wenn man abends ausgelaugt vor dem Fernseher sitzt, wütend über die herrschende Politik, aber keine Kraft mehr hat, sich zu engagieren: dann frisst das System aus Lohnarbeit und Geldverwertung die Grundlagen unseres Zusammenlebens Schritt für Schritt auf. Dieses System führt in eine Welt, in der die Menschen immer härter dafür arbeiten, die Welt immer schneller in den Abgrund zu wirtschaften, und am Ende, nach vollendetem Zerstörungswerk, selbst ausgebrannt zurückbleiben. Das Bruttoinlandsprodukt, das ausschließlich Geldströme misst und in praktisch allen Ländern als wichtigste Kenngröße gilt, ist dafür ein Symbol.

Eine andere Ökonomie, die mit diesem Raubbau bricht, muss daher das Ganze unseres Zusammenlebens und Wirtschaftens in den Blick nehmen und nicht nur das, was immer wieder verkürzend als »Wirtschaft« bezeichnet wird. In einer solchen Perspektive geht es nicht nur um »Verteilungsgerechtigkeit«, also um die Anteile aus dem durch Lohnarbeit erwirtschafteten Kuchen, sondern auch darum, was überhaupt getan wird, wie es getan wird, wer es tut und zu welchem Zweck.

Ökonomie und Chrematistik

Das übergeordnete Prinzip der Megamaschine ist die endlose Kapitalakkumulation: aus Geld mehr Geld zu machen, koste es, was es wolle. Dieses Prinzip ist tief in unsere mächtigsten Institutionen eingeschrieben, etwa in Aktiengesellschaften, Fonds, Banken und viele mehr. Sie dominieren nicht nur die wirtschaftliche Sphäre, sondern auch die politische. Denn praktisch alle Staaten der Erde subventionieren, wie wir im Kapitel »Tribut« gesehen haben, ihre Großkonzerne nach Kräften, um im globalen Wettbewerb Vorteile zu erzielen. Umgekehrt kaufen sich die Vermögenden sehr wirkungsvoll politischen Einfluss, durch Lobbymacht, Medienbeeinflussung, Korruption und die Drehtüreffekte zwischen Politik und Wirtschaft. Staat und Kapital sind in der Maschinerie der endlosen Geldvermehrung also eng verflochten, und das nicht erst seit der neoliberalen Ära, sondern seit 500 Jahren. Ein Ausstieg aus der Megamaschine ist also nicht ohne eine tiefgreifende Veränderung sowohl der wirtschaftlichen als auch der staatlichen Institutionen zu haben.

Schon vor gut 2300 Jahren, als die Geldwirtschaft in Griechenland erstmals das ganze Leben durchdrang, unterschied der Philosoph Aristoteles scharf zwischen Ökonomik (der Haushaltskunst) und Chrematistik (der Kunst, Geld zu vermehren). Unter Ökonomik verstand er eine Form des Wirtschaftens, die der Bedarfsdeckung dient, während Chrematistik darauf abzielt, endlos abstrakte Reichtümer in Form von Geld anzuhäufen.[14] In dieser Perspektive ist ein großer Teil unserer Wirtschaft heute gar keine Ökonomie, sondern lediglich Chrematistik. Denn sie dient ausschließlich dazu, aus Geld mehr Geld zu machen, und zwar um jeden Preis.

Die herkömmliche, klassisch-liberale Wirtschaftstheorie behauptet, Bedarfsdeckung und Gemeinwohl würden wie von Geisterhand erreicht, wenn alle Akteure ihre Anstrengungen auf die private Geldvermehrung konzentrieren, geleitet von ein paar einfachen Regeln. Mit anderen Worten: Die Chrematistik produziere wie von selbst eine gesunde Ökonomie und Wohlstand für alle. Diese Theorie darf man nach 500 Jahren real existierendem Kapitalismus und 2300 Jahre nach Aristoteles getrost als widerlegt betrachten und auf dem Friedhof schlechter Ideen begraben. Von der Unbrauchbarkeit der chrematistischen Ideologie zeugen die beispiellosen Verwüstungen der natürlichen Reichtümer des Planeten, die immer massiveren Finanzkrisen und die Tatsache, dass alle fünf Sekunden ein Kind an Hunger stirbt, obwohl mehr als genug Nahrungsmittel weltweit produziert werden.

Eine etwas bessere, aber letztlich auch untaugliche Idee war es, statt vieler privater Akteure einfach den Staat einzusetzen, der das Kapital vermehrt und seine Früchte dann an die Bürger verteilt. Das hat zwar in den realsozialistischen Ländern zu mehr Verteilungsgerechtigkeit geführt, aber weder die ökologische Frage beantwortet noch den Menschen Freiheit und echte Demokratie beschert. Statt eines staatlich-privatwirtschaftlichen Monsters schuf man ein rein staatliches Monstrum.

Ein dritter Weg besteht darin, eine Vielfalt von wirtschaftlichen Akteuren zu ermöglichen, deren Ziele jedoch andere sind als die der Geldvermehrung – und die auf andere Weise miteinander verbunden sind als durch zentralstaatliche Planung oder destruktive Konkurrenz am Markt. In dieser Perspektive geht es darum, welche wirtschaftlichen Institutionen man braucht, um aus der Chrematistik der Megamaschine auszusteigen und zu einer bedarfsorientierten Ökonomie zu finden, die ein gutes Leben für alle innerhalb der ökologischen Grenzen ermöglicht.

Institutionen

Der Aufbau unserer wirtschaftlichen Institutionen ist so gut wie nie Gegenstand von Wahlkämpfen oder öffentlichen Debatten außerhalb von Fachzirkeln. Politische Diskussionen beschränken sich in der Regel darauf, welche »Leitplanken« man für die bestehenden Institutionen schafft, welche Anreize der Staat gibt und wo er durch das Ordnungsrecht beschränkend eingreift. Die Frage, ob wir nicht vielleicht ganz andere Institutionen brauchen, die einer anderen Logik folgen, wird ausgeklammert. Dabei ist sie ein entscheidender Schlüssel für einen sozial-ökologischen Wandel, der nicht nur Symptome kuriert, sondern an die Ursachen geht.

Man kann grob zwischen drei Arten von ökonomischen Institutionen unterscheiden. Zunächst gibt es grundlegende Institutionen, die die Basis der sozialen Ordnung bilden, zum Beispiel Eigentum und Geld, hinter denen in modernen Gesellschaften die Staatsmacht steht. Dann gibt es einzelne wirtschaftliche Akteure, zum Beispiel Unternehmen. Und schließlich gibt es Bürokratien, die sich mit den Regeln für diese Akteure und ihr Zusammenwirken befassen, von staatlichen Organen bis hin zu transnationalen Bürokratien wie Welthandelsorganisation oder IWF. Alle diese Institutionen sind so etwas wie zu Gesetzestafeln versteinerte Machtverhältnisse.

Die Eigentumsfrage und das römische Recht

Zu den härtesten Versteinerungsschichten gehört das Eigentum. Wenn heute acht Männer so viel besitzen wie die ärmere Hälfte der Weltbevölkerung, dann geht das nicht auf die besondere Tüchtigkeit und Genialität dieser acht Personen zurück, sondern auf jahrhundertelange Raubzüge und Enteignungen, von den gewaltsamen Einhegungen des Gemeindelandes im 16. und 17. Jahrhundert über die Landnahmen der Kolonialherrschaft bis zur Privatisierung öffentlicher Güter. Auch dass die Aktionäre eines Unternehmens wie Vonovia in Deutschland 400.000 Wohnungen besitzen, während die Hälfte der Bundesbürger überhaupt kein Wohneigentum hat, ist das Ergebnis einer langen Geschichte physischer und struktureller Gewalt. Wie sagte noch eine Figur in Fellinis Film *Amarcord*? »Mein Opa war ein braver Maurer, mein Vater war ein braver Maurer, ich maure auch tagein tagaus, doch sage mir: Wo ist mein Haus?« Die Menschen, die unsere Städte gebaut haben und in ihnen leben, sind meistens nicht ihre Eigentümer geworden, und auch nicht ihre Kinder und Enkel. Das gleiche gilt für die meisten Menschen, die weltweit das Land bestellen und uns ernähren, ebenso wie für die Arbeitenden, die die großen Unternehmen aufgebaut und ihre Aktionäre reich gemacht haben. Die Konzentration von Eigentum in wenigen Händen war von Anfang an eine entscheidende Voraussetzung, um das Rad der endlosen Geldvermehrung in Gang zu halten, denn nur wenn die Vielen wenig oder nichts haben, sind sie bereit, ihre Arbeitskraft an die Wenigen, denen fast alles gehört, zu verkaufen.

Umgangssprachlich werden Eigentum und Besitz oft gleichgesetzt, dabei sind sie eigentlich Gegensätze. Rechtlich gesehen ist Besitzer, wer etwas nutzt, zum Beispiel ein Mieter. Eigentümer ist, wer rechtliche Ansprüche darauf hat, zum Beispiel der Wohnungseigentümer. Anders als hinter dem bloßen Besitz steht hinter Eigentum die staatliche Zwangsgewalt, die beispielsweise einen Mieter mit Gewalt räumt, wenn er im Zahlungsrückstand ist.

Diskussionen über Eigentum leiden oft darunter, dass nur gefragt wird, wem etwas gehört – zum Beispiel dem Staat, einem Unternehmen oder einer Privatperson –, aber nicht, was Eigentum eigentlich ist. § 903 des Bürgerlichen Gesetzbuches (BGB) definiert Eigentum so: »Der Eigentümer einer Sache kann, soweit nicht das Gesetz oder Rechte Dritter entgegenstehen, mit der Sache nach Belieben verfahren und andere von jeder Einwirkung ausschließen.« Der Gesetzgeber betrachtet Eigentum also als eine exklusive und im Prinzip totale Verfügungsgewalt über Dinge, in etwas eingeschränkter Form auch über Lebewesen. Er folgt damit der Tradition des römischen Rechts, das dem Eigentümer das Recht zusprach, mit seinem *dominium* nach Belieben zu verfahren und andere davon auszuschließen. Ein Stück Land konnte er zum Beispiel nutzen, um darauf spazieren zu gehen (*usus*), es zu bestellen (*usus fructus* oder Nießbrauch), einen Tagebau darauf zu betreiben oder es auf andere Weise zu zerstören (*abusus*), es nach Belieben zu verkaufen, verschenken, verpfänden oder verpachten. Dazu kam das

Recht, die Herausgabe des Eigentums von anderen, die es vorübergehend in Besitz haben, mit Gewalt zu erzwingen (*ius ad rem*).

Das scheinbar einfache Eigentumsrecht zeigt sich bei näherer Betrachtung also als ein komplexes Bündel von Nutzungs- und Verfügungsrechten. Das Besondere des römischen Rechts besteht darin, dass es eine extremistische Position einnimmt, indem es dem Eigentümer *alle* Rechte zuspricht, und zwar in einer Form, die alle anderen Menschen ausschließt und auch den Einsatz von Gewalt erlaubt. Es unterscheidet dabei auch nicht zwischen Gebrauchsgütern und Produktionsmitteln. Gleich ob es sich um ein Stück Brot oder um ein riesiges Landgut handelt: Der Eigentümer hat totale Verfügungsrechte, die sich im alten Rom sogar auf Menschen erstreckte.

Diese extremistische Rechtsauffassung verschwand mit dem Niedergang des römischen Militär- und Sklavenstaates weitgehend aus Europa. Land etwa konnte im Mittelalter in der Regel nicht verkauft, sondern nur als Lehen vergeben werden. Mit dem Aufstieg der kapitalistischen Megamaschine seit dem 16. Jahrhundert wurde das römische Recht jedoch wiederbelebt und zum Fundament aller modernen Eigentumsordnungen. Es bildet die Grundlage dafür, dass einzelne Menschen oder juristische Personen wie Finanzfonds Hunderttausende von Wohnungen besitzen können und Menschen, die ihren Job verlieren und sich die Miete nicht mehr leisten können, mit Gewalt vertrieben werden; dass Konzerne und Staaten sich ganze Landstriche durch *land grabbing* aneignen und die traditionellen Nutzer des Landes ausschließen; dass Seen, Flüsse, Strände und Wälder, ja sogar das Erbgut von Lebewesen und die Atmosphäre der Erde privatisiert werden können.

Für einen Ausstieg aus der Megamaschine ist eine Überwindung des römischen Eigentumsrechts daher unabdingbar. Und das bedeutet, die verschiedenen Nutzungs- und Verfügungsrechte wieder neu und differenziert zu betrachten: Wer darf was wann wie nutzen? Dürfen Menschen von der Nutzung von Land, Wasser und anderen existenziellen Gütern ausgeschlossen werden? Kann man ein Stück Land, ein Mietshaus oder auch einen Betrieb, der von Generationen von Arbeitenden aufgebaut wurde, besitzen, verkaufen und verpfänden wie eine Taschenuhr? Und wer entscheidet darüber?

So zu fragen, öffnet den Blick dafür, dass Eigentum nicht so sehr ein Verhältnis zwischen einer Sache und ihrem Besitzer ist, sondern sich ein komplexes Universum menschlicher Beziehungen dahinter verbirgt. Den versteinerten Eigentumsblock des römischen Rechts aufzubrechen, bedeutet daher, die darin eingemauerten Beziehungen wieder freizulegen und als veränderbar zu erkennen.

Staatseigentum ist keine Lösung

Die Kontroverse zwischen Befürwortern des Privateigentums und Verfechtern von Staatseigentum oder »Öffentlichem Eigentum« hilft bei diesen Fragen nur wenig weiter. Wie die Publizistin Daniela Dahn anschaulich schreibt, ist Staatseigentum nichts anderes als Privateigentum in der Hand des Staates.[15] Das deutsche Recht kennt keine besondere Definition von Staatseigentum, es unterliegt denselben Normen wie jedes Privateigentum. Privateigentum gehört entweder natürlichen oder juristischen Personen, und zu Letzteren zählen eben auch Staaten, Bundesländer und Kommunen. Staaten haben also die gleichen extremen Nutzungs- und Verfügungsrechte, die auf dem römischen Recht beruhen, und machen von ihnen reichlich Gebrauch. Das gilt auch für das Recht auf Privatisierung.

Auch wenn in formal demokratisch verfassten Gesellschaften Staaten als Eigentümer theoretisch einer gewissen öffentlichen Kontrolle unterliegen sollten, verhalten sie sich in der Praxis oft kaum anders als private. Das hängt damit zusammen, dass moderne Staaten nicht, wie es ihr Mythos will, als Zusammenschlüsse von Bürgern zur Sicherung des Gemeinwohls entstanden sind, sondern als Herrschaftsapparate, die territoriale Kontrolle anstreben und der endlosen Geldvermehrung dienen. Trotz gewisser Erfolge, den Staaten gemeinwohlorientierte Funktionen abzutrotzen, sind die Herrschaftsfunktionen praktisch überall auf der Welt noch immer prägend. In vielen Regionen der Erde sind Staaten bis heute eine treibende Kraft bei der Enteignung und Vertreibung von traditionellen Nutzern. Viele Kleinbauern und indigene Gemeinschaften weltweit haben keine verbrieften Eigentumstitel auf das Land, das sie seit Generationen, oft sogar seit Jahrhunderten nutzen. Staaten definieren dieses Land einfach als ihres – also als staatliches Privateigentum – und verkaufen es an Investoren, zum Beispiel um darauf Kupferminen oder Palmölplantagen zu errichten. Weigern sich die Nutzer, ihr Land zu verlassen, werden sie mit staatlicher Gewalt vertrieben.[16]

Auch staatliche Unternehmen sehen privaten oft zum Verwechseln ähnlich, ob es etwa der schwedische Stromriese Vattenfall ist, der jahrzehntelang durch seinen Braunkohletagebau Gemeinden zerstörte, Landschaften verwüstete und das Klimachaos anheizte, oder deutsche Landesbanken, die am großen Rad der Finanzspekulation kräftig mitdrehten und die Verluste am Ende auf die Bevölkerung abwälzten. Daher ist Verstaatlichung in den meisten Fällen kein sinnvolles Mittel, um einen sozial-ökologischen Wandel auf den Weg zu bringen, auch wenn es unter gewissen Umständen ein notwendiger Zwischenschritt sein kann. Denn Verstaatlichung bedeutet nicht, dass die destruktive Eigentums*form* sich verändert, sondern nur der Eigentümer. Der schwammige Begriff des »Öffentlichen Eigentums« ist auch wenig hilfreich, denn er bedeutet lediglich staatliches Privateigentum, das bestimmten öffentlichen Zwecken gewidmet ist. Diese Widmung lässt sich aber jederzeit rückgängig machen und das »Öffentliche Eigentum« privatisieren.

Volkseigentum, Gemeineigentum und Commons

In der DDR wurden Industriebetriebe und Immobilien nach dem Zweiten Weltkrieg im großen Stil in »Volkseigentum« überführt, das schließlich auch Verfassungsrang bekam. In der gängigen Wahrnehmung wird dieses Volkseigentum meist mit Staatseigentum gleichgesetzt. Das ist zwar insofern verständlich, als der ursprüngliche Anspruch, das Volkseigentum solle den Bürgern und nicht dem Staat gehören, in der Praxis nie eingelöst wurde. Während es offiziell hieß, alle Werktätigen sollten an der Leitung der Wirtschaft mitwirken, hatten sie faktisch kaum Einfluss. Stattdessen übernahm die staatliche Bürokratie jene Funktionen, die im Westen die Kapitalbesitzer und ihre Manager innehatten. Trotzdem gab es juristisch und praktisch einen sehr wichtigen Unterschied zwischen Volkseigentum und Staatseigentum: Der Staat durfte mit Volkseigentum nicht das tun, was Eigentümer sonst dürfen: verkaufen (also privatisieren), beleihen und verpfänden. Das Konzept des Volkseigentums stellte daher einen Versuch dar, mit dem römischen Recht zu brechen, ein Versuch, der allerdings weder von der Parteiführung noch von der Bevölkerung ernsthaft umgesetzt wurde. Nach der Wiedervereinigung wurden die Chancen, aus dem uneingelösten Versprechen tatsächlich eine alternative Eigentumsordnung zu schaffen, endgültig verspielt und das Volkseigentum der Privatisierung durch die Treuhand überantwortet. Statt »blühende Landschaften« zu schaffen, hat sie es fertig gebracht, ein DDR-Vermögen von geschätzten 600 Milliarden D-Mark in 250 Milliarden öffentliche Schulden zu verwandeln.[17] Nicht zufällig kommt das Wort Privatisierung von lateinisch *privare*: rauben.

Auch das Grundgesetz kennt neben dem Privateigentum noch eine andere Form, nämlich das Gemeineigentum (Art. 15 GG), das ebenfalls nicht mit Staatseigentum zu verwechseln ist. Es führt aber nicht weiter aus, was darunter genau zu verstehen ist, und die westlichen Rechtstraditionen haben diese bemerkenswerte Mitgift weitgehend ignoriert, selbst aufseiten der Linken. Dabei könnte der bisher unscharfe Begriff des Gemeineigentums sehr fruchtbar sein, um Wege zu neuen Eigentumsordnungen jenseits der falschen Alternative von Privateigentum versus Staatseigentum zu finden.

Verwandt mit dem Konzept des Gemeineigentums, aber nicht deckungsgleich, ist der Begriff der »Commons« oder Allmenden.[18] Als Allmende wurden einst die Landstücke bezeichnet, die gemeinschaftlich genutzt wurden, um beispielsweise Vieh darauf weiden zu lassen. Auch die Dorfanger gehörten dazu. Die Privatisierung (»Einhegung«) des Gemeindelandes seit dem 16. Jahrhundert war eng mit den Ursprüngen des Kapitalismus verbunden, denn die enteigneten und vertriebenen Bauern waren gezwungen, ihre nackte Arbeitskraft zu den widrigsten Bedingungen auf dem Markt zu verkaufen.

Commons sind aber keine Eigentums- oder Rechtsform im modernen Sinne, denn viele von ihnen entstammen Gesellschaftsformen, in denen es keine Kataster, kein Bürgerliches Gesetzbuch und keine zentralstaatlichen Bürokratien gab. Sie sind eher als gemeinschaftliche Praxis (»Commoning«) zu betrachten denn als festes juristisches Konstrukt – obwohl es zum Beispiel im englischen Recht eine Reihe von Gesetzen gibt, die Rahmenbedingungen für Commons definieren.

Entgegen einem weitverbreiteten Vorurteil beruhen Commons nicht darauf, dass Land oder Güter regellos jedem offen stehen und dementsprechend auch übernutzt und geplündert werden können, sondern auf gemeinsam ausgehandelten Regeln, die eine nachhaltige und gerechte Nutzung sicherstellen. Dabei werden die verschiedenen Nutzungsrechte differenziert nach den örtlichen Anforderungen gestaltet. Ausgeschlossen sind aber in jedem

Fall *abusus*, Verkauf, Beleihung und Verpfändung. Die Stärke dieser Praktiken besteht in der Selbstorganisation und Bürokratieferne. Allerdings sind aus genau diesem Grund Commons auch stets bedroht von staatlichem und privatwirtschaftlichem Zugriff, weil sie oft über einen schwachen Rechtsschutz verfügen. Solange es Staaten und von ihnen protegierte Konzerne gibt, ist es daher wichtig, Rechtsformen für Commons zu entwickeln, die sie schützen – ohne auf der anderen Seite den Fallstricken des römischen Eigentumsrechts und der Bürokratisierung zu erliegen.

Rechtsformen

Die Geschichte des Kapitalismus ist mit einer langen Entwicklung von Rechtsformen für wirtschaftliches Handeln verbunden, die in Richtung einer immer größeren Abstraktion und Automatisierung der Geldvermehrung verlief. Die Urform war der einzelne Händler, der einen Teil der Gewinne einer Handelsreise in das nächste Unternehmen steckte und auf diese Weise Kapital anhäufte. Solche Unternehmer gab es schon in Mesopotamien, im antiken Griechenland und Rom, in Indien und China seit weit über 2000 Jahren, in der arabischen Welt und im spätmittelalterlichen Europa, dort vor allem in den Handelsrepubliken Italiens und Flanderns sowie in den Hansestädten. Die Akkumulation war hier noch nicht verselbstständigt, die Kaufleute setzten sich oft zur Ruhe, wenn sie ein bestimmtes Vermögen angehäuft hatten.

Mit der Zeit entwickelten Händler Methoden, um sich zusammenzutun. Dadurch konnten sie größere Unternehmungen finanzieren und das Risiko streuen. In Norditalien wurden zu diesem Zwecke schon im Spätmittelalter Unternehmensformen wie die *societas* oder die *compagnia* entwickelt. Allerdings hafteten die Gesellschafter noch mit ihrem vollständigen Vermögen, und die Lebensdauer der Unternehmen war meist auf wenige Handelsreisen beschränkt. Diese Beschränkungen zeugten von einem ausgeprägten Widerstand, insbesondere der städtischen Handwerker und Zünfte, aber auch von Teilen der Kirche, gegen die zunehmende Machtballung in den Händen der frühen Kapitalisten.

Einen Schritt weiter gingen die Händler und Bankiers von Genua, das sich ab dem 14. Jahrhundert zur eigentlichen Wiege des Kapitalismus entwickelte.

Sie gründeten die ersten Vorläufer moderner Aktiengesellschaften, die *maone*, die vor allem zur Finanzierung militärischer Raubzüge dienten. Einige Zeit später kamen im deutschen Bergbau, der durch den Boom des Geld-Krieg-Komplexes im 15. Jahrhundert florierte, Kapitalgesellschaften auf, die sogenannte Kuxen (Aktien) herausgaben, um Kapital für die immer größeren Investitionen zu beschaffen. 1602 wurde schließlich mit der Niederländischen Ostindienkompanie die erste Aktiengesellschaft modernen Typs und 1612 in Amsterdam die erste dauerhafte Wertpapierbörse der Welt gegründet, zunächst um die Papiere dieser Gesellschaft zu handeln.[19]

Mit der Aktiengesellschaft wurden die Geldgeber und die Händler – die nun zu Managern wurden – formal getrennt. Wer sein Geld hineingab, brauchte sich nicht dafür zu interessieren, mit welchen Mitteln die Kompanie ihre Profite erwirtschaftete (meistens waren es schmutzige), ihm ging es nur darum, in den Genuss einer regelmäßigen Dividende zu kommen, für die er nichts tun musste. Auf diese Weise automatisierte sich die Geldvermehrung zunehmend. In den »Roaring Twenties« des 20. Jahrhunderts kamen dann Investmentgesellschaften und Fonds hinzu, darunter die ersten Vorläufer der heutigen Hedgefonds. Diese Geldverwertungsmaschinen trieben die Abstraktion noch weiter, indem sie auch die Verbindungen der Geldgeber zu einzelnen Firmen kappten und auf der Suche nach dem schnellsten Profit frei auf der Welt herumvagabundierten.

Es lohnt sich, einen Moment hierbei zu verweilen und sich darüber zu wundern, was für seltsame, monströse Wesen da geschaffen wurden, im Falle der Aktiengesellschaften sogar ausgestattet mit den feierlichen Rechten einer »juristischen Person«. Sie gleichen in gewisser Weise genetisch manipulierten Organismen, die darauf programmiert wurden, die Welt leer zu fressen und Zahlenkolonnen mit sehr vielen Nullen auszuscheiden. Man muss sich dabei vergegenwärtigen, dass alle diese Kreaturen Geschöpfe des Staates sind, denn er gibt ihnen die Rechtsformen, ohne die sie nicht existieren können und die ihr Handeln entscheidend bestimmen.

Heute gibt es eine große Vielzahl von Rechtsformen für Firmen, die von Land zu Land variieren, sowie ein komplexes Universum von Gesetzen, die Gründung, Betrieb und Abwicklung von Unternehmen regeln. (Angesichts dieser Regelungsfülle zeigt sich die Rede von »freien Märkten« einmal mehr als Fata Morgana.) Das deutsche Recht unterscheidet Personen- und

Kapitalgesellschaften. Im Gegensatz zu Personengesellschaften sind Kapitalgesellschaften eigenständige »juristische Personen« und verfügen über eine Haftungsbegrenzung für die Kapitalgeber. Jedes Gewerbe ist rechtlich durch eine dauerhafte Gewinnerzielungsabsicht definiert. Es genügt also nicht, einfach kostendeckend zu arbeiten. Das deutsche Aktiengesetz sieht ausdrücklich einen Anspruch der Aktionäre auf Ausschüttung von Bilanzgewinnen vor und erlaubt ihnen sogar eine Anfechtung der Hauptversammlungsbeschlüsse, wenn nicht mindestens vier Prozent des Grundkapitals ausgeschüttet werden (§ 254 AktG). Damit sind die Organe von Aktiengesellschaften, insbesondere die Vorstände, gesetzlich verpflichtet, Gewinnmaximierung zu ihrer Priorität zu machen. Aber selbst ohne eine solche gesetzliche Pflicht sind Kapitalgesellschaften als Maschinen zur Profitmaximierung konstruiert, denn ihr einziger Zweck besteht darin, angelegtes Kapital zu vermehren. Und das bedeutet, dass sie versuchen müssen, so viele Kosten wie möglich auf die Umwelt, die Arbeitenden, die Kunden und den Staat abzuwälzen. Aus diesem Grund kann der Vorstandsvorsitzende einer AG theoretisch die menschenfreundlichste Person der Welt sein, er kann Bio-Möhren im Garten züchten, von Abschiebung bedrohte Flüchtlinge verstecken und sein Wohnzimmer mit Rosa-Luxemburg-Bildern tapezieren, in seinem Job aber muss er alles tun, um das Quartalsergebnis zu optimieren. Sonst fliegt er raus.

Rechtsformen von diesem Typ haben daher in einer zukunftsfähigen Gesellschaft keinen Platz. Sie sind strukturell anti-sozial. Sie fördern die negativsten Eigenschaften von Menschen und blockieren die positiven. Und sie zwingen die Unternehmen, das Rad der endlosen Geldvermehrung immer weiter anzutreiben. Das bedeutet aber nicht, dass die Lösung darin besteht, zum vermeintlich guten alten Kaufmann zurückzukehren. Das Problem ist die Priorität der Gewinnmaximierung vor sozialen und ökologischen Zielen. Auch eine einfache Personengesellschaft kann sich wie eine »Heuschrecke« verhalten, ja sie ist durch die Konkurrenz am Markt oft sogar dazu gezwungen, wenn sie nicht verdrängt werden will.

Potenziale und Grenzen anderer Rechtsformen

Nun gibt es bereits Rechtsformen, die andere Unternehmenszwecke zulassen, zum Beispiel Genossenschaften und kommunale Betriebe.[20] Allerdings sollte man sie nicht pauschal idealisieren, denn auch sie können sich räuberisch verhalten. Kommunales Eigentum und Genossenschaftseigentum beruhen, wie alle bisher genannten Rechtsformen, auf den Prinzipien des Privateigentums in der römischen Rechtstradition. Kommunale Unternehmen sind zwar grundsätzlich auf einen (örtlich begrenzten) Gemeinwohlzweck verpflichtet; zugleich gibt es aber eine Vielzahl von Rechtsformen, die vom Regiebetrieb, der vollständig in der kommunalen Verwaltung aufgeht, über den Eigenbetrieb, die öffentlich-rechtliche Anstalt (zum Beispiel Sparkassen) bis hin zur GmbH und AG reichen. Je nach Rechtsform, genauer Ausgestaltung der Satzungen und der Handhabung durch die Kommune kann das Spannungsverhältnis zwischen Wirtschaftlichkeit und Gemeinwohlorientierung sehr unterschiedlich ausfallen. Seit den 1990er-Jahren haben sich immer mehr Gemeinden und Städte an einem privatwirtschaftlichen Modell orientiert und verstehen sich ausdrücklich als »Konzern Stadt«; dementsprechend werden die kommunalen Betriebe nach ähnlichen Kriterien geführt wie kommerzielle.[21] Erschwerend kommt hinzu, dass einige Rechtsformen ein Einfallstor für Privatisierungen bieten, besonders wenn die Kommunen knapp bei Kasse sind. Die Umwandlung eines Eigenbetriebes in eine GmbH kann zum Beispiel ein erster Schritt in Richtung Privatisierung oder Öffentlich-Privater Partnerschaft (ÖPP) sein.

Genossenschaften können ebenfalls von sehr unterschiedlichem Typ sein. Obwohl die Genossenschaftsidee ursprünglich eng mit der Arbeiterbewegung und solidarischen Prinzipien verbunden war, unterscheiden sich viele große Genossenschaften heute in der Praxis kaum von Aktiengesellschaften: Sie schütten wie diese Dividenden an Anteilseigner aus und treiben so das Rad der Geldverwertung an. Auch die Trennung der Arbeitenden von den Produktionsmitteln besteht oft fort, etwa in den großen Genossenschaftsbanken. Genossen sind dort in der Regel nur die Nutzer, die ihr Geld vermehren oder Kredite erhalten, nicht aber die Angestellten. Genossenschaften *können* aber – das ist ihr Vorteil – auch anders konstruiert sein. Wohnungsbaugenossenschaften können zum Beispiel ein Mittel sein, um das Wohnen dem Zugriff des Marktes zu entziehen und dauerhaft vor Privatisierung zu schützen. Das Mietshäusersyndikat nutzt eine andere Konstruktion zum selben Zweck, nämlich eine Kombination von gemeinnützigen Vereinen unter dem Dach einer GmbH.[22] Entscheidend sind in jedem Fall die genauen

Rahmenbedingungen und Unternehmensziele, wie sie in den Satzungen festgelegt werden.

Auch die Rechtsform der Stiftung erlaubt je nach Satzung sehr unterschiedliche Zwecke. Das Besondere dabei ist, dass Stiftungen keine Eigentümer kennen. Die Stiftung gehört nur sich selbst und dient dem Stiftungszweck. Allerdings besteht der oft darin, das Vermögen bestimmter Personen – zum Beispiel der Erben des Stifters – zu mehren. Der Konzern Aldi Süd etwa gehört der Siepmann-Stiftung, deren Hauptzweck es ist, Zuwendungen an die Aldi-Erben auszuschütten und dabei massiv Steuern zu sparen.[23] Umgekehrt hängen auch gemeinnützige Stiftungen oft am Tropf der Finanzmärkte, weil sich ihre Mittel aus Zinserträgen speisen. Daher sind die meisten Stiftungen ebenso Teil der kapitalistischen Akkumulation wie andere Rechtsformen.

Eine Ausnahme bildet die 1889 vom Zeiss-Partner Ernst Abbe gegründete Carl-Zeiss-Stiftung, die Alleineigentümerin der Zeiss- und der Schott-Werke (optische und feinmechanische Industrie) ist. Abbes Grundgedanke bestand darin, dass ein Unternehmen keine Sache ist, wie ein Auto oder ein Stuhl, sondern eine *Organisation*, also ein Netzwerk von menschlichen Beziehungen, und daher grundsätzlich andere Rechtsverhältnisse erfordert. Da das, was eine solche Organisation produziert, auf den Fähigkeiten und der Arbeit der derzeitigen und der vergangenen Belegschaften und auch auf den Forschungen öffentlicher Universitäten beruht, sollten die Unternehmensgewinne nicht privat sein, sondern ein »öffentliches Gut«. Das Stiftungsstatut schließt dementsprechend jeden Einfluss der Erben und auch jegliche Zuwendungen an sie aus, die Erträge werden an die Belegschaft ausgeschüttet, ein Teil kommt der Jenaer Universität zugute und ein weiterer Teil dient als Rücklage für schwierige Zeiten. Patentanmeldungen für Erfindungen, die eine Relevanz für die Allgemeinheit haben, sind untersagt, das Gehalt der Manager ist auf das maximal Zehnfache des Durchschnittslohnes im Unternehmen begrenzt. (Allerdings wurde dieser letzte Passus in einer neuen Stiftungsverfassung nach der Wiedervereinigung gestrichen – unter massivem Protest der Belegschaft.) Da das Modell sehr erfolgreich war, schlugen nach 1945 einige Ökonomen vor, es zum Vorbild einer neuen, demokratischeren Wirtschaftsform für die Bundesrepublik zu machen.[24] Dass es sich nicht durchsetzte, ist angesichts der enormen Macht der Eigentümer und Erben von Großunternehmen, die in der Nazizeit gewaltige Vermögen angehäuft hatten und nach dem Krieg nicht enteignet wurden, kaum verwunderlich.[25]

Rechtsformen neu denken

Auch wenn Genossenschaften, kommunale Unternehmen und bestimmte Stiftungsformen für eine zukunftsfähige Ökonomie hilfreich sein können, so reichen sie doch bei Weitem nicht aus. In ihrem Buch *Reichtum ohne Gier* regt Sahra Wagenknecht daher dazu an, grundsätzlich neu über Unternehmensformen nachzudenken. Die Autorin schlägt vier Rechtsformen vor, die an die Stelle von Kapitalgesellschaften treten und je nach Größe und Zweck des Unternehmens unterschiedlich aufgebaut sind: Personengesellschaften, Mitarbeitergesellschaften, Öffentliche Gesellschaften und Gemeinwohlgesellschaften. Personengesellschaften machen bereits heute das Gros der Unternehmen aus, vor allem der kleinen. Anders als bei Kapitalgesellschaften wie GmbH oder AG haften die Gründer voll mit ihrem gesamten Vermögen, wenn sie das Unternehmen in die Insolvenz steuern oder der übrigen Gesellschaft Schäden zufügen. Der Unterschied in Wagenknechts Modell besteht darin, dass sich Personengesellschaften, sobald sie öffentliche Förderungen in Anspruch nehmen wollen oder eine bestimmte Größte überschreiten, in Mitarbeitergesellschaften verwandeln müssen.

Eine Mitarbeitergesellschaft hat, ähnlich wie die Zeiss-Stiftung, keine Eigentümer, sie schüttet keine Dividenden aus und ist nicht verkäuflich. Hinzu kommt, dass die Mitarbeitenden entweder direkt oder durch gewählte Vertreter die Leitung kontrollieren und auch abwählen können. Wo Mitarbeitergesellschaften eine bestimmte Größe überschreiten und dementsprechend auch über gesellschaftliche Macht verfügen, müssen sie zu Öffentlichen Gesellschaften werden. Die Kontrolle wird dann nicht nur von der Belegschaft ausgeübt, sondern auch von Vertretern der betroffenen Städte, Gemeinden und Regionen. Die vierte Rechtsform, die Gemeinwohlgesellschaft, dient dazu, Grundbedürfnisse zu befriedigen, die nicht dem Markt und damit der persönlichen Kaufkraft überlassen werden dürfen, etwa in Bereichen wie Wasserversorgung, öffentlichem Verkehr und Gesundheit. Gemeinwohlgesellschaften werden mit öffentlichem Geld gegründet und arbeiten nicht gewinnorientiert, sondern kostendeckend. Sie haben zwar Ähnlichkeiten mit den heutigen kommunalen Eigenbetrieben, gehören aber nicht dem Staat oder der Kommune und können daher auch nicht privatisiert werden. Man könnte sie als eine moderne Form der Commons auffassen.

Sahra Wagenknechts Vorschläge sind hilfreich, um sich dem Thema der Rechtsformen zu nähern. Allerdings tragen sie den globalen ökologischen Auswirkungen wirtschaftlichen Handelns kaum Rechnung. Die Belegschaft einer Öffentlichen Gesellschaft, samt der im Kontrollgremium vertretenen Lokal- oder Landespolitiker, kann durchaus ein Interesse daran haben, auf Kosten der übrigen Welt zu wirtschaften. Automobilhersteller wie VW oder Waffenproduzenten wie Heckler & Koch als Öffentliche Gesellschaften hätten wahrscheinlich dieselben verheerenden globalen Auswirkungen wie heute, denn die Arbeitsplätze sind den meisten Beschäftigten und Politikern am Ende oft wichtiger als die Menschen in Bangladesch, die ihr Land durch das Klimachaos verlieren, oder die Mexikaner, die von deutschen Maschinengewehren getötet werden. Zukunftsfähige ökonomische Institutionen müssen deshalb die globalen Zusammenhänge in ihrer inneren Struktur berücksichtigen, statt lokale oder nationale Egoismen zu begünstigen.

Gemeinwohlökonomie: die Umkehrung des Tributprinzips

Einen Schritt weiter gehen die Vorschläge der »Gemeinwohlökonomie«, die von Christian Felber und anderen zunächst in Österreich entwickelt wurde. Das Konzept sieht vor, dass Betriebe anstelle von reinen Finanzbilanzen »Gemeinwohlbilanzen« vorlegen, die Aufschluss darüber gegeben, was das Unternehmen für Wirkungen auf alle von ihren Aktivitäten betroffenen Menschen und Ökosysteme hat, was es also für die Mitarbeitenden, die Zulieferer, die Anwohner, den Klimaschutz, die Artenvielfalt und so weiter tut. Oft wird die Gemeinwohlökonomie auf diese Bilanzen reduziert, aber für sich allein sind sie wenig mehr als ein Werkzeug für mehr Transparenz. Entscheidend ist, welche Konsequenzen aus den Bilanzen folgen. Der Clou in Felbers Modell ist daher, dass Unternehmen in dem Maße, wie sie positive Gemeinwohlbilanzen vorweisen können, systematisch bevorzugt werden, etwa bei der Besteuerung, den Kreditkonditionen, in der Vergabe von öffentlichen Aufträgen und bei Subventionen. Unternehmen mit schlechten

Gemeinwohlbilanzen dagegen werden höher besteuert, nicht subventioniert, müssen mehr für Kredite bezahlen und erhalten keine öffentlichen Aufträge.[26] Auf diese Weise werden die schädlichen Sektoren Schritt für Schritt ausgebremst und schließlich aus dem Verkehr gezogen. Das Konzept kehrt damit das heute bestehende Tribut- und Subventionswesen (siehe Teil I), das die sozial und ökologisch destruktivsten Branchen alimentiert, vollständig um.

Die Gemeinwohlökonomie sieht auch verschiedene Formen von Eigentum und betrieblicher Demokratie in Abhängigkeit von der Größe des Unternehmens vor. Ab 250 Beschäftigten geht das Unternehmen schrittweise in das Eigentum der Beschäftigten über, die über seine Geschicke demokratisch entscheiden. Mit zunehmender Größe bestimmen nicht nur die Beschäftigten, sondern auch Anwälte aller »Stakeholder« mit, die von den Aktivitäten des Unternehmens direkt oder indirekt betroffen sind, und zwar nicht nur lokal, sondern global. Die Grundidee ist dabei folgende: Was gut für den Betrieb ist, soll bei konsequenter Umsetzung auch gut für die Erde sein – und umgekehrt. Damit liefert die Gemeinwohlökonomie Instrumente, um die globalen Wirkungszusammenhänge direkt in Anreize für »internationalistisch« orientierte Entscheidungen auf der Mikroebene der Unternehmen zu übersetzen, und bietet damit ein Gegenmodell zu Strukturen, die betriebliche, lokale und nationale Egoismen belohnen. Hinzu kommen Höchsteinkommen, die Top-Gehälter auf das Fünf- oder Zehnfache des Mindesteinkommens begrenzen.

Die Konzepte Sahra Wagenknechts und der Gemeinwohlökonomie basieren auf Märkten, Lohnarbeit und Staatsbürokratien, also Institutionen, die eng mit der Megamaschine verwoben sind. Sie versuchen sie aber umzupolen, damit sie nicht mehr der Kapitalakkumulation dienen, sondern den Belegschaften, der breiten Bevölkerung und im Fall der Gemeinwohlökonomie auch ökologischen Zielen. (Diese Konzepte haben einige Ähnlichkeiten mit der nicht-kapitalistischen Marktwirtschaft, die für viele Jahrhunderte China geprägt hat – vergleiche dazu Teil III.) Der Vorteil dieser Vorschläge besteht darin, dass sie sich auf bestehende Institutionen beziehen und konkrete Schritte für ihren Umbau benennen können. Selbstorganisation von Arbeitenden und Erwerbslosen jenseits von Staat und Markt spielt in diesen Überlegungen allerdings kaum eine Rolle, auch wenn

Mitarbeitergesellschaften und Gemeinwohlunternehmen dafür mehr Raum bieten würden als heutige Institutionen.

Ohne die Dynamik einer Selbstorganisation von unten aber sind die Möglichkeiten, solche Konzepte in der realen Welt durchzusetzen, eingeschränkt. Denn für die tiefreichenden Eingriffe in die Eigentumsverhältnisse und die Trennung von Kapital und Staat braucht es starke soziale Bewegungen und breite Bündnisse. Grundlegende gesellschaftliche Veränderungen finden nicht statt, indem Ideen vom Reißbrett durch eine kontrollierte Abfolge von Verwaltungsakten umgesetzt werden, sondern in gesellschaftlichen Konflikten, deren Verlauf und Ausgang nicht planbar ist. Trotzdem sind die Vorschläge sehr wertvoll. Sie öffnen den Vorstellungsraum für andere Arten von Wirtschaftsakteuren, die nicht der Geldvermehrung, sondern einem guten Leben für alle dienen; sie sprechen jenseits der Mikroebene der Betriebe die Frage der gesellschaftlichen Rahmenbedingungen und der öffentlichen Förderstrukturen an; und sie wagen sich an eines der schwierigsten Themen: eine tiefgreifende Veränderung der Eigentumsverhältnisse jenseits der irreführenden Alternative von Privateigentum versus Staatseigentum.

Wiederaneignung

Eine Überführung von Privateigentum in Gemeineigentum ist mehr als ein bloßer Eigentümerwechsel, sie erfordert die Entwicklung eines neuen Verständnisses von Nutzungs- und Verfügungsrechten, das mit dem römischen Recht bricht. Wie immer diese Rechte am Ende aussehen, der Weg dorthin ist in jedem Fall nicht denkbar, ohne heutigen Großeigentümern etwas von ihren extremen Verfügungsrechten zu nehmen.

Der Begriff Enteignung ist für viele Menschen angstbesetzt. Das hat zum einen mit der düsteren Geschichte krimineller Enteignungen zu tun, etwa dem Raub jüdischen Eigentums durch die Nationalsozialisten; zum andern aber auch mit Propaganda seitens der Kapitalbesitzer, die uns eingeredet haben, dass kleine Häuslebesitzer und Großaktionäre dieselben Interessen hätten und gleichermaßen vor Enteignung Angst haben müssen. Dabei geht es überhaupt nicht darum, Eigenheimbesitzern ihre Häuser oder Handwerkern ihre Produktionsmittel wegzunehmen, sondern um die Überführung von Großkapital, das die endlose Geldvermehrung vorantreibt, in Gemeineigentum, das gemeinwohlorientierten Zwecken dient. Die überwältigende Mehrheit der Menschen würde dadurch erheblich bessergestellt, und selbst die Vermögenden würden nicht am Bettelstab enden, ihr Reichtum würde lediglich soweit gemildert, dass er seine schädlichen Wirkungen verliert. Da nicht Eigentum geraubt, sondern im Gegenteil der durch strukturelle und physische Gewalt der Allgemeinheit geraubte Besitz wiederangeeignet wird, ist es sinnvoll, statt von Enteignung von Wiederaneignung zu sprechen.[27]

Wer glaubt, dass solche großen Eigentumsverschiebungen zugunsten der Allgemeinheit in modernen westlichen Staaten unrealistisch oder unmöglich sind, sei daran erinnert, dass die französische Regierung unter François Mitterrand noch in den 1980er-Jahren die fünf größten Industriekonzerne Frankreichs sowie 39 Banken verstaatlichte, und zwar mit Billigung des Verfassungsgerichtes.[28] Nun ist Verstaatlichung, wie wir bereits gesehen haben, meistens das falsche Mittel für einen ernsthaften sozial-ökologischen Umbau; sie kann bestenfalls ein Zwischenschritt zur Schaffung dezentraler gemeinwirtschaftlicher Betriebe sein, die sich nicht wieder privatisieren lassen. Da es in Frankreich bei der Verstaatlichung vor allem um die Stützung schwächelnder Industrien ohne einen tieferen strukturellen Wandel ging, scheiterte das Projekt auch, als sich die konjunkturelle Lage verschlechterte.

Aber das Beispiel zeigt, dass massive Eingriffe in das Eigentum in einem modernen europäischen Staat im Prinzip möglich sind, und zwar ohne Verletzung der Verfassung. Das deutsche Grundgesetz schreibt aus gutem Grund – als Lehre aus der besonderen Verquickung von Staat und Großkapital im Nationalsozialismus – keine Wirtschaftsform und keine Eigentumsordnung vor, anders etwa als die EU-Verträge, mit denen der Europäischen Union eine kapitalistische Ordnung aufgezwungen wurde.[29] Das Grundgesetz schützt das Eigentum, erlaubt aber ausdrücklich auch Enteignungen »zum Wohle der Allgemeinheit«, wenn sie mit Entschädigungen verbunden sind (Art. 14 GG). Die Entschädigung ist dabei »unter gerechter Abwägung der Interessen der Allgemeinheit und der Beteiligten zu bestimmen«. Artikel 15 führt weiter aus: »Grund und Boden, Naturschätze und Produktionsmittel können zum Zwecke der Vergesellschaftung durch ein Gesetz, das Art und Ausmaß der Entschädigung regelt, in Gemeineigentum oder in andere Formen der Gemeinwirtschaft überführt werden.« Der Text spricht ausdrücklich nicht von Verstaatlichung und Staatseigentum, sondern von Vergesellschaftung und Gemeineigentum. Auch viele Landesverfassungen weisen entsprechende Artikel auf.[30] Bisher ist von diesem Grundrecht, das sehr weit vorne im Grundgesetz steht und damit einen hohen Rang einnimmt, allerdings noch nie Gebrauch gemacht worden. Ein Rechtsgefüge für Gemeineigentum ist in westlichen Ländern bisher nicht entwickelt worden.[31] Es ist für eine zukunftsfähige Ökonomie von entscheidender Bedeutung, dieses Versäumnis nachzuholen und die im Grundgesetz angebotenen Möglichkeiten für eine gemeinwirtschaftliche Eigentumsordnung offensiv voranzubringen.

Nicht nur Produktionsbetriebe können im Prinzip in »Formen der Gemeinwirtschaft« überführt werden, sondern auch Immobilieneigentum. Zweifellos würde es dem vom Grundgesetz zitierten »Wohle der Allgemeinheit« ausgesprochen zuträglich sein, die Liegenschaften aller privaten Immobilienfonds und aller Eigentümer, die mehr als ein oder zwei Häuser besitzen, in gemeinwirtschaftliche Rechtsformen zu überführen. Damit würde dem sowohl extrem ungerechten als auch volkswirtschaftlich schädlichen Tributsystem an dieser Stelle ein Ende bereitet. Entschädigungen, die »eine gerechte Abwägung der Interessen der Allgemeinheit und der Beteiligten« widerspiegeln, würden nicht den Marktwert der Immobilien zugrunde legen, sondern lediglich das ursprünglich eingesetzte Kapital abzüglich aller bisher daraus bezogenen Profite.[32] Das verbleibende private Kapital ließe sich durch geeignete Vermögens- und Erbschaftssteuern auf ein sozial verträgliches Maß gesundschrumpfen.

Das jugoslawische Modell

Ein Beispiel für den Versuch, über den Zwischenschritt der Verstaatlichung zu einer Wirtschaftsordnung jenseits von Privateigentum und Staatseigentum zu gelangen, ist das jugoslawische Modell. Nach dem Sieg der Partisanen über die Faschisten im Zweiten Weltkrieg verstaatlichte die Regierung unter Tito zunächst Industrie, Banken, Bergwerke und Landgüter. Kurze Zeit später kam es zum Bruch mit Stalin und der Sowjetunion. In der Folge begann Jugoslawien mit der Entwicklung einer Arbeiterselbstverwaltung. Das Ziel war eine Demokratisierung der Wirtschaft und eine Befreiung der Unternehmen von der lähmenden Staatsbürokratie. In den frühen

1950er-Jahren wurden in allen Betrieben Arbeiterräte eingeführt, die die Leitung des Unternehmens wählten und über Investitionen, Löhne und die Produktionsplanung entschieden. Dabei waren die Räte gesetzlich verpflichtet, die Substanz des Unternehmens nicht anzugreifen, also keinen Raubbau für kurzfristige Eigeninteressen zu betreiben.[33] Der Direktor, der zusammen mit dem Verwaltungsausschuss die laufenden Geschäfte leitete, wurde von einem gemeinsamen Gremium der Arbeiterräte und der kommunalen Selbstverwaltung für vier Jahre gewählt und konnte jederzeit abberufen werden. Die kommunalen Räte bildeten neben den betrieblichen Räten die zweite basisdemokratische Säule in Jugoslawien.

Mit der Föderationsverfassung von 1953 ging die Kontrolle der Betriebe juristisch bindend in die Hand der Arbeiterräte über. Auch öffentliche Einrichtungen wie Krankenhäuser, Schulen und Bibliotheken wurden nun von den Beschäftigten selbst verwaltet; der Zugriff der zentralen Bürokratien war damit deutlich eingeschränkt. Die Betriebe waren weder das Eigentum der Arbeiter noch des Staates, sondern unveräußerliches Gemeineigentum, das Arbeiterräte und Kommunen treuhänderisch verwalteten.[34]

Der Anspruch auf dezentrale Selbstverwaltung stand allerdings in erheblichem Widerspruch zum zentralistischen Einparteienstaat Titos auf nationaler Ebene. Trotzdem war das jugoslawische Modell ein bemerkenswerter Versuch, die rätedemokratischen Versprechungen des Sozialismus, die in der Sowjetunion (»Union der Räte«) von der Parteiführung so gründlich verraten worden waren, zumindest teilweise in die Wirklichkeit umzusetzen. Das Modell war für einige Jahrzehnte relativ erfolgreich, es ermöglichte den Einwohnern des einst bitterarmen und vom Krieg zerstörten Jugoslawiens ein zwar bescheidenes, aber vergleichsweise auskömmliches Leben. Der Lebensstandard war weit höher als in den meisten anderen Balkanstaaten. Entgegen dem weitverbreiteten Vorurteil, dass die »ethnischen Konflikte« im Vielvölkerstaat Jugoslawien jahrzehntelang nur übertüncht waren, entstand ein Gemeinwesen, in dem religiöse Differenzen und kleinstaatliche Nationalismen eine untergeordnete Rolle spielten.

Allerdings sah unter der Oberfläche nicht alles rosig aus. Die Probleme der Arbeiterselbstverwaltung begannen bereits in den 1970er-Jahren. Den Hintergrund der sich anbahnenden Krise bildeten zwei Faktoren: Zum einen litt Jugoslawien unter einem chronischen Haushaltsdefizit und einem

Handelsbilanzdefizit mit der westlichen Welt; zum anderen wurden in einer Verfassungsreform 1968 die föderalen Strukturen des Staates gestärkt. Fortan wachten die Zentralbanken der Teilrepubliken über die Kreditvergabe statt einer Zentralbank in Belgrad. Die Folge davon war, dass die Teilrepubliken durch exzessive Kreditvergabe an selbstverwaltete Betriebe gegeneinander konkurrierten, um so die Industrialisierung in der eigenen Region voranzubringen und die anderen zu überrunden. Man spottete, jedes Dorf wolle sein eigenes Stahlwerk. Auf diese Weise wurden gewaltige, auf Verschuldung basierende Überkapazitäten aufgebaut. So wuchs eine Blase aus faulen Krediten, von denen ein beträchtlicher Anteil im westlichen Ausland aufgenommen wurde. Der fragwürdige Kreditsegen führte auch dazu, dass sich ineffiziente Strukturen verfestigten. Mit dem weltwirtschaftlichen Abschwung in den 1970er-Jahren verschärfte sich die Lage zusehends. Anfang der 1980er waren die Unternehmen nicht einmal zur Hälfte ausgelastet und verkauften die Produkte oft unter den Gestehungskosten. Das Land stand vor dem Bankrott.

Die Zerstörung Jugoslawiens durch die Gläubiger

In dieser Lage machten westliche Gläubiger und der Internationale Währungsfonds der jugoslawischen Regierung ein Angebot: frische Kredite, allerdings unter der Auflage massiver »Strukturanpassungen«. Wie zuvor in Mexiko und später in Dutzenden anderen Ländern rund um den Globus nutzte der IWF die Schuldenkrise, um dem Land ein neoliberales Schockprogramm aufzuzwingen, an dem es am Ende zerbrechen sollte. Auf diese Weise trug der Fonds wesentlich dazu bei, das ökonomische Modell der Arbeiterselbstverwaltung zu zerstören. Eine korrumpierte Parteibürokratie nutzte die neuen Kredite, um sich selbst über Wasser zu halten, und verwandelte die selbstverwalteten Betriebe schließlich in kapitalistische Unternehmen. Zu den eifrigsten Privatisierern zählte der ehemalige Banker und spätere serbische Präsident Slobodan Milošević.[35]

Die »Reformen« führten in den totalen wirtschaftlichen Ruin. Statt zu sinken, stieg der Schuldenstand – wie so oft, wenn der IWF das Ruder übernimmt. 1988 hatten die Bürger des Landes die höchste Pro-Kopf-Verschuldung Europas. Statt die eigene Wirtschaft zu stützen, flossen die Steuergelder unter den IWF-Auflagen an die Gläubigerclubs in London und Paris.³⁶ Besonders fatal für den Zusammenhalt des Bundesstaates war ein Abkommen mit dem IWF im Jahr 1990, das die Zahlungen Belgrads an die Teilrepubliken blockierte, um stattdessen die westlichen Gläubiger zu bedienen. Finanziell geknebelt, suchten die Teilrepubliken zunehmend ihr Heil in der Abspaltung.

Die Folge des ökonomischen Niedergangs und der Gläubigerauflagen war die größte europäische Tragödie seit dem Zweiten Weltkrieg: der Zerfall Jugoslawiens und die von 1991 bis 1999 währenden Kriege zwischen den Teilrepubliken, ihren Warlords und schließlich auch der NATO, Kriege, die insgesamt etwa 130.000 Tote hinterließen, traumatisierte Bevölkerungen und wirtschaftlich desolate Kleinstaaten. Während man bis heute die Ursachen dieser Katastrophe gerne »ethnischen Spannungen« und »religiösen Konflikten« zuschreibt, wird die fatale Rolle der westlichen Gläubiger und ihrer Austeritätsprogramme systematisch ausgeblendet. Der kroatische Philosoph und Aktivist Srećko Horvat betont, dass der Zusammenbruch Jugoslawiens nicht die Folge des Nationalismus war, sondern umgekehrt der Nationalismus die Folge des Kollapses. Demagogen wie Milošević in Serbien und Franjo Tuđman in Kroatien beuteten die von ihnen selbst forcierten sozialen Spannungen aus und lenkten sie in militanten Nationalismus um. Horvat warnt davor, dass der Zerfall Jugoslawiens zum Vorbild eines Verfalls der EU werden könnte, wo die harschen Kürzungsprogramme der Troika ebenfalls die sozialen Strukturen zerstören und neuen Nationalismen Auftrieb verschaffen.³⁷

Trotz seines düsteren Endes ist das jugoslawische Modell nach wie vor sehr hilfreich für die Suche nach zukunftsfähigen Wirtschaftsformen. Über relativ lange Phasen gelang eine erfolgreiche Umsetzung von Selbstverwaltung jenseits von Privat- und Staatseigentum. Auch der Niedergang bietet wichtige Einsichten. Die erste hat mit dem Thema Schulden zu tun: Auf Kredit basierende Alternativen können sich in tödliche Abhängigkeiten verstricken, insbesondere wenn es sich um Devisenkredite handelt. Damit wird den Gläubigern im Krisenfall eine enorme Verfügungsmacht gegeben. (Im Abschnitt zum Thema Geld wird später davon noch die Rede sein.) Die zweite Einsicht betrifft die Frage der Konkurrenz. Wenn Dörfer, Betriebe, Bundesstaaten und schließlich Nationalstaaten in einen Standortwettbewerb miteinander treten, führt dies am Ende zum Ruin aller Beteiligten. Die

Herausforderung besteht also darin, Strukturen zu schaffen, die verstärkt auf Kooperation statt Konkurrenz setzen und gefährliche Abhängigkeiten von Gläubigern verhindern.

Markt oder nicht Markt?

Die Frage, welche Rolle Märkte in einer zukunftsfähigen, gerechteren Ökonomie spielen können oder ob sie gar ganz verbannt werden sollten, wird schon lange kontrovers diskutiert. Um sich dieser Frage zu nähern, ist es sinnvoll, zunächst einige Begriffe zu klären. Marktwirtschaft und Kapitalismus werden oft als Synonyme verwendet, sind aber tatsächlich nicht dasselbe. Der Historiker Fernand Braudel unterschied drei Typen von Ökonomie: Subsistenzwirtschaft (in der für den eigenen lokalen Bedarf produziert wird), Marktökonomie und Kapitalismus, wobei er den Kapitalismus als »Anti-Markt« bezeichnete.[38] Warum aber Anti-Markt? Laut Braudel ist eine Marktwirtschaft durch die Konkurrenz der Anbieter gekennzeichnet, sodass sich die Preise den Produktionskosten annähern und die Profite tendenziell begrenzt sind. Der real existierende Kapitalismus dagegen ist nicht ohne Monopole oder zumindest Oligopole denkbar – von den Fuggern bis zu Microsoft. Im Kapitalismus konkurrieren daher nicht so sehr die großen Unternehmen miteinander (das kommt zwar vor, bedeutet dann aber meistens eine Krisenzeit), sondern die Arbeiter und die Kleinproduzenten. Nur so war die ungeheure Kapitalkonzentration in wenigen Händen möglich, die charakteristisch für den Kapitalismus ist und seine Expansivkraft ausmacht. Dabei setzt der Kapitalismus eine Marktwirtschaft voraus und beutet ihre Strukturen für seine Zwecke aus, ist aber nicht mit ihr identisch.

Daraus folgt jedoch noch nicht, dass Märkte grundsätzlich eine gute Sache sind, wenn man nur den Kapitalismus von ihnen abzieht. Schaut man sich zum Beispiel die nicht-kapitalistische Marktwirtschaft an, die in China bis vor 150 Jahren existierte, sieht man, dass sie zwar weit mehr Breitenwohlstand und Frieden geschaffen hat als die europäische Ökonomie zu dieser Zeit, aber trotzdem weit von unseren heutigen Vorstellungen sozialer Gerechtigkeit entfernt war (siehe Teil III). Nicht umsonst gab es in China immer wieder massive Bauernrevolten. Man muss außerdem unterscheiden zwischen Gesellschaften, in denen Märkte eine eingeschränkte Rolle spielen, etwa für den Austausch mit anderen Gemeinschaften, und Gesellschaften, die bis ins Innerste von Markt- und Tauschbeziehungen durchdrungen werden. Wo die Marktlogik dominant wurde, etwa im antiken China und im klassischen Griechenland oder in der Frühen Neuzeit in Europa, hat sie stets dazu geführt, dass nicht-kommerzielle Beziehungsgefüge zerrissen wurden und Ungleichheit und Gewalt zunahmen. Die Idee, dass menschliche Beziehungen grundsätzlich auf dem Prinzip des Äquivalenztausches beruhen sollen, ist in ihrer letzten Konsequenz außerdem menschenfeindlich und absurd. Weder das Verhältnis von Eltern zu ihren Kindern, noch zwischen Liebenden oder Freunden beruht auf Berechnung nach dem Prinzip »Ich gebe Dir so viel, wie du mir gibst«. Und warum sollten wir eine ganze Gesellschaft nach einem Prinzip organisieren, dass wir in unserem engsten Umfeld nicht akzeptieren würden?

Andererseits sind die historischen Versuche, Märkte in arbeitsteiligen Gesellschaften, die nicht auf Subsistenz beruhen, weitgehend abzuschaffen, wenig ermutigend. Selbst Lenin und Trotzki griffen 1921 in der Sowjetunion mit der »Neuen Ökonomischen Politik« (*Nowaja ekonomitscheskaja politika*, kurz: NEP) auf beschränkte markwirtschaftliche Instrumente zurück, um die Versorgungslage der Bevölkerung zu verbessern. Dabei hatten sie durchaus Erfolg – allerdings um den Preis, dass eine neue Klasse von relativ reichen Händlern entstand, die sogenannten »NEP-Männer«. Nach Lenins Tod beendete Stalin diese Experimentierphase 1928 mit der Wiedereinführung der Kommandowirtschaft und der Zwangskollektivierung der Landwirtschaft.

Das Vorhaben, Märkte vollständig zu überwinden, wird auch dadurch erheblich erschwert, dass die Tauschlogik nach einigen Jahrhunderten Kapitalismus sehr tief in unsere Kultur, in die Erziehung, in unsere menschlichen Beziehungen und in die Tiefen unserer Psyche eingedrungen ist. Von einer Massengesellschaft miteinander konkurrierender Individuen, die schon im Kleinkindalter dazu ermuntert werden, sich für den globalen Wettbewerb fit zu machen, zu echten Solidargemeinschaften zu finden, ist ein sehr langer Weg. Er setzt eine tiefgreifende kulturelle Metamorphose über mehrere Generationen voraus. Ein solcher Wandel lässt sich auch nicht planmäßig herstellen oder durch Zwang beschleunigen. Umerziehungsprogramme zur Schaffung eines »Neuen Menschen«, wie man sie in der Sowjetunion und in Maos China ins Leben rief, haben statt empathischer Mitbürger vor allem verstörte oder gar gebrochene Menschen hervorgebracht.

Die Lehre aus all dem ist, dass es keine widerspruchslosen, idealen Lösungen für das Dilemma der Märkte gibt. Anstelle von Patentrezepten braucht es daher Lösungen, die an die jeweils spezifische Geschichte und Situation bestimmter Menschen in einer bestimmten Region zu einem bestimmten Zeitpunkt angepasst sind und auch immer wieder überprüft und korrigiert werden müssen.

Zwei Prinzipien sind jedoch von allgemeiner Bedeutung, um die negativen Auswirkungen von Märkten einzudämmen. Zum einen gilt es, existenziell notwendige Güter dem Marktgeschehen zu entziehen, denn in einer menschenwürdigen Gesellschaft darf es nicht vom Portemonnaie abhängen, ob man Wasser, Nahrung, Wohnraum, Zugang zu Energie, Kommunikation, Transport, Bildung, Gesundheit und Kultur besitzt. Diese Liste zeigt, dass damit schon eine ganze Reihe von Dingen nicht dem Marktgeschehen überlassen werden kann. Sie sind stattdessen als unveräußerliche Menschenrechte zu betrachten und in Form öffentlicher Dienstleistungen, Gemeingüter oder Commons bereitzustellen, zum Beispiel durch Gemeinwohlgesellschaften. Dass es in vielen Ländern kostenlose Gesundheitsversorgung und Bildung gibt, zeigt, dass es dabei nicht um eine ferne Utopie geht, sondern um die Fortsetzung schon erreichter Errungenschaften. In der estnischen Hauptstadt Tallinn stimmten 2013 in einem Volksentscheid 75 Prozent der Bürger für einen kostenlosen Nahverkehr, der daraufhin mit Erfolg eingeführt wurde.[39] Auch in vielen anderen Städten, etwa dem französischen Aubagne oder dem belgischen Mons gibt es seit Langem kostenfreie öffentliche Transportmittel. Mit der Solidarischen Landwirtschaft (SoLaWi) gelingt es darüber hinaus an vielen Orten bereits, eine dezentrale Nahrungsmittelversorgung herzustellen, die sich zumindest teilweise der Marktlogik entzieht. In Japan ist ein Viertel aller Haushalte an einem solchen System, dem Teikei, beteiligt.[40] Bei der SoLaWi schließt man einen Vertrag mit einem landwirtschaftlichen Betrieb, der für einen bestimmten monatlichen oder jährlichen Preis regelmäßig Obst und Gemüse liefert. Bei manchen Netzwerken hängt die Höhe des Betrages auch nicht allein von der Liefermenge ab, sondern ist nach den Einkommen der Abnehmer gestaffelt.

Auf der anderen Seite geht es darum, Märkte so einzugrenzen, dass aus ihnen keine gefährliche Akkumulation von Macht und Eigentum hervorgehen kann, die es Vermögenden erlaubt, das politische Geschehen zu dominieren.

Aus diesem Grund sind gesetzliche Höchsteinkommen, die Überführung von Produktionsmitteln in Gemeineigentum ab einer bestimmten Betriebsgröße und die progressive Besteuerung übermäßiger Vermögen und Erbschaften entscheidende Mittel, um zu verhindern, dass aus Märkten erneut kapitalistische Strukturen erwachsen. Marktschranken sind daher sowohl nach oben (Deckelung der Vermögensbildung) als auch nach unten (öffentliche Daseinsvorsorge jenseits der Marktlogik) entscheidend. Für den dann noch verbleibenden Marktbereich braucht es Regeln, die gemeinwohlorientiertes wirtschaftliches Handeln gezielt fördern und Raubbau verhindern.

Geld als Herrschaftsmittel

Die Frage der Märkte ist eng mit dem Thema Geld verbunden. Anders als Adam Smith einst glaubte, entstand Geld nicht als neutrales Mittel, um der »allgemeinen Neigung des Menschen zum Tausch« zu dienen, sondern in erster Linie zur Finanzierung von Kriegen.[41] Die Wirtschaftswissenschaften vergessen bei der üblichen Aufzählung der Geldfunktionen (Zahlungsmittel, Wertaufbewahrung, Recheneinheit) in der Regel die wichtigste: Geld war von Anfang an ein Herrschaftsmittel. Das Münzgeld ermöglichte in der Antike wie in der Neuzeit den Aufbau der gewaltigen Söldnerarmeen, die das Fundament der staatlichen Zwangsgewalt und kriegerischen Expansion bildeten. Die damit verbundene Monetarisierung der Gesellschaften bedeutete auch eine massive Ausweitung von Verschuldung, die als Machtmittel benutzt wurde, um sich Ländereien, Bodenschätze und Arbeitskraft anzueignen, zum Beispiel wenn verschuldete Bauern gezwungen wurden, das Land den Gläubigern zu überlassen und ihre nackte Arbeitskraft auf dem Markt zu verkaufen. Dieser Mechanismus der Aneignung durch Verschuldung war schon in biblischen Zeiten Gegenstand von massivem Protest der Bauern und der frühen Propheten. Die Wendung »Vergib uns unsere Schuld, wie auch wir vergeben unseren Schuldigern« im Vaterunser spiegelt diesen Kampf wieder, der schon zur Zeit der frühen Propheten in die jüdische Errungenschaft des Schuldenerlasses (Jobeljahr) mündete.

Die Aneignungsfunktion des Schuldgeldes spielt, wie wir bereits im Kapitel »Tribut« gesehen haben, bis heute eine zentrale Rolle in der Megamaschine. Die griechische Schuldenkrise ist dafür ein anschauliches Beispiel.

Im Sommer 2015 weigerte sich die neu gewählte griechische Regierung, die Konditionen der Troika (EU-Kommission, Europäische Zentralbank und IWF) zu erfüllen. Die Forderungen der Gläubiger sahen einen Ausverkauf öffentlicher Güter und massive Kürzungen von Sozialausgaben und Renten vor. Nachdem diese Forderungen in einem Referendum von der überwältigenden Mehrheit der Bevölkerung abgelehnt wurden, drohte die Europäische Zentralbank, den griechischen Banken den Geldhahn zuzudrehen und damit einen Bank Run und den Kollaps der griechischen Wirtschaft auszulösen. Unverhohlen nutzten die Gläubiger, unter besonders boshafter Beteiligung der deutschen Bundesregierung, die Verschuldung als Erpressungsmittel, um sich die Ressourcen des Landes anzueignen. Nachdem die Syriza-Regierung mangels Alternativen kapituliert hatte, begann die Plünderung. So eignete sich etwa die mehrheitlich dem deutschen Staat gehörende Fraport AG die profitabelsten griechischen Flughäfen zu einem Schnäppchenpreis an. Der Regierung in Athen blieben die defizitären Ladenhüter. Griechenland ist heute kein selbstständiger Staat mehr und schon gar keine Demokratie, sondern ein koloniales Protektorat der Gläubiger.[42]

Der Fall Griechenland zeigt auch einmal mehr, dass Geld nicht in erster Linie ein Symbol für Waren oder »Werte« ist, sondern für *Beziehungen zwischen Menschen*. Hinter den Zahlenkolonnen von Soll und Haben verbirgt sich ein Herrschaftsverhältnis, durch das ein Aktionär der Deutschen Bank oder ein Funktionär des IWF über das Leben von Menschen in Griechenland verfügen kann, die mangels Krankenhäusern und Medikamenten nun an heilbaren Krankheiten sterben müssen. Die Verfügungsgewalt der Gläubiger erstreckt sich – zwar nicht de jure, aber de facto – über Leben und Tod der Schuldner.

Die Geschichte des Geldes als Herrschaftsmittel legt den Schluss nahe, man müsse das Geld so schnell wie möglich wieder abschaffen. Aber ähnlich wie bei dem eng damit zusammenhängenden Problem der Märkte ist das weder einfach noch in allen Fällen wünschenswert. Eine arbeitsteilige Gesellschaft lässt sich nicht einfach in eine geldfreie Ökonomie zurückführen. Zwar gibt es hie und da Ansätze für moderne Schenkökonomien und kleine Gemeinschaften, die sich im geldfreien Leben zu üben versuchen, aber auch sie sind mit vielen inneren Widersprüchen konfrontiert und auf monetäre Tauschbeziehungen angewiesen, sobald jemand dort auch nur eine neue Zahnbürste braucht.

Daher lohnt sich die Frage, ob Geld nicht zumindest teilweise von seinen Herrschaftsfunktionen befreit werden kann. Ein Versuch, dem Geld andere Funktionen zu geben, sind Regionalwährungen. In »Transition Towns« und vielen anderen Initiativen tragen sie dazu bei, lokale und regionale Ökonomien jenseits der Kapitalakkumulation zu stärken. Regiogeld ist außerdem nicht mit staatlicher Zwangsgewalt verbunden: Wer anschreiben lässt und nicht sofort bezahlen kann, wird nicht gepfändet oder gar aus seiner Wohnung vertrieben. Ihre Grenzen finden Regionalwährungen allerdings dort, wo größere Investitionen anfallen, die mit den lokalen Ressourcen nicht zu bestreiten sind. Schon eine einfache Solaranlage lässt sich nicht mit Regiogeld finanzieren, denn die Rohstoffe und Bauteile kommen aus aller Welt und müssen daher mit nicht-regionalen Währungen bezahlt werden.

Jenseits lokaler Währungen gibt es verschiedene Vorschläge, das Geldsystem zu reformieren. Ein relativ populäres Konzept ist das sogenannte Vollgeld. Seine Verfechter kritisieren die Tatsache, dass private Banken in großem Maßstab Geldschöpfung betreiben und damit enorme Profite machen, die der Gesellschaft eine unnötige Zinslast aufbürden. Statt der privaten Banken sollten ausschließlich Zentralbanken Geld schöpfen, die auf diese Weise auch die Geldmenge angemessen steuern und Finanzblasen verhindern könnten. Anstelle des von Privatbanken geschöpften Giralgeldes würde es nur noch von der Zentralbank gedecktes »Vollgeld« geben.[43] Die Kritik an der privaten Geldschöpfung ist durchaus berechtigt, und ein Vollgeldsystem könnte möglicherweise einige Exzesse der Finanzmärkte eindämmen.[44] In einer weiteren Perspektive greifen diese Vorschläge aber deutlich zu kurz. Zum einen wird die Macht der Zentralbanken noch gestärkt, die – wie wir im Fall von Griechenland gesehen haben – sehr problematisch sein kann. Zum anderen gilt es, über die Frage, wer das Geld schöpft, hinauszugehen und zu fragen, *welchen Zwecken* Geld überhaupt dienen soll, wem es wofür bereitgestellt wird und wer nach welchen Kriterien darüber entscheidet.

Geld als öffentliches Gut

Im jetzigen Finanzsystem fließt Geld überwiegend dorthin, wo es am profitabelsten verwertet werden kann. Wenn Geld und Kredit eine positive gesellschaftliche Funktion erhalten sollen, dann müssen die Kriterien für Geldflüsse und Kreditvergabe einschließlich der dazugehörigen Entscheidungsstrukturen grundlegend verändert werden, um die destruktiven Branchen auszutrocknen und Geld in Aktivitäten zu kanalisieren, die dem sozial-ökologischen Umbau dienen. Und das wiederum erfordert im Finanzwesen eine ebenso tiefe Umgestaltung der Eigentumsverhältnisse und Rechtsformen wie in der übrigen Wirtschaft.

In Deutschland gibt es drei Typen von Banken: öffentlich-rechtliche Kreditinstitute, zu denen unter anderem Sparkassen und Landesbanken gehören, private Geschäftsbanken und Genossenschaftsbanken. Kurz nach der Finanzkrise von 2008 erarbeitete eine Arbeitsgruppe der Linksfraktion im Deutschen Bundestag ein Konzept dafür, wie bei einem erneuten Crash das Finanzsystem grundlegend umgebaut werden könnte. Ihr Vorschlag besteht darin, die Säule der Privatbanken, die seit Langem marode und ohne staatliche Alimentierung nicht mehr lebensfähig ist, abzuschaffen und die positiven Ansätze in den beiden verbleibenden Säulen – Sparkassen und Genossenschaftsbanken – weiterzuentwickeln. Da sich Landesbanken ähnlich unverantwortlich wie Privatbanken verhielten, sollen sie durch »Spar-Regional-Kassen« ersetzt werden, die im Verbund auch größere Investitionen tätigen können. Sowohl Sparkassen als auch Genossenschaftsbanken sollen konsequent in ihren Satzungen auf Gemeinwohlorientierung festgelegt und durch Vertreter gesellschaftlicher Organisationen wie Gewerkschaften und Umweltverbänden kontrolliert werden.[45]

Die Stärke dieses Ansatzes besteht darin, von bestehenden Strukturen auszugehen und sie weiterzuentwickeln. Allerdings gilt es dabei, über die privatrechtlichen Eigentumsstrukturen und Rechtsformen, die letztlich auch Genossenschaftsbanken und öffentlichen Anstalten zugrunde liegen, hinauszugehen, um tatsächlich gemeinwirtschaftliche Institutionen zu schaffen, die keinen Renditezielen unterliegen, nicht privatisierbar sind und Geld als öffentliches Gut für den sozial-ökologischen Wandel zur Verfügung stellen.

Auf den nächsten Crash vorbereitet sein

Die Chancen eines so tiefgreifenden Umbaus stehen besser, als man denken könnte. Das private Großbankensystem ist seit vielen Jahren strukturell insolvent und überlebt nur durch offene oder verdeckte staatliche Subventionen.

Im Falle eines erneuten Finanzcrashs könnte eine grundlegende Neuregelung durchaus auf die Tagesordnung kommen, wenn starke gesellschaftliche Kräfte sich dafür einsetzen. Entscheidend ist es, bereits jetzt mit der Entwicklung tragfähiger Konzepte und starker Bündnisse zu beginnen, um im Krisenfall interventionsfähig zu sein. Es geht darum, auf den Moment gut vorbereitet zu sein, wenn es wieder heißen wird, Banken müssten mit Steuermilliarden gerettet werden und die Bürger den Gürtel enger schnallen. Historische Brüche wie Finanzcrashs wurden in den vergangenen Jahrzehnten meist von ökonomischen und politischen Eliten genutzt, um neue neoliberale Schockprogramme durchzusetzen. Diese Schock-Strategie gilt es umzukehren: Gut vorbereitete und organisierte soziale Bewegungen könnten durchaus die Verwirrung und den Streit innerhalb der Eliten, der in solchen Krisenmomenten meist auftritt, nutzen, um eine Agenda für eine Tiefentransformation der Wirtschaft auf den Weg zu bringen. Immerhin gingen den meisten Revolutionen der Weltgeschichte staatliche Finanzkrisen voraus.

Der Macht der Schulden entgegentreten

Wenn Geld nicht in erster Linie ein Symbol für Waren und Werte, sondern für menschliche Beziehungen ist, dann bedeutet eine Änderung der Geldfunktionen auch eine qualitative Veränderung der Beziehungen, die durch Geld vermittelt werden. Ein entscheidender Aspekt dabei ist der Umgang mit Schulden. Wie David Graeber in seinem Buch *Schulden – Die ersten 5000 Jahre* zeigt, gab es in der Geschichte durchaus verschiedene Arten von Schuldbeziehungen. Noch heute sind persönliche Schulden zwischen Freunden in der Regel nicht mit Herrschaftsverhältnissen verbunden. Der Leihende wird die Rückzahlung nicht *um jeden Preis* fordern. Drückt sich der Schuldner ohne Not um die Rückzahlung herum, belastet das die Beziehung; ebenso, wenn der andere zu rigoros die Rückzahlung fordert. Wollen die beiden auch in Zukunft freundschaftlich miteinander auskommen, werden sie sich um einen Kompromiss bemühen. Bei solchen Schuldbeziehungen hat der Leihende auch meist keine Zugriffsrechte auf das Hab und Gut des Schuldners; selbst wenn er wollte und die Zerstörung der Beziehung in Kauf nähme, hätte er keine staatlich gestützten Zwangsmittel, um Land, Hausrat oder Einkommen zu pfänden.

Das Beispiel im Kleinen zeigt, dass Geld und Schulden nicht getrennt von anderen Institutionen wie Eigentum und Staat zu begreifen sind. Eine andere Geldordnung lässt sich nicht ohne eine andere Eigentumsordnung in den übrigen gesellschaftlichen Bereichen denken. Die entscheidende Frage lautet daher: Welche Nutzungs- und Verfügungsrechte ergeben sich aus dem Besitz von Geld oder Schuldtiteln? Was kann mit Geld überhaupt gekauft werden, was dient als Deckung für Schulden, was kann verpfändet werden, und vor allem umgekehrt: Was ist der Käuflichkeit, Beleihbarkeit und Pfändbarkeit entzogen? Und hier gelangen wir wieder zu den Grenzen des Marktes. Wie immer eine zukunftsfähige Geldordnung aussieht, sie braucht einen starken Schutz grundlegender globaler Rechte vor dem Zugriff der monetären Sphäre. Der Zugang zu sauberem Wasser, gesunder Nahrung, angemessenem Wohnraum, Energie, Kommunikation, Transport, Bildung, Gesundheit und Kultur darf also nicht durch Geldmangel oder Schulden infrage gestellt werden, sondern ist als unveräußerliches Menschenrecht zu schützen.

Die Wachstumsfrage

Stellen wir uns für einen Moment vor, in einem Industrieland wie Deutschland würden gemeinwirtschaftliche und gemeinwohlorientierte Prinzipien konsequent umgesetzt. Eine unvermeidliche Folge davon wäre die Schrumpfung großer und mächtiger Wirtschaftssektoren. Wenn es für den ökologischen Raubbau von Unternehmen wie Bayer, Daimler, VW, BMW, BASF, Lufthansa, E.ON, RWE, HeidelbergCement und ThyssenKrupp keine Subventionen und billigen Kredite mehr gibt, wenn diese Unternehmen aufgrund ihrer desaströsen Gemeinwohlbilanzen keine öffentlichen Aufträge mehr erhalten, wenn das, was von ihnen nach ihrer Schrumpfung noch übrig bleibt, in gemeinwohlorientierte Mitarbeitergesellschaften überführt wird, dann verschwindet die Geschäftsgrundlage für die meisten DAX-Konzerne und mit ihnen ein beträchtlicher Teil dessen, was wir in dem verengten chrematistischen Blick »Wirtschaft« nennen.

Aber wäre ein Verschwinden der DAX-Konzerne nicht das Ende der Welt, eine alptraumhafte deindustrialisierte Kollapsgesellschaft, wie man sie in Detroit oder Camden (New Jersey) besichtigen kann? Nicht unbedingt.

Denn was zunächst als Vision eines Zusammenbruchs erscheint, könnte zugleich, wenn es klug gemacht wird, mit einer gewaltigen ökonomischen Renaissance verbunden sein.[46] Wo die destruktiven Branchen schrumpfen, würden andere Sektoren dafür erheblich wachsen können, etwa die bäuerliche ökologische Landwirtschaft, gemeinwirtschaftliche Energiebetriebe, fast ausgestorbene Handwerke und Reparaturwerkstätten, Bildungsstätten, Theater und Orchester, regionaler sanfter Tourismus, öffentlicher Verkehr – und nicht zuletzt auch ökologisch orientierte Industriebetriebe in der Hand der Belegschaften. Mit dem Wegfall der Subventionen für Großkonzerne und einer angemessenen Besteuerung großer Vermögen und Einkommen würden erhebliche öffentliche Ressourcen frei, um diese gemeinwohlorientierten Bereiche zu unterstützen. Für Städte ebenso wie für ländliche Regionen würde das eine enorme Wiederbelebung bedeuten. Von Konzernen dominierte, absterbende Innenstädte könnten sich wieder in rege Zentren mit unzähligen kleinen Läden verwandeln. Das hätte auch den Vorteil, dass die Wirtschaftskraft der Gemeinden nicht von externen Anteilseignern abgeschöpft wird. Denn wenn ich heute bei Starbucks einen Kaffee kaufe, wird ein Großteil dieses Geldes von den Aktionären dem lokalen Kreislauf entzogen und in die Finanzmärkte gepumpt. Trinke ich den Kaffee dagegen bei einem kleinen Familienbetrieb oder einer Kooperative, bleibt das Geld im regionalen Kreislauf (beziehungsweise im interregionalen Kreislauf zwischen Kaffeeproduzenten und Gastronomie).

Die Agrarwende

Auch das Absterben bäuerlicher Kulturen auf dem Land – wo einzelne Großagrarier Hunderte von Hektar bewirtschaften und man weit und breit keinen einzigen Bauern mehr findet – würde beendet, wenn das industrielle Agrobusiness nicht mehr subventioniert, sondern durch bäuerlich-ökologische Landwirtschaft ersetzt würde. Dadurch würden auch viel mehr Menschen in der Landwirtschaft ihr Auskommen finden.

Die Kehrseite eines solchen Umbaus ist natürlich, dass in der Landwirtschaft die Arbeitsproduktivität ein Stück weit sinken würde, also die Menge von Gütern, die pro Zeiteinheit eines Arbeitenden hergestellt werden. Ein Großbauer, der Hunderte oder gar Tausende von Hektar mit massivem

Einsatz von Chemie und fossilem Dünger bewirtschaftet, hat natürlich – zumindest kurzfristig – höhere Erträge pro Kopf als ein ökologischer Familienbetrieb. Der von der Weltbank ins Leben gerufene Weltagrarrat kommt in seinem umfassenden Bericht von 2008 aber zu dem eindeutigen Schluss, dass angesichts von Klimawandel, Bodendegradation und Hungerepidemien eine radikale Kehrtwende in der Landwirtschaft unausweichlich ist.[47] Statt die Arbeitsproduktivität kurzfristig um jeden Preis zu steigern, gilt es, den langfristigen ökologischen, gesundheitlichen und sozialen Nutzen in den Mittelpunkt zu stellen. Das bedeutet nicht, in eine vorindustrielle Welt zurückzukehren, sondern Produktionsmethoden zu nutzen, die ein günstiges Verhältnis von Input und Output haben und zugleich Böden, Gewässer, Klima und menschliche Gemeinschaften schützen. Der Weltagrarbericht fordert eine Wende zu einer ökologisch orientierten bäuerlichen Landwirtschaft, mit der die Menschheit auch bei weiter steigenden Bevölkerungszahlen gut und vor allem dauerhaft ernährt werden kann. Das würde bedeuten, dass in einem Land wie Deutschland statt nur 1,4 Prozent der Bevölkerung zum Beispiel fünf Prozent in der Landwirtschaft tätig wären (so viele wie noch 1981), dafür aber wesentlich gesündere Lebensmittel herstellten und den Planeten erhielten. Während die Arbeitsproduktivität damit sinkt, könnte die Flächenproduktivität (Ertrag pro Hektar) in einer klugen ökologischen Landwirtschaft sogar verdoppelt werden, wie eine Studie des UN-Sonderbeauftragten für das Recht auf Nahrung Olivier de Schütter zeigt. Mit den Methoden der Permakultur, die vollständig auf fossilen Dünger, Pestizide und Traktoren verzichtet, können die Erträge pro Flächeneinheit in manchen Weltregionen sogar auf das Drei- bis Vierfache gegenüber der industriellen Landwirtschaft steigen.[48]

Ausstieg aus dem Hamsterrad

In anderen Branchen würde nicht unbedingt die Arbeitsproduktivität sinken, aber das absolute Produktionsvolumen. Zum Beispiel im Verkehrssektor. Wenn in Gemeineigentum überführte Betriebe anstelle von Autos vor allem Straßenbahnen, Züge und Busse herstellen, dann würde das zwar für die Phase des Umbaus vom Individualverkehr zum öffentlichen Verkehr einen gewissen Boom geben; auf Dauer aber würden weniger Güter und weniger

Arbeit gebraucht, um dasselbe Bedürfnis, nämlich Transport, zu befriedigen. In anderen Branchen wäre es ähnlich: Wenn man Computer und Telefone so konstruieren würde, dass sie jahrzehntelang halten, leicht reparierbar sind und einzelne Komponenten sich einfach austauschen lassen, dann könnte man auf Dauer mit einem Bruchteil des heutigen Arbeits- und Materialaufwandes denselben Nutzen herstellen, nämlich Kommunikation. Das sollte eigentlich eine ausgesprochen gute Nachricht sein. Müsste es nicht Sinn und Zweck jeder vernünftigen Ökonomie sein, einen bestimmten Nutzen mit möglichst wenig Aufwand zu erzielen? Können wir uns über die dadurch frei werdende Zeit nicht freuen, um sie für die besten Dinge des Lebens zu nutzen, nämlich für Freundschaft, Kultur, Liebe und Muße?

Das Befremdliche an unserer heutigen, chrematistischen Wirtschaftsform ist, dass sich in ihr diese gute Nachricht in einen Sirenengesang des Weltuntergangs verwandelt. Denn wenn weniger Arbeit und Güter gebraucht werden, sinkt das Bruttoinlandsprodukt, also die in Geldwerten gemessene Wirtschaftsleistung. Unter den gegenwärtigen Verhältnissen wäre das eine Katastrophe für Bevölkerungen und Regierungen gleichermaßen. Solange das übergeordnete Prinzip der Ökonomie die endlose Geldverwertung ist, bedeutet eine Stagnation oder gar Schrumpfung des BIP, dass Kapitalbesitzer nicht mehr investieren, Millionen von Menschen arbeitslos werden und die Staaten in die Pleite steuern.

In einem Wirtschaftssystem mit gemeinwohlorientierten Eigentumsverhältnissen, Rechtsformen und Rahmenbedingungen wäre das jedoch nicht unbedingt ein Problem. Denn Investitionen sind dann nicht von Profitaussichten abhängig, sondern vom gesellschaftlichen Nutzen. Wenn weniger produziert werden muss, um ein gutes Leben für alle zu ermöglichen, könnten die frei werdenden Kapazitäten in Arbeitszeitverkürzungen umgesetzt werden. Um das wiederum zu ermöglichen, braucht es eine massive Umverteilung der Einkommen, damit alle Menschen auch mit Halbzeitstellen gut leben können. Ein Land wie Deutschland könnte leicht mit der Hälfte seines jetzigen Produktionsvolumens ein gutes Leben für alle ermöglichen. Das sieht man schon daran, dass die meisten Menschen in den 1970er-Jahren, als das deutsche BIP inflationsbereinigt etwa halb so groß wie heute war, nicht schlecht gelebt haben – und das sogar unter den kapitalistischen Bedingungen einer sehr ungleichen Verteilung. Wenn das Produzierte gerechter verteilt wird, würde der Lebensstandard sogar für die bisher Unterprivilegierten steigen. Welche entscheidende Rolle die Eigentumsverhältnisse dabei spielen, kann man leicht am Wohnungssektor erkennen. Wenn die Menschen, die heute in vielen Ballungsräumen die Hälfte ihres Einkommens für Miete aufbringen müssen, künftig anstelle einer Tributzahlung von zwölf Euro pro Quadratmeter lediglich kostendeckende sechs Euro bezahlen würden, dann hätten sie bereits mit 75 Prozent ihres bisherigen Einkommens exakt denselben Lebensstandard wie vorher.

Weniger zu produzieren, das Produzierte gerechter zu verteilen und die Tributzahlungen abzuschaffen, würde eine Form von Wohlstand mehren, die in den volkswirtschaftlichen Gesamtrechnungen grundsätzlich nicht vorkommt: den Zeitwohlstand.[49] Und damit kommen wir wieder zu der Frage nach dem Ganzen der Wirtschaft, verstanden als *oikonomia*, nicht als Chrematistik. Besonders die feministische Forschung hat dazu wichtige Beiträge geliefert, etwa die »Vier-in-Einem-Perspektive« der Hamburger Soziologin Frigga Haug.[50] Aus dem Hamsterrad der Megamaschine auszusteigen, bedeutet in dieser Perspektive, die Dominanz der Lohnarbeit zurückzudrängen und neue Gleichgewichte zwischen Erwerbsarbeit, Sorgearbeit, persönlicher Entfaltung und politischem und gesellschaftlichem Engagement zu finden. Das würde neue Räume für Geschlechtergerechtigkeit, demokratische Teilhabe (die bekanntlich Zeit braucht) und kulturelle Entfaltung jenseits des bloßen Konsums öffnen.

Die Neugestaltung des Welthandels

Es ist allerdings ausgesprochen schwer, wenn nicht gar unmöglich, Rahmenbedingungen für eine solche Transformation in nur *einem* Land zu schaffen, selbst wenn dort die politischen Bedingungen günstig sein sollten. Denn alle Länder der Erde sind von grenzüberschreitendem Handel abhängig, dessen Regeln erheblichen Einfluss auf die Chancen eines internen Wandels haben. Eine konsequente Anwendung gemeinwohlorientierter, gemeinwirtschaftlicher Prinzipien in *einem* Land würde die Produktionskosten im Verhältnis zu denen der anderen Länder deutlich erhöhen, weil gerechte Löhne, eine gute öffentliche Daseinsvorsorge und konsequenter Umweltschutz Geld kosten. Damit würde unter dem gegenwärtigen Welthandelssystem die

Wettbewerbsfähigkeit sinken. Einst sehr profitable und exportstarke, aber eben gemeinwohlschädigende Unternehmen würden ganz verschwinden. Die Handelsbilanz des entsprechenden Landes würde sich in der Folge verschlechtern, die Währung abgewertet werden, die Schulden würden zunehmen. Aus diesem Grund kann ein solcher Ansatz nicht auf nationaler Ebene allein gelingen, er muss zwingend mit einer grundsätzlichen Neuausrichtung der Handelspolitik gekoppelt werden. Und dazu braucht es eine Reihe anderer Länder, die mitmachen.

Unter den gegenwärtigen Handelsregeln, wie sie etwa im EU-Binnenmarkt, in der Welthandelsorganisation (WTO) und vielen bilateralen Verträgen wie dem CETA-Abkommen gelten, werden Großkonzerne und Großbanken massiv bevorzugt und dafür belohnt, wenn sie Kosten auf die Umwelt, die Arbeitenden und die lokalen Ökonomien abwälzen. Der irreführende Begriff »Freihandel«, der oft für dieses System benutzt wird, verschleiert, dass es sich tatsächlich um eine Herrschaftsstruktur handelt, die dazu dient, die Macht und die Profite hochsubventionierter transnationaler Unternehmen zu sichern. Ein grundsätzlich anderes, zukunftsfähiges Handelssystem würde diese Prinzipien vom Kopf auf die Füße stellen:

- Marktzugang bekommen nur Unternehmen, die in sozialer und ökologischer Hinsicht das Gemeinwohl und die Menschenrechte fördern. Dabei wird die gesamte Wertschöpfungskette von den Rohstoffen bis zur Entsorgung berücksichtigt.[51] Nicht profitorientierte Betriebe in Gemeineigentum werden bevorzugt.
- Größe wird nicht belohnt. Stattdessen werden, wo immer dies ökologisch, sozial und ökonomisch sinnvoll ist, dezentrale, kleinteilige Strukturen gefördert.
- Anstelle einer ständigen Ausweitung des Welthandels lautet das Ziel Regionalisierung – zum einen, um unsinnige Transport- und Umweltkosten zu sparen, zum anderen, um die Resilienz der Regionen gegenüber weltwirtschaftlichen Turbulenzen zu stärken. Das bedeutet nicht Abschottung und schon gar nicht Nationalismus, sondern ein vernünftiges Maß für Handelsströme, das sich am sozialen und ökologischen Nutzen orientiert.
- Dazu gehört auch eine Stärkung des Subsidiaritäts-Prinzips:

Handelsabkommen dürfen die Fähigkeit von Gemeinden und Regionen, gezielt lokale, ökologische Wirtschaftskreisläufe zu fördern, nicht behindern. Das betrifft auch die öffentliche Auftragsvergabe, die, anders als etwa in den gegenwärtigen EU-Verträgen, keinem überregionalen Ausschreibungszwang unterworfen werden darf.
- Die öffentliche Daseinsvorsorge muss wirkungsvoll vor kommerziellen Verwertungsinteressen geschützt werden. Der Zugang zu sauberem Wasser, gesunder Nahrung, angemessenem Wohnraum, Energie, Kommunikation, Transport, Bildung, Gesundheit und Kultur darf von Handelsverträgen nicht beeinträchtigt werden.
- Grenzüberschreitende Investitionen unterliegen demokratischer Kontrolle. Sonderrechte für Investoren existieren nicht, Kapitalverkehrskontrollen sind uneingeschränkt möglich.[52]

Der Handel würde auf diese Weise zu einem Mittel für die Umsetzung von Menschenrechten, Umweltschutz und sozialer Gerechtigkeit, anstatt der endlosen Geldvermehrung zu dienen. Die Regeln eines solchen »ethischen Welthandels« würden nicht mehr in der gescheiterten WTO oder in bilateralen Verträgen wie TTIP oder CETA festgelegt, sondern im Rahmen der UN.[53]

Um Ungleichgewichte bei den Handelsbilanzen auszugleichen, die leicht zu Verschuldungsspiralen für die Defizitländer führen können, wäre es sinnvoll, auf das von John Maynard Keynes schon nach dem Zweiten Weltkrieg vorgeschlagene System einer »Internationalen Clearing-Union« (ICU) zurückzukommen. Die Grundidee ist einfach: Internationaler Handel wird nicht mehr in Währungen wie dem US-Dollar oder dem Euro abgewickelt, sondern in einer eigens dafür geschaffenen Verrechnungseinheit, die Keynes »Bancor« nannte. Wenn Schweizer ihre Schokolade nach Frankreich exportieren, werden der Schweiz dafür Bancors gutgeschrieben; und wenn aus Frankreich im Gegenzug Wein in die Schweiz exportiert wird, gibt es auch dafür eine Gutschrift auf dem französischen Konto (bzw. dem der Eurozone). Hat ein Währungsraum auf Dauer zu hohe Überschüsse, dann werden von seinem Konto Bancors abgezogen und in einen Reservefonds überführt. Außerdem würde die Währung gegenüber dem Bancor aufgewertet. Auf diese Weise würden chronische Überschussländer gezwungen, ihre Handelsbilanz Schritt für Schritt auszugleichen. Defizitländer würden spiegelbildliche Anreize erfahren, um ihre Bilanz zu bereinigen. Keynes' Vorschlag, der zu einer der Säulen des Bretton-Woods-Systems von 1944 werden sollte, wurde weltweit begrüßt. Nur von einer Regierung nicht: der US-Administration. Als Hegemonialmacht setzte sie stattdessen den Dollar als Leitwährung durch und das System aus IWF und Weltbank, das den Defizitländern – mit Ausnahme der USA – zerstörerische Rosskuren aufzwingt.[54] Mit dem Niedergang der US-Hegemonie könnte sich aber ein Fenster für einen neuen Versuch öffnen, ein zukunftstaugliches Weltwährungssystem nach Keynes' Modell zu schaffen. Die chinesische Führung setzt sich seit der Finanzkrise 2008 für ein solches System ein.[55] Auch von den Vereinten Nationen und sogar vom IWF gibt es Vorstöße in diese Richtung.[56]

Die Gatekeeper

Den Weg tiefgreifender gesellschaftlicher Veränderung zu gehen, bedeutet, verschiedene Tore zu durchschreiten, die auf den ersten Blick verschlossen erscheinen. Es ist ein wenig wie in Franz Kafkas Erzählung *Vor dem Gesetz*, wo ein Mann Einlass zum Gesetz erbittet, aber der Türhüter ihm sagt, er könne noch nicht eintreten. Schließlich wartet der Mann sein Leben lang. Kurz bevor er stirbt, fragt er den Türhüter, warum in all dieser Zeit niemand außer ihm Einlass begehrt habe. Der Türhüter antwortet, dieses Tor sei nur für ihn bestimmt gewesen, und schließt es.

Das erste Tor und der erste Türhüter befinden sich in uns selbst. Es sind die Schranken unserer Vorstellungskraft. Nach 500 Jahren Megamaschine und Jahrzehnten Neoliberalismus ist unsere soziale Phantasie amputiert. Wirtschafts- und Lebensformen, die nicht auf individueller Nutzenmaximierung basieren, können wir uns nur noch schwer vorstellen. Während uns eingeredet wurde, dass jeder seines Glückes Schmied sei und *individuell* alles erreichen könne, werden *kollektive* Veränderungen, die über ein paar oberflächliche Reparaturen hinausgehen, als »unrealistisch« abgetan. Was wir für »realistisch« und was wir für »unrealistisch« halten, ist wesentlich von ideologischer Macht geprägt. Wenn sich zum Beispiel Millionen von Menschen für eine Überführung von privaten Immobiliengesellschaften in Gemeineigentum einsetzen und dem durch Mietstreiks und andere Mittel Nachdruck verleihen, gibt es keinen Grund, warum das unmöglich sein sollte. Aber solche kritischen Massen kommen oft gar nicht zustande, weil die Türhüter in unseren Köpfen vorher sagen: Hier können Sie nicht eintreten. Dabei ist diese Tür nur für uns bestimmt. Der 68er-Slogan »Seid realistisch: Fordert das Unmögliche!« bringt es auf den Punkt: Veränderung kann nur stattfinden, wenn man die Logik der Türhüter sprengt.

Unsere Vorstellungskraft ist besonders an einem Punkt empfindlich eingeschränkt: der Idee, dass Veränderung nicht über individuelle Entscheidungen als Konsument oder Wähler zustande kommt, sondern durch die Fähigkeit, sich zu organisieren. Dabei ist unsere Geschichte voll von bemerkenswerten Beispielen für kollektive Selbstorganisation. So haben es Arbeiter- und Frauenbewegungen, antikoloniale und ökologische Bewegungen vermocht, gesellschaftliche Grenzen massiv zu verschieben. Ihnen, und nicht individuellen Konsum- und Wahlentscheidungen, verdanken wir alle sozialen Rechte, über die wir heute verfügen. Ihre Geschichten aber sind aus dem kollektiven Gedächtnis weitgehend verdrängt. Erinnern wir uns, dass Frauen seit der Französischen Revolution über 150 Jahre kämpfen mussten, um selbst im Land der Revolution ein Wahlrecht zu erhalten. Erinnern wir uns, dass die Aktivisten der Anti-Atomkraft-Bewegung in Deutschland 40 Jahre lang, ob bei Sonnenschein oder Schnee und Regen, Bauplätze besetzt und Gleise blockiert haben, um den Ausstieg aus dieser unverantwortbaren Technologie zu erzwingen. Ihrer Organisationskraft und dem Einsatz nicht nur ihres Verstandes, sondern auch ihrer Körper verdanken wir es, wenn wir heute bessere Chancen haben, einem weiteren nuklearen Desaster zu entgehen. Die Geschichten dieser Menschen gehören in den Schulunterricht und verdienen einen zentralen Platz in unserem Gedächtnis. Sie sind ein wichtiges Gegenmittel gegen die Macht geistiger Türhüter und erinnern uns daran, dass wir uns nicht beim ersten Nein wieder hinsetzen sollten, um brav auf Einlass zu warten, der uns auf diese Weise nie gewährt wird.

Das Tor der Medien

Wenn es Menschen gelingt, das erste Tor zu durchschreiten und sich für gesellschaftliche Veränderung zu organisieren, stoßen sie früher oder später auf die nächsten Gatekeeper: die Macht der Parteien und der großen Medien. Diese Türhüter entscheiden darüber, welche Ansichten als diskussionswürdig gelten und Verbreitung finden – und welche sich in konkrete Politik übersetzen. Zusammen mit dem Bildungssystem sind sie die mächtigsten Filter für die öffentliche Meinung.

Aufgrund ihrer Strukturen sind diese Institutionen wenig dazu geeignet, einen tiefgreifenden systemischen Wandel zu befördern. Parteipolitiker sind darauf ausgerichtet, in relativ kurzen Intervallen von Wahlen zu denken, um alle vier Jahre in großen Spektakeln um die Macht zu konkurrieren, ähnlich wie Unternehmen im Schlussverkauf um Kunden werben. Langfristige Veränderungen geraten so aus dem Blickfeld. Und anstelle von Sachentscheidungen zu bestimmten Themen rücken Personalentscheidungen in den Vordergrund. Diese Verkürzungen der Perspektive werden durch die Abhängigkeit des

Politikbetriebs von großen Medien noch erheblich verschärft. Massenmedien fordern prominente Gesichter, »News« und dramatische Ereignisse, und das so schnell es geht. Um Wahlen zu gewinnen, müssen Parteien und ihre Funktionäre – so glauben sie zumindest – sich dieser Logik unterwerfen. Dadurch werden strukturelle, systemische Fragen, die sich nicht auf Events, Gesichter und Schlagworte reduzieren lassen, ebenso ausgefiltert wie alle Prozesse, die mit langen Zeithorizonten zu tun haben.[57]

Bei profitorientierten Medien kommen noch eine Reihe weiterer Filterfunktionen hinzu. Noam Chomsky und Edward Herman unterscheiden in ihrem Standardwerk *Manufacturing Consent* fünf Filter kommerzieller Medien: Eigentumsverhältnisse, Anzeigenkunden, Auswahl der Quellen, Angst vor Widerspruch mächtiger Wirtschaftsfraktionen und ideologische Prägungen.[58] In ihrem Zusammenwirken sorgen, so Chomsky und Herman, diese Filter dafür, dass bestimmte Informationen mehr Raum erhalten und andere in den Hintergrund gedrängt werden, und zwar, ohne dass irgendwo direkte Zensur ausgeübt werden muss.

Bereits gegen Ende des 19. und zu Beginn des 20. Jahrhunderts waren die kommerziellen Medien in den meisten Industriestaaten einer erheblichen Konzentration in den Händen weniger Konzerne und großer Vermögen unterworfen.[59] Nach dem Zweiten Weltkrieg erlebten Deutschland und einige andere Länder dann eine Ära größerer Pluralität; in den vergangenen Jahrzehnten allerdings hat die Konzentration wieder erheblich zugenommen. Eigentümer beeinflussen natürlich nicht jeden Beitrag, der in ihren Publikationen erscheint. Sie setzen aber die Herausgeber und Chefredakteure ein, die das redaktionelle Geschehen erheblich prägen und ihrerseits darüber entscheiden, wer über welche Themen schreibt und sendet. Die Präferenzen der Eigentümer werden von verschiedenen Interessen bestimmt, die manchmal auch in Konflikt miteinander stehen können. Der Hauptzweck von kommerziellen Medien ist es, Profit zu generieren. Dabei ist der Inhalt zunächst sekundär, denn es kann den Anteilseignern gleich sein, ob dieses Ziel mit kritischer Berichterstattung, Waffenmagazinen oder Pornoheften erreicht wird. Allerdings haben Eigentümer und Chefredakteure auch Klasseninteressen, schließlich gehören sie oft zur reichsten Schicht der Gesellschaft. Es mag zwar sein, dass sich Publikationen, in denen darüber berichtet wird, wie man Milliardäre besser besteuern oder ihr Vermögen gar in Gemeineigentum überführen kann, gut verkaufen würden; aber Milliardäre haben naturgemäß kein Interesse, die Diskussion darüber zu fördern. Redakteure, die solche Themen hartnäckig verfolgen, können daher kaum mit steilen Karrieren rechnen, prekäre freischaffende Autoren – von denen es immer mehr gibt – nicht mit Folgeaufträgen. Die meisten Journalisten wissen das instinktiv und meiden daher bewusst oder unbewusst Themen, die ihrem Werdegang und ihrer Existenzsicherung schaden könnten. Auch direkte inhaltliche Vorgaben der Chefredaktion sind in deutschen Medien durchaus üblich.[60]

Eigentumskonzentration im Medienbereich

In Deutschland kontrollieren zehn Medienkonzerne 60 Prozent der Zeitungsauflage, mit zunehmender Tendenz.[61] In vielen Städten und Regionen verfügen diese Unternehmen über Monopole, etwa die Funke-Gruppe im Ruhrgebiet, in Braunschweig und in großen Teilen Thüringens, die Südwestdeutsche Medienholding (SWMH) in Stuttgart, die FAZIT-Stiftung in Frankfurt und dem Rhein-Main-Gebiet, DuMont Schauberg im Raum Köln-Bonn und in Halle, die Bauer Media Group in Magdeburg oder die Madsack-Mediengruppe in Hannover, Leipzig, Kiel, Lübeck, Rostock, Stralsund und Greifswald. In München existiert ein Duopol der SWMH (*Süddeutsche Zeitung*) und der Verlagsgruppe Ippen (*Merkur, TZ*). Der größte Teil dieser Unternehmen befindet sich wiederum im Eigentum einer kleinen Schar von Milliardären, darunter Hubert Burda, Yvonne Bauer und Dieter Schaub (SWMH) sowie einigen Beinahe-Milliardären wie Konstantin Neven DuMont, Dirk Ippen und Petra Grotkamp (Funke). Friede Springer mit einem geschätzten Vermögen von vier Milliarden Euro kontrolliert mit *Bild* die auflagenstärkste überregionale Zeitung.

In den meisten anderen westlichen Ländern ist die Situation ähnlich. In Großbritannien etwa beherrschen allein drei Milliardäre, Jonathan Harmsworth, Rupert Murdoch und Richard Desmond, 60 Prozent der Zeitungsauflage und machen davon intensiv Gebrauch, um gegen jede Veränderung des Status quo Stimmung zu machen.[62] In Frankreich kontrollieren zehn Milliardärsfamilien 89 Prozent der Zeitungen sowie den größten Teil des Fernsehmarktes.[63] Für die USA gelten vergleichbare Zahlen.[64]

Die großen Wochenzeitschriften und Buchverlage in Deutschland gehören ebenfalls überwiegend milliardenschweren Oligarchen, zum Beispiel den Geschwistern Holtzbrinck/Schoeller (*Die Zeit, Wirtschaftswoche, Spektrum der Wissenschaft*, Fischer Verlage, Rowohlt, Kiepenheuer, Droemer Knaur, Springer Science), Hubert Burda (*Focus, Bunte, Playboy, Superillu*) und der Familie Mohn (Bertelsmann einschließlich Gruner & Jahr mit *Stern, Brigitte, Capital* und 25,5 Prozent des *Spiegel* sowie die Random-House-Verlagsgruppe mit Heyne, Goldmann, DVA u. a.).[65] Mit der Einführung des privaten Fernsehens und Hörfunks im sinnfälligen Jahr 1984 hat sich eine ähnliche Konzentration auf dem privaten Fernsehmarkt entwickelt. Etwa 60 Prozent des Marktes teilen sich die RTL Group (Mohn/Bertelsmann) und der Konzern ProSiebenSat1 (Aktien in Streubesitz).

Der Internet-Nachrichtenmarkt wird von exakt denselben Konzernen beherrscht. Allein Bild.de, Spiegel Online, Focus Online, n-tv (Bertelsmann) und Welt.de (Springer) halten über die Hälfte des Marktes, das Gros vom Rest teilen sich die Online-Portale von SZ, Zeit, FAZ, Stern, N24 (Springer) sowie die öffentlich-rechtlichen Sender mit tagesschau.de und heute.de.[66] Bricht man dies weiter auf die Eigentümer herunter, zeigt sich, dass nur fünf Familien (Springer, Mohn, Burda, Schaub und Holtzbrinck) fast den gesamten privaten Online-Info-Markt beherrschen. Dass das Netz ein Hort der freien, unabhängigen Medien sei, erweist sich angesichts dieser Bilanz als Mythos. Zwar sinkt das Vertrauen in die Massenmedien in den meisten Ländern rapide und ihre Filter werden löchriger, doch ist ihr Einfluss darauf, was von wem auf welche Weise und in welchem Rahmen öffentlich diskutiert wird – und vor allem: was nicht –, nach wie vor massiv.

Die Ausfilterung systemischer Fragen

Eine Konsequenz aus diesen Faktoren ist auch, dass Parteien unter erheblichem Druck stehen, sich in einer Weise zu äußern, die mit den Interessen der großen Medienunternehmen kompatibel ist, und Debatten auf einen Bereich eingrenzen, der Kapitalbesitzer nicht allzu sehr verärgert. Neben den Eigentumsverhältnissen spielen dabei auch die Anzeigenkunden eine wichtige Rolle. Wie Chomsky und Herman feststellten, besteht das Geschäftsmodell kommerzieller Medien nicht in erster Linie darin, dem

Publikum Informationen zu liefern, sondern anderen Konzernen – den Anzeigenkunden – Zielgruppen zu verkaufen und dafür ein geeignetes redaktionelles Umfeld zu schaffen. Eine Studie der TU Dresden hat etwa ergeben, dass *Spiegel* und *Focus* über Unternehmen umso häufiger und freundlicher berichten, je mehr Anzeigen diese Unternehmen schalten.[67] Ein dritter wichtiger Filter sind die Nachrichtenquellen. Kommerzielle Medien wollen, wie alle Unternehmen, ihre Inputkosten minimieren, also für Informationen so wenig wie möglich bezahlen. Daher greifen sie besonders gern auf zwei Typen von Quellen zurück, die billige Informationen en masse bieten: Pressemitteilungen von Regierungen und PR-Material von großen Unternehmen. Finanzstarke Unternehmen und Einzelpersonen können außerdem Think Tanks und Stiftungen gründen sowie Studien in Auftrag geben, auf die unter chronischem Zeitmangel leidende Journalisten gern zurückgreifen – und dabei oft den Eindruck haben, sie hätten eine Vielzahl unabhängiger Quellen konsultiert. Aufseiten der Politik wird wohlwollende oder zumindest nicht allzu kritische »Hofberichterstattung« oft mit einem exklusiven Zugang zu Interviews und frischen Informationen aus Regierungskreisen belohnt.

Alle diese Filter haben erhebliche Auswirkungen darauf, was wir täglich als Bild von der Welt geboten bekommen. Und vor allem, darauf, was nicht vorkommt. Wo sind beispielsweise die Sendungen um 20.15 Uhr, in denen darüber diskutiert wird, wie wir möglichst schnell vom Auto- und Flugverkehr wegkommen und stattdessen zukunftsfähige öffentliche Verkehrssysteme aufbauen können? Wo sind die Debatten darüber, wie man das Tributsystem im Immobiliensektor beenden kann? Wo die Talkrunden über den Umbau der Landwirtschaft vom Agrobusiness zur Agrarökologie? Wo ist der Schwerpunkt über die Weigerung der deutschen Regierung, sich am UN-Prozess zur Abschaffung von Atomwaffen zu beteiligen? Ernsthafte Debatten über einen systemischen Wandel finden kaum statt. Eigentumsverhältnisse zu thematisieren, ist nahezu unmöglich.

Das gilt leider auch für die öffentlich-rechtlichen Sender, die zwar eigentlich einen Bildungsauftrag haben und über die Rundfunkgebühr mit stolzen acht Milliarden Euro jährlich finanziert werden, sich aber seit der Einführung des kommerziellen Rundfunks zunehmend an den privaten Medien orientieren. Dokumentationen und Reportagen, die sich mit den entscheidenden Zukunftsfragen beschäftigen, finden sich meist erst nach Mitternacht oder auf den Nischensendern *Arte* und *3Sat*. Es ist bezeichnend, dass die gehaltvollste politische Sendung im öffentlich-rechtlichen Fernsehen eine Kabarettsendung ist.[68]

Die Filter überwinden

Ein Durchbrechen der medialen Filter hat verschiedene Dimensionen. Medien sind stets Teil größerer gesellschaftlicher Kräfteverhältnisse. Wenn sich der Wind in der übrigen Gesellschaft dreht, wie etwa in den späten 1960er- und frühen 1970er-Jahren, dann verändert sich früher oder später auch die Berichterstattung, zumindest in einem Teil der Medien. Weder die kommerziellen noch die öffentlich-rechtlichen Medien sind geschlossene Blöcke. In vielen Redaktionen gibt es noch immer engagierte Journalisten, die aber erst zum Zuge kommen, wenn sich außerhalb der Medien etwas bewegt.

Dass bestimmte Themen und Positionen heute unzureichend repräsentiert sind, liegt daher nicht allein an medialen Filtern, sondern auch daran, dass soziale und ökologische Bewegungen zu schwach sind. Warum sollte man von Journalisten erwarten, dass sie mehr Idealismus als andere Menschen aufbringen, dass sie für unbequeme Themen härter arbeiten und mehr riskieren, während in der übrigen Gesellschaft Opportunismus und Bequemlichkeit regieren? Das beste Gegenmittel gegen einen allzu angepassten Journalismus sind daher unbequeme Bürger und starke sozialökologische Bewegungen, um die die Presse gar nicht mehr herumkommt.

Allerdings müssen viele Bewegungen immer wieder feststellen, dass sie trotz beträchtlicher Stärke schnell wieder vom Radarschirm verschwinden. Um eine kontinuierliche Aufmerksamkeit für die Themen der Transformation herzustellen, gilt es daher, neue unabhängige Medien aufzubauen. Das haben alle erfolgreichen emanzipatorischen Bewegungen in der Geschichte getan, ob es die Suffragetten waren, die für das Frauenwahlrecht stritten, oder Gandhi und die indische Anti-Kolonialbewegung. Es ist einer der größten strategischen Fehler von progressiven Bewegungen und Organisationen im deutschsprachigen Raum, dass sie es versäumt haben, attraktive eigene audiovisuelle Medien aufzubauen. Die Möglichkeiten dafür sind enorm. Die Technik kostet heute nur noch wenig. Die größte Hürde sind die Personalkosten, aber bereits mit einem Budget von etwa 20.000 Euro im Monat lässt sich ein professioneller, kontinuierlicher Sendebetrieb mit zumindest einer Sendung pro Woche aufbauen.

Jenseits von Plattformen, die direkt als Sprachrohr sozial-ökologischer Bewegungen dienen, gibt es heute auch viele Möglichkeiten für einen unabhängigen Graswurzeljournalismus, der die Themen der Bewegungen kritisch diskutiert. Der US-amerikanische Sender *Democracy Now* zeigt diese Chancen exemplarisch. Ohne Werbung und Sponsoring, ausschließlich durch freiwillige Beiträge der Zuschauer finanziert, erreicht der Sender inzwischen mit seinen Hintergrundbeiträgen Millionen von Menschen in den USA und rund um die Erde, sowohl über das Internet als auch über etwa 1400 lokale Radio- und Fernsehsender, die das Programm übernehmen. Der Sender ist zu einem entscheidenden Verstärker und Reflektionsorgan für progressive Bewegungen in den USA geworden, von Occupy Wall Street über die Graswurzel-Kampagne für Bernie Sanders bis zu Black Lives Matter. Er ist außerdem der einzige Sender weltweit, der sämtliche UN-Klimagipfel der letzten Jahre live mit ausführlichen kritischen Berichten begleitet hat.

In Spanien hat der unabhängige Sender *Tele K* mit der Sendung *La Tuerka* erheblich dazu beigetragen, die Forderungen der 15M-Bewegung, die in Folge der Krise seit 2011 die großen Plätze besetzt hatte, dauerhaft in eine breite Öffentlichkeit zu bringen. Die Sendungen mit Pablo Iglesias erreichten allein im Internet bis zu 800.000 Zuschauer pro Beitrag – wenn man die anderen Verbreitungswege hinzuzählt, ein Mehrfaches davon. Der Erfolg von *La Tuerka* wurde mit Argwohn, aber auch Neid von den kommerziellen Sendern verfolgt. Schließlich luden einige von ihnen Iglesias in ihre Shows ein und konnten die Zuschauerzahlen damit teilweise mehr als verdoppeln.[69] Der Schwenk der Privatsender zeigt: Wenn Alternativen eine gewisse Stärke erreichen, können die kommerziellen Interessen großer Medien – zumindest für eine gewisse Zeit – über die Klasseninteressen siegen. Die durch *La Tuerka* geschaffene große Öffentlichkeit für systemkritische Diskussionen trug auch wesentlich dazu bei, dass die aus der 15M-Bewegung hervorgegangene Partei Podemos 2016 in den Parlamentswahlen 21 Prozent der Stimmen erreichte und Podemos-nahe Kandidatinnen und Kandidaten die Bürgermeisterämter in Madrid, Barcelona, A Coruña und anderen »Ciudades rebeldes« (rebellischen Städten) erobern konnten.

Die Beispiele zeigen, dass unabhängiger Videojournalismus einen erheblichen Anteil an politischem Wandel haben kann. Um aus den Nischen herauszukommen, braucht es Medien für ein breites Publikum, in denen frei von den Zwängen privater Eigentumsstrukturen und parteipolitischer Kontrolle die Perspektiven für eine gesellschaftliche Tiefentransformation diskutiert werden. Eine besondere Herausforderung in Europa besteht darin, dass politische Entscheidungen von großer Tragweite längst auf EU-Ebene getroffen werden, es aber keine kritische mediale Öffentlichkeit auf dieser Ebene gibt. Daher ist der Aufbau eines europäischen Netzwerkes unabhängiger Medien eine drängende Aufgabe.

Die Wiederaneignung des öffentlichen Rundfunks

In einem längeren Zeithorizont geht es außerdem darum, die etablierten Massenmedien zu verändern. Das ist zwar schwierig, aber nicht unmöglich. Beginnen wir mit dem öffentlich-rechtlichen Rundfunk. Die Idee nach dem Zweiten Weltkrieg bestand darin, in Deutschland Fernseh- und Radioanstalten nach dem Vorbild der britischen BBC zu schaffen, die sowohl von kommerziellen Interessen als auch von der Regierung unabhängig sind und durch Gebühren finanziert werden. Rundfunkräte sollten die Sender demokratisch kontrollieren. Die Idee ist gut, die Realität aber eine etwas andere. Tonangebend sind die Intendanten, Verwaltungsräte und Chefredakteure, bei deren Besetzung parteipolitische Interessen eine wichtige Rolle spielen. Die Rundfunkräte fungieren als bloße Beiräte, ihre Empfehlungen sind nicht bindend. Zudem haben in den Rundfunkstaatsverträgen, die die Zusammensetzung dieser Gremien festlegen, Parteien, Staatsvertreter, Wirtschaftsverbände und Kirchen ein überproportionales, oft erdrückendes Gewicht. In informellen parteipolitischen Zirkeln, wie den SPD- und CDU-»Freundeskreisen«, werden viele Entscheidungen vorbereitet, die Sitzungen dieser Zirkel sind geheim, Protokolle werden nicht veröffentlicht. Wer Einfluss haben und Posten bekommen will, muss sich einem der beiden Freundeskreise zuordnen, selbst wenn er keiner Partei angehört.

Nun wird, wenn man die fehlende Demokratie in den Sendern und die mangelnde Einlösung des Bildungsauftrages kritisiert, oft gesagt, dass die Einschaltquoten doch den Willen der Bürger widerspiegeln. Eine Ausrichtung nach Quoten sei also die perfekte Basisdemokratie. Nach dieser Logik könnte man auch alle vom Grundgesetz vorgesehenen demokratischen Institutionen abschaffen, weil der Markt die Konsumwünsche perfekt bediene. Quotendenken ist für die Demokratie ebenso tödlich wie die Reduktion des Bürgers auf den Konsumenten. Echte Demokratie besteht nicht darin, dass vereinzelte Menschen in geschlossenen Räumen aus einer ihnen vorgesetzten Reihe von Dingen auswählen, sondern darin, dass Bürger über ihr Gemeinwesen gemeinsam diskutieren, Themen setzen und qualifizierte Entscheidungen treffen. Der milliardenschwere börsennotierte Konzern, der in Deutschland das Monopol für die Ermittlung der Einschaltquoten innehat, heißt nicht zufällig Gesellschaft für Konsumforschung (GfK) und nicht Gesellschaft für Demokratieforschung.

Die von diesem Konzern ermittelten Quoten sind aus vielen Gründen mehr als fragwürdig. Erstens sehen immer weniger Menschen fern, sie kommen also in den Quotenerhebungen gar nicht vor, obwohl auch sie Gebühren zahlen müssen. Zweitens ist die Methode der Quotenerhebung grotesk unseriös. Dass ein paar tausend Menschen, die zufällig Lust und vor allem Zeit haben, jedes Mal, wenn sie umschalten oder wenn sich jemand zu ihnen setzt, verschiedene Knöpfe an einer Konsole zu drücken, repräsentativ für den Rest des Landes sein sollen, ist eine unbewiesene und auch unbeweisbare Behauptung. Denn wer könnte jemals überprüfen, wer tatsächlich im Einzelnen was sieht? Ob die Teilnehmenden die Geräte richtig bedienen, wird nicht ermittelt. Im Übrigen, und das ist das Wichtigste, können die Leute ja nur zwischen dem wählen, was ihnen die Sender anbieten. Wenn niemals Sendungen darüber, wie man die Eigentumsverhältnisse im Immobiliensektor ändern könnte, angeboten werden, kann auch keine Quote dazu erhoben werden. Der riesige Bereich dessen, was erzählt werden müsste, aber nie erzählt wird, bleibt also vollkommen unsichtbar.

Eine demokratische Aneignung der öffentlich-rechtlichen Medien würde der Parole der amerikanischen Unabhängigkeitsbewegung folgen: »No taxation without representation!« (Keine Besteuerung ohne Repräsentation). Das bedeutet, die heutigen Rundfunkräte in echte Bürgerräte umzuwandeln und die parteipolitischen Seilschaften abzuschaffen. Ein erster Schritt in diese Richtung wäre die Schaffung von Publikumsräten, wie sie von den Medienwissenschaftlerinnen Christine Horz und Sabine Schiffer vorgeschlagen werden und in verschiedenen europäischen Ländern auch bereits ansatzweise existieren.[70] Themen, die unsere Zukunft bestimmen, wie Klimawandel, die Gefahren von Rüstung und Atomwaffen und die Ungleichheit der Eigentumsverhältnisse müssen einen zentralen Platz in den Programmen erhalten, und zwar zu den Hauptsendezeiten. Lösungsvorschläge müssen über das enge Parteienspektrum hinausgehen und den großen Reichtum von Ideen und praxiserprobten Konzepten aus den sozialen und ökologischen Bewegungen einbeziehen. Anstelle von Soundbites und Talkrunden, in denen niemand ausreden kann, braucht es Formate, die zusammenhängende Darstellungen erlauben.

Jenseits der Medienoligarchie

Die kommerziellen Medien scheinen auf den ersten Blick gegen demokratische Kontrolle noch resistenter zu sein als die öffentlich-rechtlichen, ja letztlich unangreifbar. Schließlich können die Betreiber publizieren, was sie wollen. Allerdings spielen uns bei dieser Sichtweise die Türhüter in unserem Kopf erneut einen Streich, indem sie definieren, wo die Demokratie endet: nämlich bei den Eigentumsverhältnissen. Wenn wir adäquate Information als ein hohes öffentliches Gut verstehen, das unverzichtbar für die Demokratie ist, dann darf es weder politischem Druck noch der Macht des großen Geldes unterworfen sein. Und das bedeutet, dass hier dasselbe gilt wie für andere Institutionen, die öffentliche Güter bereitstellen, wie etwa Krankenhäuser, Bildungsinstitutionen oder Finanzinstitute: Sie müssen in Rechts- und Eigentumsformen überführt werden, die dem Gemeinwohl und nicht dem Profit dienen.

Für kommerzielle Medien ab einer bestimmten Größe würde das bedeuten: Entweder sie lassen sich in gemeinwirtschaftliche, demokratiefähige Rechtsformen überführen – was nicht mit Staatseigentum oder staatlicher Kontrolle zu verwechseln ist! –, oder ihre Lizenz erlischt. Dass profitorientierte Sender in Deutschland den Äther und die Kabelnetze nutzen dürfen, ist nicht in Stein gemeißelt, sondern steht erst seit 1984 in den Landesmediengesetzen, die sich im Prinzip auch wieder ändern lassen. Natürlich würde es sofort heißen, die Pressefreiheit sei in Gefahr, aber dem könnte man in aller Ruhe entgegenhalten, dass keine Freiheit genommen, sondern eine weitere hinzugefügt wird: die Freiheit von der Macht des großen Geldes.

Die Türhüter in Schulen und Universitäten

Die Begrenzungen unserer Vorstellungskraft von gesellschaftlichem Wandel verdanken wir auch den Bildungsinstitutionen, in denen wir einen großen Teil der prägendsten Zeit unseres Lebens verbringen. In den dreizehn Jahren meiner Schulzeit habe ich so gut wie nichts über die reale Funktionsweise des Wirtschaftssystems, in dem wir leben, erfahren, und erst recht nichts über alternative Modelle. In einer Gesellschaft, in der fast *alles* ökonomischen Interessen unterworfen wird, kann man dabei nur von vorsätzlicher Analphabetisierung sprechen. Zwar gibt es inzwischen in den Lehrplänen für die Mittel- und Oberstufe Einheiten, die sich mit Wirtschaftssystemen befassen, und engagierte Lehrer veranstalten auch bisweilen Projektwochen zu Globalisierungsthemen; aber gemessen an seiner Relevanz ist dieser Bereich noch immer erheblich unterbelichtet.

Nun gibt es seit einigen Jahren Pläne, Wirtschaftskunde als Schulfach einzuführen. Das könnte eine gute Idee sein, aber tatsächlich droht dabei der Bock zum Gärtner gemacht zu werden. Schon heute werden viele Schulmaterialien über Ökonomie von Wirtschafts- und Bankenverbänden herausgegeben und Vertreter der Finanz- und Versicherungsbranche in die Klassenzimmer eingeladen, um dort ihr seit dem Crash 2008 gründlich ruiniertes Image aufzupolieren. Die Gefahr besteht, dass die Wirtschaft ihre enorme Finanzkraft nutzt, um die klammen Schulen mit ihren Hochglanzbroschüren und »Expertenangeboten« zu versorgen.[71]

Dabei ist echte ökonomische Alphabetisierung in der Schule entscheidend für unsere Zukunft. Warum lernen Schüler so wenig über verschiedene Konzepte von Eigentum, obwohl das für ihr künftiges Leben sehr wichtig ist? Warum wissen sie nichts über die Geschichte der mächtigsten Institutionen der Erde, nämlich der Aktiengesellschaften? Warum finden Jahrzehnte feministischer Wirtschaftsforschung kaum Eingang in den Unterricht?

In den ökonomischen Fakultäten der meisten deutschen Universitäten kann man sich ähnliche Fragen stellen. Das gilt auch für die USA. Richard D. Wolff etwa, den die *New York Times* den angesehensten marxistischen

Ökonomen in den USA nannte, berichtet, dass er in seinem gesamten Studium an den Eliteuniversitäten Harvard, Stanford und Yale nie auch nur einen einzigen Satz von Karl Marx zu hören bekam. Und auch nicht von John Maynard Keynes. Die neoklassische Ökonomik beansprucht nach wie vor fast alle wirtschaftswissenschaftlichen Lehrstühle, obwohl sich ihre Modelle spätestens in der Finanzkrise 2008 als vollkommen realitätsuntauglich erwiesen haben. Während sich wissenschaftliche Theorien dadurch auszeichnen, dass sie falsifizierbar, also widerlegbar sind, schreitet die neoklassische Ökonomik über das Fiasko ihrer totalen Falsifikation unbeirrt hinweg. Angesichts dieser postfaktischen Selbstgerechtigkeit mehren sich seit Jahren die Stimmen namhafter Forscher, die dem Gewerbe den Anspruch auf Wissenschaftlichkeit aus guten Gründen absprechen.[72] Viele Wissenschaftler ordnen die Mainstream-Ökonomik sogar dem parareligiösen Bereich zu.[73] Seit einigen Jahren setzen sich Studierende, unter anderem im Netzwerk Plurale Ökonomik, intensiv dafür ein, dass der pseudowissenschaftlichen Monokultur ein Ende bereitet wird und verschiedene ökonomische Ansätze gleichberechtigt gelehrt werden – ein längst überfälliger Schritt.[74]

Das Tor der Repräsentation

Dass wir alle vier Jahre zwischen verschiedenen Sets von Berufspolitikern wählen dürfen, die dann für die Dauer ihres Amtes mehr oder weniger tun können, was sie wollen, wird oft als der Gipfel und Endpunkt demokratischer Entwicklung dargestellt. Wer wählen darf, hat Demokratie. Was wollt ihr mehr? Dabei war dieses politische System ursprünglich gar nicht als Demokratie gedacht, sondern als ein Gegenentwurf dazu. James Madison, einer der »Gründerväter« der USA und Hauptautor der amerikanischen Verfassung, warnte eindringlich vor der *democracy*, von der er vor allem eine Veränderung der Eigentumsverhältnisse fürchtete, und forderte stattdessen eine *republic*.[75] Die große Menge der Bevölkerung sollte aus den politischen Entscheidungsprozessen herausgehalten werden, insbesondere Frauen, arme Menschen, Schwarze und Indigene, die alle nicht »weise« genug seien, um in politischen Fragen mitzureden. Dazu diente zum einen die Verweigerung des Wahlrechts für diese Gruppen, zum anderen aber auch das Prinzip der

Repräsentation selbst: Indem politische Entscheidungen an eine kleine Schicht von Berufspolitikern delegiert wurden, die in einem großen Staat sehr weit von den Wählern entfernt sind, konnten sie relativ unbehelligt von der breiten Bevölkerung Politik machen. Die *republic* war als eine Art Oligarchie mit einer partiellen Mitbestimmung der weißen wohlhabenden Männer gedacht.

Allerdings ließen sich die Leute das nicht auf Dauer bieten. Arbeiter, Frauen, Schwarze und Indigene kämpften über hundert Jahre lang in den USA für ihr Wahlrecht und andere Grundrechte. Auch in Europa wurde ein allgemeines und freies Wahlrecht hart und lang erkämpft – ein wichtiger Erfolg sozialer Bewegungen, den es zu verteidigen gilt. Aber das reicht bei Weitem nicht aus, um die großen Zukunftsfragen anzugehen. Denn das repräsentative Wahlsystem ist so konstruiert, dass systemische Fragen aus dem Prozess weitgehend herausgehalten werden. Die Verkürzung des Horizonts auf kurze Wahlperioden und Abstimmungsspektakel, die Fokussierung auf Personen statt auf Themen, die systemimmanente Nähe von Berufspolitikern zu mächtigen Wirtschaftskreisen, die Verquickung mit den großen kommerziellen Medien: All das führt dazu, dass systemische Fragen so gut wie nie zur Debatte stehen.

Angesichts dieser Lage braucht es, ähnlich wie im Falle der Medien, eine mehrdimensionale Strategie, um die Weichen für eine sozial-ökologische Wende zu stellen. Politik- und Demokratieformen jenseits des Parteien- und Wahlsystems müssen gestärkt und neu entwickelt werden; zugleich aber wäre es ein verhängnisvoller Fehler, das parlamentarische System ganz aufzugeben und das Feld autoritären Kräften zu überlassen.

Die Krise des Parteiensystems

Berufspolitiker gehören, wie auch Journalisten, seit vielen Jahren zu den Berufsgruppen, die am wenigsten Vertrauen genießen. Sie rangieren in Umfragen meist ganz hinten, ungefähr auf dem Niveau von Versicherungsvertretern.[76] Eine groß angelegte Umfrage unter 18- bis 34-Jährigen in elf EU-Ländern hat ergeben, dass 80 Prozent dieser Altersgruppe kein Vertrauen in Medien und Politik haben.[77] In den USA ist das Vertrauen in den Kongress von bereits kläglichen 30 Prozent im Jahr 2004 auf die bereits erwähnten

9 Prozent im Jahr 2016 abgestürzt. Das korrupte politische System des Landes ist in den Augen der großen Bevölkerungsmehrheit vollständig delegitimiert.[78] Die Mitgliederzahlen in deutschen Parteien haben sich seit 1990 mehr als halbiert, die Wahlbeteiligung bei Bundestagswahlen ist von über 90 Prozent in den 1970er-Jahren auf knapp 70 Prozent gesunken. Das bedeutet, dass sich allein in den westlichen Bundesländern etwa acht Millionen Menschen aus dem politischen System verabschiedet haben, was in etwa der Einwohnerzahl von ganz Niedersachsen entspricht. In Frankreich lag die Wahlbeteiligung bei den Parlamentswahlen 2017 sogar bei nur noch 43 Prozent, die mit Abstand niedrigste Beteiligung seit Gründung der Fünften Republik im Jahr 1958. In vielen Ländern Europas implodieren die sozialdemokratischen Parteien, die sich in den letzten Jahrzehnten neoliberalen Programmen unterworfen und ihre einstige Klientel gründlich verraten haben. Die einst mächtige französische Parti socialiste ist mit 6 Prozent zur unbedeutenden Splitterpartei atomisiert worden, wie zuvor bereits ihre griechische Schwesterpartei PASOK. Und die deutsche Sozialdemokratie gibt sich redliche Mühe, diesen Beispielen zu folgen.

Jenseits der rituellen Klage über diesen Zerfall stellt sich die entscheidende Frage, welche Chancen und welche Gefahren für eine sozial-ökologische Transformation damit verbunden sind. Auf der einen Seite führen Frustration, Wut und Hoffnungslosigkeit zu einem Rückzug aus der öffentlichen und politischen Sphäre. Zugleich ist es in einigen Ländern autoritären Strömungen und Parteien gelungen, das politische Vakuum zu besetzen. Auf der anderen Seite aber hat in vielen Teilen der Welt auch ein Suchprozess nach neuen Formen der Demokratie und außerparlamentarischen Organisation eingesetzt, von Occupy Wall Street, der spanischen 15M-Bewegung, dem Arabischen Frühling bis zur Nuit-Debout-Bewegung in Frankreich. Auch wenn diese Initiativen aus dem medialen Fokus verschwunden sind und einige von ihnen brutal unterdrückt wurden, etwa in Ägypten, gären sie doch unter der Oberfläche weiter. Keine dieser Bewegungen ist von den üblichen politischen Beobachtern vorhergesehen worden, und ebenso werden auch die künftigen Eruptionen nicht vorhergesagt werden. Es gehört zu den Kennzeichen der chaotischen Übergangsphase, in der wir uns befinden, dass der Nebel zunimmt und ständig überraschende Dinge geschehen. Im Guten wie im Schlechten.

Neue Parteien und die Rebellion in der Labour Party

Zu den Überraschungen gehört auch die enorme Dynamik der Bewegung für den demokratischen US-Präsidentschaftskandidaten Bernie Sanders, die Millionen von Menschen ermutigte, sich zu engagieren, und das Potenzial hat, die politische Landschaft der USA grundlegend zu verändern. Bei den Vorwahlen 2016 erhielt Sanders, der sich als »Sozialist« bezeichnet, bei Menschen unter 30 mehr Stimmen als Hillary Clinton und Donald Trump zusammen.[79] Entscheidend wird sein, ob sich daraus dauerhafte außerparlamentarische Bewegungen entwickeln, die mehr sind als Jubelveranstaltungen für einen Kandidaten. Ob die aus dieser Dynamik entstandene »People's Party« dabei helfen kann, das korrupte Zweiparteiensystem zu durchbrechen, muss sich noch zeigen. Die Herausforderung besteht darin, einen neuen Typ von Partei zu schaffen, der eng mit den sozialen und ökologischen Bewegungen verbunden bleibt.[80] Das betrifft auch Podemos in Spanien und die vom französischen Präsidentschaftskandidaten Jean-Luc Mélenchon gegründete Partei La France Insoumise.

In Großbritannien sind in den letzten Jahren über 300.000 vor allem junge Menschen neu in die Labour Party eingetreten, um den linken Vorsitzenden Jeremy Corbyn zu unterstützen. Damit haben sie die Mitgliederzahl mehr als verdoppelt. Auf diese Weise konnten in mehreren Basisabstimmungen die massiven Angriffe des neoliberalen Flügels und der großen Medien abgewehrt werden, die versuchten, Corbyn zu stürzen. Obwohl Corbyn von den Medien für die Unterhauswahl im Juni 2017 ein Debakel vorausgesagt wurde, erreichte Labour den größten Stimmenzuwachs der Partei seit dem Zweiten Weltkrieg und verfehlte einen Sturz der Konservativen nur knapp.[81] Während an der vorangegangenen Wahl nur 40 Prozent der jungen Menschen teilgenommen hatten, waren es nun 70 Prozent, ein Erfolg, der vor allem darauf zurückgeht, dass die jungen Wähler erstmals seit Jahrzehnten wieder das Gefühl hatten, dass tatsächlich eine Alternative zur neoliberalen Kürzungspolitik zur Wahl stand.

Nun sollte man sich allerdings nicht über die Beharrungskräfte innerhalb von Partei-Establishments hinwegtäuschen. Das aktuelle Labour-Programm enthält viele Kompromisse, zum Beispiel in der Verteidigungspolitik. Während Corbyn sich sehr deutlich gegen eine Erneuerung des britischen

Atomwaffenprogramms Trident für 40 Milliarden Pfund ausgesprochen hatte, setzten sich die Befürworter durch. Trotzdem sind in dem Programm einige bemerkenswerte Vorschläge zu finden, zum Beispiel Unternehmen mit staatlicher Unterstützung in Arbeiterselbstverwaltung zu überführen. Die hysterische Reaktion großer Teile der britischen Medien auf Corbyns Kandidatur zeigt, wie sehr auch solche im Verhältnis kleinen Risse gefürchtet werden. Und gerade deshalb gilt es, sie zu nutzen und auszuweiten.

Die Grenzen von Parteien

Tiefgreifende gesellschaftliche Veränderungen werden in der Regel nicht durch Parteien angestoßen, sondern durch starke außerparlamentarische Bewegungen. Das liegt auch daran, dass die parteiinternen Hierarchien und Ausleseprozesse oft Karrieristen begünstigen und Menschen, die sich ernsthaft für Inhalte einsetzen, benachteiligen. Der in Deutschland eigentlich verfassungswidrige Fraktionszwang führt außerdem dazu, dass Abgeordnete nicht, wie es das Grundgesetz (Artikel 38) vorsieht, nur ihrem Gewissen folgen, sondern dem Machtapparat der Partei. Man sollte Parteien daher mit einem nüchternen, realistischen Blick betrachten und nicht zu viel von ihnen erwarten. Auf der anderen Seite spielt es den Mächtigen und Vermögenden in die Hände, die Ebene der Parteipolitik vollkommen zu ignorieren. Wo die Wahlbeteiligung schwindet, sind es vor allem Menschen aus ärmeren Schichten, die den Urnen fernbleiben, die Reichen gehen weiter zur Wahl. Die Folge ist, dass wohlhabende Minderheiten noch mehr Kontrolle über das politische System bekommen. Wenn alle Menschen, die sich ernsthaft für soziale und ökologische Gerechtigkeit engagieren, angewidert aus den Parteien austreten, bleiben nur noch die Karrieristen übrig. Damit wird das Machtkartell aus Kapitalbesitzern und der ihnen dienenden politischen Opportunisten weiter gestärkt.

Auch wenn Wahlen manchmal nichts anderes können, als das Schlimmere zu verhindern, ist das trotzdem mehr als nichts. Für die Hunderttausenden von Migranten, die unter Donald Trump *zusätzlich* deportiert werden, ist das Wahlergebnis eine existenzielle Katastrophe. Die Durchsetzung von neuen Ölpipelines, Kohle- und Frackingprojekten unter seiner Regierung könnte das Klima um einige Zehntel Grad zusätzlich aufheizen, mit katastrophalen

Folgen für Millionen von Menschen. Der *relative* Unterschied zwischen dem Schlimmsten und dem etwas weniger Schlimmen kann für viele Menschen *absolut* entscheidend über Leben und Tod sein. Aus diesem Grund ist es wichtig, die Möglichkeiten, die das repräsentative System trotz aller schweren Mängel bietet, zu nutzen und zugleich über die Logik von Wahlen und Parteien hinauszugehen.

Ziviler Ungehorsam oder: Die Tugend der Ungeduld

Viele Entscheidungen, etwa im Klimabereich, können nicht warten, bis wir neue demokratische Institutionen aufgebaut oder die alten transformiert haben. Mit jedem Jahr der Untätigkeit schwinden die Chancen, katastrophale und irreversible Entwicklungen, die letztlich die Zukunft der Menschheit aufs Spiel setzen, noch zu stoppen. Daher spielt ziviler Ungehorsam eine entscheidende Rolle, um Sand ins Getriebe der Megamaschine zu streuen und fatale Fehlsteuerungen für die Zukunft zu verhindern. Die Blockaden von Braunkohletagebauen und Kraftwerken im Rheinland und in der Lausitz sind ein wichtiger und mutiger Schritt in diese Richtung.[82] Allerdings braucht es weit mehr als die bisherigen wenigen Tausend Teilnehmenden. Gegen Atomkraftwerke demonstrierten in den 1970er- und 1980er-Jahren Hunderttausende Bürger, Zehntausende blockierten Bauplätze wie in Wackersdorf. Wo aber bleibt der Massenprotest gegen die auf lange Frist noch gefährlichere Braunkohle? Gegen den Bau von klimaschädlichen neuen Flughäfen regt sich in Deutschland, anders als etwa in Frankreich, so gut wie kein Widerstand, von der übermächtigen Autoindustrie ganz zu schweigen. Obwohl 93 Prozent der Bundesbürger für einen schnellen Umstieg auf erneuerbare Energien sind, bleibt der Wandel bei den Infrastrukturen stecken.[83] Um die unheilige Allianz aus SUV-Fahrern, fossilen Konzernen, Billigfliegern und opportunistischen Politikern zu durchbrechen, braucht es zivilen Ungehorsam im großen Stil. Aus der Erforschung sozialer Bewegungen wissen wir seit Langem, dass es für tiefgreifende Veränderungen keineswegs immer Mehrheiten braucht. Oft reichen bereits drei bis fünf Prozent der Gesellschaft aus, wenn sie sich klug und Milieu-übergreifend organisieren.[84] Wer ernsthaft etwas dafür tun will, dass das Leben auf dem Planeten erhalten wird, muss also nicht auf Mehrheiten warten.

Jenseits von Wahlen und Parteien

Um die Filter und die Zukunftsblindheit des repräsentativen Wahlsystems zu überwinden, ist es in einem erweiterten Zeithorizont lohnend, andere Formen der Demokratie zu erkunden, die historisch erfolgreich waren – und heute teilweise wieder neu belebt werden. Die *demokratia* der griechischen Polis ist in dieser Hinsicht durchaus interessant. Ihr großes Defizit bestand darin, dass Frauen, Sklaven und Migranten nicht Teil davon waren, sondern nur männliche Vollbürger, diese allerdings unabhängig vom Vermögen. Die Stärke der *demokratia* war es, dass sie nicht in erster Linie auf Wahlen und auf Repräsentation beruhte. Wichtige Fragen wurden in der großen Volksversammlung der Stadt, der *ekklesia*, diskutiert und entschieden. Der Reformator Kleisthenes führte außerdem lokale Räte in den Wohnblocks und Stadtbezirken ein, die sogenannten *demes*, die ebenfalls basisdemokratisch organisiert waren. Die meisten Ämter in Athen wurden nicht per Wahl auf Jahre vergeben, sondern durch Losentscheid für kurze Zeiträume. Dadurch übernahm ein großer Teil der Vollbürger früher oder später politische Verantwortung, nicht nur eine kleine Kaste von Berufspolitikern. Verfilzungen und neue Oligarchien wurden so vermieden. All das führte auch dazu, dass politische Fragen auf der Agora, dem zentralen Versammlungsplatz in Athen, ständig von einem beträchtlichen Teil der Bürger qualifiziert diskutiert wurden. Der belgische Kulturhistoriker David Van Reybrouck regt in seinem Buch *Gegen Wahlen. Warum Abstimmen nicht demokratisch ist* ein Revival des Losverfahrens an und schlägt ein Doppelsystem vor, das aus zwei Kammern besteht: einer gewählten und einer durch Losverfahren bestimmten.

Losverfahren bringen nicht unbedingt Inkompetenz hervor, wie eine lange Reihe von wissenschaftlichen Untersuchungen in vielen Ländern der Erde zeigt, etwa durch den US-Politikwissenschaftler James Fishkin.[85] Im Ölstaat Texas zum Beispiel sprachen sich Bürgerräte, die durch eine qualifizierte Zufallsauswahl ermittelt wurden, nach eingehenden Beratungen für die Einführung erneuerbarer Energien aus.[86] Heute stehen in Texas mehr Windräder als in jedem anderen US-Bundesstaat. Der entscheidende Punkt ist, dass Bürger nicht einfach ausgelost werden, um über etwas abzustimmen, sondern dass sie zunächst in einen umfangreichen Beratungsprozess eintreten, um sich fortzubilden, miteinander zu diskutieren und für die Entscheidungen zu qualifizieren. Wie die Publizistin Ute Scheub in ihrem Buch *Demokratie. Die Unvollendete* zeigt, gibt es mittlerweile sehr viele positive Beispiele für Bürgerräte auf allen Ebenen, vom Dorf bis zur EU.[87] Allerdings werden die Entscheidungen dieser Räte oft von Parteipolitikern, die um ihre Macht fürchten, blockiert.

Volksentscheide können ebenfalls eine positive Rolle bei der Erweiterung der Demokratie spielen. Auch hier geht es nicht um bloßes Abstimmen, sondern um das Anstoßen breiter öffentlicher Diskussionen über Themen, die sonst im Politik- und Medienbetrieb untergehen. Ein Beispiel ist die bereits im Abschnitt »Tribut« erwähnte Teilprivatisierung der Berliner Wasserwerke. Eine relativ kleine Gruppe von Aktivisten rund um den Berliner Wassertisch strengte für 2011 einen Volksentscheid an, um den geheimen Privatisierungsvertrag offenzulegen und damit die Grundlagen für eine mögliche Rekommunalisierung zu schaffen. 670.000 Berliner nahmen an der Abstimmung teil und führten den Entscheid zum Erfolg. Das Bemerkenswerte daran ist, dass sich Hunderttausende von Bürgern, die sich bisher nicht für ihr Wasser interessiert hatten, nun begannen, sich mit öffentlichen Infrastrukturen zu befassen und sie sich ein Stück weit wieder anzueignen. Das Beispiel zeigt einmal mehr, dass relativ kleine Initiativen breite Veränderungsprozesse anstoßen können.

Auch Kombinationen von Bürgerräten und Volksentscheiden sind möglich. Ein Bürgerrat kann zum Beispiel einen Gesetzesentwurf erarbeiten und dann zur Abstimmung stellen, sei es allein oder als Alternative zu einem Entwurf des Parlaments. Auch wenn Volksentscheide – wie alle demokratischen Verfahren – bisweilen fragwürdige Ergebnisse liefern, so sind sie doch ein wichtiges Mittel, um öffentliche Diskussionen anzustoßen und politische Bildung in Gang zu setzen.

Demokratie jenseits des Nationalstaats

Ein besonderes Experiment mit neuen Formen der Demokratie findet seit 2013 in der nordsyrischen Provinz Rojava statt. Inmitten des Bürgerkrieges und gleichzeitig bedroht durch den Islamischen Staat, das Assad-Regime und die türkische Regierung, hat sich in der kurdisch geprägten Region eine rebellische Enklave gebildet. Das politische und wirtschaftliche System, das dort unter den Bedingungen von Embargo und Krieg aufgebaut wurde, beruht, ähnlich wie das griechische Polis-Modell, auf lokalen Vollversammlungen, in denen die wichtigsten Themen diskutiert und entschieden werden. Wo Entscheidungen auf einer höheren Ebene getroffen werden müssen – und »höher« meint hier nicht hierarchisch übergeordnet, sondern mehrere Gemeinden oder die ganze Provinz betreffend –, werden Delegierte in Räte entsandt. Anders als im repräsentativen System sind diese Delegierten aber an die Beschlusslage der Vollversammlung gebunden und können bei Zuwiderhandlung jederzeit zurückberufen werden (»imperatives Mandat«). Insgesamt drei Stufen solcher Räte gibt es, von der Ebene des Dorfes oder Stadtbezirks bis zur Provinz. Diese Rätestrukturen haben zu einer bemerkenswerten Beteiligung der breiten Bevölkerung geführt, besonders auch von Frauen. Sie sind im Sinne einer Wirtschaftsdemokratie teilweise auch auf die landwirtschaftlichen und industriellen Betriebe ausgedehnt.

Die Rätedemokratie in Rojava ist inspiriert von dem Konzept des »libertären Kommunalismus«, das die US-Aktivisten Murray Bookchin und Janet Biehl entwickelten und das auch die Schriften des Kurdenführers Abdullah Öcalan entscheidend beeinflusste.[88] Der Kern ihres Ansatzes ist eine demokratische Renaissance der Städte und Gemeinden, in denen alle Bürger aktiv am politischen Geschehen teilnehmen können, statt nur alle vier Jahre ein Kreuzchen in der Wahlkabine zu machen. An die Stelle eines hierarchischen Nationalstaates, der bis in die Gemeinden hineinregiert, setzen sie eine Föderation basisdemokratisch organisierter Gemeinden, wie sie bis ins 16. Jahrhundert, als der Siegeszug der Megamaschine begann, in Europa weit verbreitet waren. Die Schweiz hat als einziges europäisches Land einige Elemente davon bis heute bewahrt.

Nun bringt diese Form eines demokratischen Föderalismus allerdings ein Problem mit sich, und zwar, wenn es darum geht, mit Institutionen außerhalb dieses Territoriums Vereinbarungen zu treffen. Wenn etwa ein Vertrag über den grenzüberschreitenden Bahn- oder Luftverkehr unterschrieben werden soll, kann nicht jede Gemeinde ihre eigenen Regeln bestimmen. Das gilt auch für den Handel, internationale Konventionen und vieles mehr. Die Lösung, die in Rojava dafür gefunden wurde, ist eine Doppelstruktur der Macht: Neben dem basisdemokratischen Rätesystem existiert auch eine zentrale Regierung, die gewählt wird, allerdings mit deutlich eingeschränkten Befugnissen. Die Polizeikräfte in Rojava sind zum Beispiel ausschließlich den basisdemokratischen Gemeinden verantwortlich. Die Zentralregierung kann also keine bewaffnete Gewalt gegen ihre eigenen Bürger anwenden.[89]

Das Experiment in Rojava ist für eine Weiterentwicklung der Demokratie jenseits von Parteien und Nationalstaaten sehr lehrreich, auch wenn sich die besonderen Verhältnisse dort nicht einfach auf andere Länder übertragen lassen. Wie für die ökonomische Reorganisation, so gilt auch für die Frage der Demokratie: Es gibt keine Schablone, die überall passt. Die Suche nach Formen der Selbstorganisation, die den jeweiligen Orten und Menschen gerecht wird, ist selbst bereits Teil der Demokratisierung.

Städtische Netzwerke für den Wandel

Murray Bookchin bezog sich in seinen Arbeiten auch auf den Schweizer Historiker Adolf Gasser, der sich nach dem Zweiten Weltkrieg für eine europäische Föderation der Gemeinden anstelle einer Gemeinschaft der Nationalstaaten einsetzte.[90] Gasser hat entscheidend zur Gründung des »Rates der Gemeinden und Regionen Europas« im Jahr 1951 beigetragen, der ursprünglich das Fundament eines friedlichen Europas auf der Basis föderierter Gemeinden bilden sollte.[91] Diese Initiative wurde aber sehr rasch von den nationalen Regierungen an den Rand gedrängt. Die Gründung der Montanunion im selben Jahr und schließlich der Europäischen Atomgemeinschaft und Wirtschaftsgemeinschaft 1957 stellten die Weichen für einen Integrationsprozess, der vor allem den Interessen der großen Industrien folgte, während der politische Raum weiter von den Nationalstaaten dominiert wurde.[92] Angesichts der existenziellen Krise, in der sich die EU heute befindet, sind die föderativen Ansätze, die auf einer gestärkten Selbstverwaltung der Gemeinden aufbauen, hochaktuell. Sie könnten eine Ausgangsbasis dafür sein, die falsche Alternative zu überwinden, entweder immer mehr Kompetenzen nach Brüssel zu verlagern oder in nationalstaatliche Strukturen zurückzufallen. Das bedeutet auch, das Prinzip der Subsidiarität, das zwar in den EU-Verträgen verankert ist, aber in der Realität immer wieder missachtet wird, konsequent umzusetzen.[93]

Auch über die EU hinaus zeigt sich immer wieder, dass Föderationen von Gemeinden zukunftsfähiger sein können als nationalstaatliche Strukturen. Der US-Politikwissenschaftler Benjamin Barber etwa argumentierte in seinem letzten Buch, dass Städte besser für den Kampf gegen den Klimawandel geeignet seien als Nationalstaaten.[94] Tatsächlich haben die Staaten in einem Verhandlungsprozess, der sich inzwischen über mehr als ein Vierteljahrhundert erstreckt, bis heute kein bindendes und auch nur annähernd ausreichendes Klimaabkommen zustande gebracht, während viele Städte und Gemeinden weltweit vorangehen.[95] Kopenhagen etwa hat seine Treibhausgasemissionen bereits um 40 Prozent reduziert und plant, bis 2025 alle Energie aus lokalen erneuerbaren Quellen zu beziehen.[96] Zusammenschlüsse wie die Energy Cities, der Konvent der Bürgermeister, das Klima-Bündnis oder die Mayors National Climate Action Agenda in den USA haben ein beträchtliches Potenzial, die Energiewende vor Ort voranzutreiben, die von den Nationalstaaten, aufgrund ihrer historischen Verflechtung mit dem Großkapital und den verschmutzenden Industrien, oft blockiert wird. Auch beim Schutz der Rechte von Geflüchteten bilden viele Städte ein wichtiges Gegengewicht zur Abschottungs- und Deportationspolitik der Staaten. Netzwerke wie die »Solidarity Cities« in der EU und die weltweit organisierten »Sanctuary Cities« setzen sich dafür ein, Illegalisierte und Geflüchtete vor staatlichen Repressionen und Abschiebungen zu bewahren und ihnen Zugang zu den öffentlichen Dienstleistungen zu gewähren.[97]

Der letzte Türhüter: die Macht der Waffen

Soziale und ökologische Bewegungen, die systemische Veränderungen anstreben, stoßen mit einiger Wahrscheinlichkeit früher oder später auf ein weiteres Tor, vor dem diesmal Türhüter von anderem Typ stehen: die bewaffneten Verteidiger des Status quo. Autoritäre Regierungsformen sind in vielen Weltregionen wieder auf dem Vormarsch, um den wachsenden sozialen Protest zu unterdrücken. Die Türkei ist dafür eines der markantesten Beispiele. Aber auch in Mitteleuropa ist eine besorgniserregende Ausbreitung polizeistaatlicher Methoden zu beobachten. Frankreich wird seit den Anschlägen in Paris vom November 2015 ununterbrochen im Ausnahmezustand regiert, sowohl unter François Hollande als auch unter Emmanuel

Macron. Ein neues Gesetz soll große Teile des Ausnahmezustands sogar in dauerhaftes Recht überführen.[98] In einem ausführlichen Bericht wirft Amnesty International der französischen Regierung vor, Anti-Terror-Gesetze zu missbrauchen, um legitimen Protest zu unterdrücken. Hunderten von Umwelt- und Arbeitsrechtsaktivisten sei unter fadenscheinigen Begründungen das Recht entzogen worden, an friedlichen Kundgebungen teilzunehmen. 155 Mal seit der Einführung des Ausnahmezustandes haben Behörden per Dekret öffentliche Versammlungen verhindert. Wer trotzdem den Mut hat zu protestieren, werde oft Ziel von exzessiver Polizeigewalt. Allein in Paris wurden etwa tausend Protestierende durch Schlagstöcke, Gummigeschosse und Tränengas verletzt, teilweise schwer. Ein zwanzigjähriger Student, dem die Polizei mit einem Gummigeschoss ein Auge ausgeschossen hatte, sagte: »Ich bin sehr wütend. Bevor das geschah, hatte ich der Polizei tendenziell noch getraut.«[99]

Beim G20-Gipfel in Hamburg im Juli 2017 errichtete die Polizei unter dem rot-grünen Senat eine 38 Quadratkilometer große »demokratiefreie Zone«, in der Grundrechte wie die Versammlungsfreiheit eine Woche lang außer Kraft gesetzt wurden. Mehreren Dutzend Journalisten wurde ohne Angabe von Gründen die Akkreditierung entzogen, andere wurden von der Polizei geschlagen. Ein genehmigter Demonstrationszug wurde nach wenigen Metern von Hundertschaften in Kampfmontur unter einem Vorwand gestoppt und bei sommerlicher Hitze stundenlang eingekesselt, bis es zu ersten Handgreiflichkeiten kam, die die Polizei schließlich nutzte, um mit Wasserwerfern wahllos in die Menge zu schießen. Der Rechtsanwalt und Grimme-Preisträger Udo Vetter bewertete das Vorgehen der Polizei als »Dolchstoß in den Rücken des Grundgesetzes«.[100]

Die zunehmende Repression und die immer häufigere Gleichsetzung von Systemkritik mit Terrorismus mag für eine Weile Protest unterdrücken. Doch auf Dauer polarisiert diese Strategie die Gesellschaften immer mehr. In der bereits erwähnten Umfrage unter 18- bis 34-Jährigen in der EU antwortete auf die Frage »Würden Sie an einem Aufstand gegen die Macht teilnehmen?« die Hälfte mit Ja.[101] Die schwindende Legitimität eines scheiternden Systems und seiner Statthalter lässt sich auf Dauer nicht allein durch Gummigeschosse und Wasserwerfer kompensieren. Die entscheidende Frage ist, ob genügend Bürger sich den Anfängen autoritärer Staatsgewalt entschlossen in den Weg stellen. Tun sie es, so können sich unverhofft Türen für gesellschaftlichen Wandel öffnen, wenn nämlich die letzten Gatekeeper ihre Waffen strecken müssen und ihr moralischer Bankrott den Weg für eine tiefgreifende Reorganisation frei macht. Beteiligen sich aber zu wenige am Widerstand, könnte sich das Fenster eines demokratischen Aufbruchs rasch wieder schließen.

TEIL III

CHINAS (WIEDER-)AUFSTIEG UND DIE CHANCEN EINER NEUEN FRIEDENSORDNUNG

Der Aufstieg Chinas stellt in mehrfacher Hinsicht eine vollkommen neue Situation in der Geschichte der Megamaschine dar. Erstmals hat ein Land des Globalen Südens, das bis vor einigen Jahrzehnten noch zu den ärmsten der Welt gehörte, eine Wirtschaftsmacht erreicht, die eine jahrhundertelange europäisch-nordamerikanische Dominanz herausfordert. Da es sich um die bevölkerungsstärkste Nation der Erde handelt, hat China vollkommen andere Möglichkeiten, eine relativ eigenständige wirtschaftliche Entwicklung voranzutreiben als kleinere Länder. Noch wichtiger als die Größe ist aber die Tatsache, dass China, obwohl es längst Teil des kapitalistischen Weltsystems ist, vollkommen andere politische, wirtschaftliche, kulturelle und militärische Traditionen mitbringt als die bisher dominierenden westlichen Staaten. Ein Player hat die Weltbühne wieder betreten, der die Regeln des ganzen Spiels verändern kann. Um zu verstehen, was mit dem Verfall der westlichen Hegemonie und dem Aufstieg Chinas aufeinandertrifft, und warum diese Konstellation etwas vollkommen Neues in der Geschichte darstellt – mit besonderen Gefahren, aber auch besonderen Chancen –, müssen wir einen Ausflug in die Geschichte Chinas unternehmen.

Formation und Zerfall der ersten Reiche

Die ersten Herrschaftsstrukturen auf dem Gebiet des heutigen Chinas formierten sich vor etwa 4000 Jahren am Gelben Fluss (Huang He). Ähnlich wie tausend Jahre zuvor an den fruchtbaren Ufern von Euphrat, Tigris und Nil gelang es hier einer relativ kleinen Schicht, eine gewisse Dominanz über die Mehrheit der Menschen zu erlangen – wobei dieser Prozess Jahrhunderte dauerte. Wie in Mesopotamien und Ägypten, so war auch im Fall Chinas die Entwicklung einer hierarchischen Gesellschaft eng mit dem Beginn einer umfangreichen Metallverarbeitung, dem Aufbau eines Militärs und der Entwicklung der Schrift verbunden.[1] Damit ging, ebenso wie im Nahen Osten und später in Europa, die Entstehung einer patriarchalen Gesellschaft einher, in der Familienväter in ähnlicher Weise über Frauen und Kinder bestimmten wie Landesherren über ihre Untergebenen.[2] Um 1600 v. Chr. hatte sich in der Ebene des Gelben Flusses die erste archäologisch nachweisbare Königsdynastie, die Shang-Dynastie, entwickelt.[3] Ihr Herrschaftsbereich umfasste weniger als ein Zehntel der Fläche des heutigen China und sie war noch weit davon entfernt, die Gesellschaft so tief zu durchdringen wie spätere Staatsgebilde. Die folgenden Dynastien erweiterten jedoch sowohl das Territorium als auch die Tiefe der Herrschaft erheblich.

In der Zeit der »Frühlings- und Herbstannalen« (722–481 v. Chr.) und der »Streitenden Reiche« (475-221 v. Chr.) erlebte China eine enorme Militarisierung und einen Zerfall staatlicher Einheit. Ähnlich wie etwa zur gleichen Zeit in Griechenland und dem übrigen Mittelmeerraum spielte die Einführung von Münzgeld dabei eine entscheidende Rolle, erlaubte es doch den Aufbau großer stehender Söldnerheere.[4] Bestanden die größten Armeen zur Shang-Zeit aus 1000 bis maximal 10.000 adeligen Kriegern, traten in der Zeit der »Streitenden Reiche« Heere von Hunderttausenden, nach manchen Quellen sogar Millionen Soldaten gegeneinander an. Ein weiterer, damit eng zusammenhängender Umbruch war die Privatisierung des Landes, die Einführung einer in Münzgeld zu entrichtenden Bodensteuer zur Finanzierung der immer größeren Heere und der Aufstieg einer mächtigen Schicht von Kaufleuten und »Superreichen«, die zum Teil erheblichen Einfluss auf den Staat nahmen. Das System, das sich damals entwickelte, hatte einige Parallelen nicht nur zur damaligen mediterranen Welt, sondern auch zum Europa der Frühen Neuzeit, als sich die moderne Megamaschine zu formieren begann. Wie in der mediterranen Antike und später im Europa der Renaissance gab es eine intensive Konkurrenz von Warlords und Kleinstaaten-Herrschern, eine aneinander gekoppelte, geradezu explosive Ausweitung von Geldökonomie und Söldnerheeren sowie einen Boom des metallurgischen Komplexes, insbesondere der Rüstungsproduktion.[5] Die Folge dieser Entwicklung war, wie in Europa, ein geradezu permanenter Krieg und eine tiefe Spaltung zwischen Arm und Reich.

In diese Zeit verheerender Kriege und rücksichtsloser Gewinngier fällt nicht zufällig der Ursprung der wichtigsten chinesischen Philosophenschulen, die das geistige Leben des Landes über die folgenden zwei Jahrtausende prägen sollten. Wie die frühen biblischen Propheten und der indische Buddha, die in derselben Epoche lebten, sprachen sich Kong Fuzi (Konfuzius), Mozi und die Begründer des Daoismus (vor allem Zhuang Zhou und Laozi, der traditionell als Autor des *Daodejing* angesehen wird) auf unterschiedliche Weise gegen die enorme Machtballung in den Händen der Reichen und gegen die Logik des Krieges aus.[6]

Konfuzius strebte eine Ordnung an, in der die hierarchisch Höherstehenden Verantwortung für das Gemeinwohl übernehmen, statt ihre persönliche Bereicherung oder Militärkarriere zu betreiben. Der Konfuzianismus wurde später zum Grundstein einer Staatsphilosophie, die eine kritische Distanz sowohl gegenüber den Händlern als auch gegenüber dem Militär einnahm. Der Daoismus ging noch wesentlich weiter und formulierte eine umfassende Zivilisationskritik: Um der Spirale von Gewalt und Ungleichheit zu entkommen, brauche es eine Kultur des »Nicht-Erzwingens« (Wu wei), die sich an den Kreisläufen der Natur orientiert.[7] Die daoistische Philosophie inspirierte zahlreiche soziale Bewegungen in China, und zwar bis in die jüngere Vergangenheit. Selbst der wichtigste Militärtheoretiker der chinesischen Geschichte, Sunzi (544–496 v. Chr.), verkündete, die beste Methode der Kriegführung sei es, den Krieg zu vermeiden.[8] Damit steht er in scharfem Kontrast zu den maßgeblichen Militärtheoretikern des Westens, von den römischen Heerführern bis zu Machiavelli, Moritz von Oranien oder Clausewitz.

Zwischen Revolte und Kaisertum: der chinesische Sonderweg

Die Phase der konkurrierenden Kleinstaaten endete schließlich mit dem Sieg eines Warlords, dem es 221 v. Chr. gelang, alle anderen zu unterwerfen, ein einheitliches Reich zu schaffen und sich selbst zum ersten Kaiser auszurufen: zum Qin Shihuangdi, dem »ersten erhabenen Gottkaiser von Qin«.[9] Die Terrakotta-Armee, eine Grabbeigabe dieses Kaisers und heute eine berühmte Touristenattraktion Chinas, symbolisiert das gewaltige Militär, das diesen Sieg ermöglichte.

Das erste Kaiserreich war ein despotischer Militärstaat. Millionen von Bauern wurden zur Zwangsarbeit abkommandiert, unter anderem zum Bau der Großen Mauer, Bücher wurden verbrannt und Abweichler mit dem Tode bestraft. Aber die chinesische Bevölkerung sollte den Terror dieser Herrschaft nicht lange dulden. Als wegen starker Regenfälle einige hundert Arbeiter zu spät zur Baustelle der Großen Mauer kamen, sollten sie hingerichtet werden. Doch die Betroffenen erhoben sich und innerhalb kurzer Zeit bildete sich eine revolutionäre Armee, die schließlich die Regierung stürzte und ihren

Anführer, den aus der Schicht der Kleinbauern stammenden Liu Bang, zum Kaiser einsetzte. Liu, der zum Begründer der Han-Dynastie wurde, senkte die Steuern erheblich und schaffte die Schuldsklaverei großenteils ab.

Damit kommen wir zu einer bemerkenswerten Besonderheit der chinesischen Geschichte. In scharfem Kontrast sowohl zur mediterranen Antike als auch zum Europa der Frühen Neuzeit waren in China Volksaufstände oft sehr erfolgreich. Immer wieder gelang es, unterdrückerische Regierungen zu stürzen. Zwei der bedeutendsten Dynastien der chinesischen Geschichte, die Han- und die Ming-Dynastie, wurden von revoltierenden Bauern gegründet. Im Römischen Kaiserreich war so etwas undenkbar. Auch die zahlreichen Revolten, die den Aufstieg des Kapitalismus vom 14. bis zum 17. Jahrhundert in Europa begleiteten, wurden sämtlich niedergeworfen und zerschlagen. Selbst dort, wo sie später zeitweise erfolgreich waren, etwa in der kritischen Phase der Französischen Revolution, waren sie mit einem Problem konfrontiert, das es in China in dieser Form nicht gab: Das europäische System bestand aus einer Vielzahl von Staaten; der Umsturz *einer* Regierung genügte daher nicht, um die Funktionsweise des Gesamtsystems grundlegend zu verändern. Mehr noch: Sobald die Revolutionäre sich daran machten, die Grundlagen der kapitalistischen Ordnung anzugreifen und die Fundamente für eine Gesellschaft der Freiheit, Gleichheit und Brüderlichkeit zu legen, rotteten sich die politischen und wirtschaftlichen Eliten in den Nachbarländern zusammen, um diesem Experiment militärisch den Garaus zu machen. Im revolutionären Frankreich verstrickte sich daher die neue Regierung sofort in Kriege mit den Nachbarländern, und die militärische Logik gewann die Oberhand über die sozial-ökonomische Umgestaltung. Ein ähnlicher Prozess war auch nach der Oktoberrevolution 1917 in Russland zu beobachten. Bis heute ist dieses Problem eines der größten Hindernisse für eine Überwindung der Megamaschine: Eine systemische Transformation ist in einem Land allein kaum durchführbar und löst sofort Erpressungsversuche oder Interventionen der benachbarten kapitalistischen Staaten aus. Zudem waren Staaten, selbst wenn sie formal das revolutionäre Programm aufrechterhielten, stets gezwungen, in einer kapitalistisch organisierten Weltwirtschaft zu bestehen. In China dagegen konnten mit der Neuformierung einer Regierung viel größere Spielräume für systemischen Wandel geöffnet werden. Denn China bildete ein großes, relativ eigenständiges System, in dem der Wirtschaftsraum und der politische Raum weitgehend identisch waren.[10]

Zwar blieben in den folgenden Dynastien Teile der despotischen Herrschaft erhalten. Auch in China folgten Herrschaftsapparate der Logik, ihre eigene Macht gegenüber der Bevölkerung auszubauen und Privilegien zu sichern. Doch wurde diese Tendenz durch die stets drohenden und bisweilen erfolgreichen Aufstände in Schach gehalten und herausgefordert. Chinesische Herrscher *mussten*, wollten sie auf ihrem Posten überleben, substanzielle Zugeständnisse machen. Eine Konsequenz dieser Machtverhältnisse war es auch, dass sich die Regenten tendenziell eine eher auf sozialen Ausgleich und Stabilität zielende Staatsphilosophie zu eigen machten. Der Konfuzianismus und zeitweise sogar der Daoismus setzten sich durch – und mit ihnen eine kritische Haltung gegenüber einer verselbstständigten Macht der Händler und des militärischen Komplexes. Zeitweise erlangte auch der Buddhismus große Popularität.

In den folgenden zweitausend Jahren ab 221 v. Chr. glich Chinas Geschichte einem dynamischen Zyklus von Reichseinigung, Revolte, Staatszerfall und erneuter Vereinigung – ein Prozess, der von den inneren Klassenkonflikten, den äußeren Kämpfen an den nördlichen und westlichen Grenzen und auch von großen Naturereignissen wie der Verlagerung von Flussläufen geprägt war. Neue Dynastien – oft Ergebnis von Aufständen – setzten immer wieder mit tiefgreifenden sozialen Reformen an. In der Tang-Dynastie (618–907) etwa erhielten alle Bauern im Rahmen einer großen Landreform gleich große Landstücke – ein Vorgang, der in der westlichen Geschichte kaum eine Parallele findet.[11] Diese epochalen Errungenschaften fielen allerdings mit der Zeit wieder Partikularinteressen anheim, und es entstand eine neue Klasse von Großgrundbesitzern. Die Folge waren weitere Aufstände, die schließlich auch diese Dynastie zum Einsturz brachten und in eine erneute Epoche einander bekriegender Kleinstaaten führten.

Chinas nicht-kapitalistische Marktwirtschaft

In der folgenden Song-Dynastie (960–1279), die man auch bisweilen als »chinesische Renaissance« bezeichnet, entwickelten sich Ansätze einer frühkapitalistischen Ökonomie. Jahrhunderte vor den Europäern taten sich

Händler zusammen, um gemeinsam in Kompanien zu investieren, die man als Vorläufer der westlichen Aktiengesellschaften ansehen kann. Erstmals in der Weltgeschichte wurde von einer Regierung Papiergeld ausgegeben.[12] Kompass, Buchdruck und Schießpulver wurden in dieser Zeit erfunden, ebenfalls Jahrhunderte bevor die Europäer diese Techniken entdeckten und nutzten. Warum aber hat sich dann nicht in China, sondern in Europa der Kapitalismus entwickelt?

Der Grund liegt darin, dass der Staat, anders als in Europa, von Anfang an unabhängig vom privaten Kapital war und alles dafür tat, dies auch zu bleiben. Im Gegensatz zum frühneuzeitlichen Europa hatte sich der chinesische Staat nicht bei den Händlern und Bankiers verschuldet, um Militär und Verwaltung aufzubauen, sondern finanzierte sich von Anfang an durch Steuern. Dadurch blieb er von Gläubigern unabhängig. In Europa dagegen diktierten seit der Zeit der Medici und Fugger die Bankiers den klammen Staatsoberhäuptern die Konditionen – und tun es großenteils bis heute. Staatliche Ämter wurden in China nicht, wie es in Europa der Fall war, als adelige Privilegien vererbt oder an reiche Kaufleute vergeben, sondern durch ein anonymisiertes Auswahlverfahren besetzt, das auch Menschen aus ärmeren Schichten Aufstiegschancen bot. Entscheidend waren – zumindest nach dem konfuzianischen Ideal – nicht Geburt und Vermögen, sondern die Qualifikation. Während in Europa Staat und Kapital ein undurchdringliches Geflecht bildeten und bis heute bilden, blieben sie in China weitgehend getrennt. Das gab dem Staat einen wesentlich größeren Spielraum, um für sozialen Ausgleich und damit auch für Stabilität im Reich zu sorgen. In der Song-Dynastie schufen die Regierungen sogar eine frühe Form des Wohlfahrtsstaates, mit öffentlichen Altenheimen und Krankenhäusern.[13]

Die staatliche Bürokratie war stets darauf bedacht, den Händlern nicht zu große Macht zukommen zu lassen. Zwar wurden Märkte gefördert, aber monopolistische Konzentrationen, wie sie für den Kapitalismus von Anfang an typisch waren, konsequent verhindert. Diese Politik zeigte sich in der Song-Dynastie zum Beispiel daran, dass es verschiedene Formen des Eigentums in Abhängigkeit von der Größe der Unternehmen gab. Die größten Betriebe mit bis zu 7000 Arbeitern waren staatlich betriebene Manufakturen, die kleineren Zulieferer dagegen konnten auch privat organisiert sein. Wenn die Macht der Privatbetriebe zu groß wurde, griff die Regierung ein, um eine

Verselbstständigung des Privatkapitals zu unterbinden. Der chinesische Staat tat damit exakt das Gegenteil der neuzeitlichen europäischen Regierungen, die aufgrund ihrer unlösbaren Verflechtung mit den Händler-Bankiers das Großkapital mit allen Mitteln förderten und protegierten, etwa indem sie ihnen staatlich garantierte Monopole verschafften. China dagegen sorgte dafür, dass neben dem staatlichen Sektor der Mittelstand und das Kleingewerbe florierten und allzu große Kapitalballungen vermieden wurden, die die kleineren Betriebe bedroht und einen übermäßigen Einfluss auf den Staat gewonnen hätten. Der Soziologe Giovanni Arrighi hat dieses System, in Anlehnung an den Historiker Fernand Braudel, als eine »nicht-kapitalistische Marktwirtschaft« bezeichnet. Entscheidend dafür, ob ein System kapitalistisch ist oder nicht, sei, so Arrighi und Braudel, nicht die Existenz von Kapitalisten – die gab es auch im alten China und in der arabischen Welt –, sondern die Frage, ob sie die Logik staatlichen Handelns dominieren.[14] Diese Feststellung ist auch heute von maßgeblicher Bedeutung, denn ein Ausstieg aus der kapitalistischen Megamaschine setzt die Entflechtung von Staat und Kapital voraus – und dazu bietet die chinesische Geschichte einige Anregungen.

Wie China ein Wettrüsten vermied

Dass in China das Verhältnis von Kapital und Staat ein grundlegend anderes war als in Europa, hatte auch noch eine andere Konsequenz, die für die Weltgeschichte von entscheidender Bedeutung war. In Europa konkurrierten seit dem 14. Jahrhundert die verschuldeten Landesherren fortwährend um mobiles Kapital, um damit Söldnerheere und Kanonen zu bezahlen. Wer am meisten Kapital anzog, konnte die mächtigsten Armeen aufbauen, den Konkurrenten Territorien abringen und den Geldgebern aus der Beute ihr *return on investment* auszahlen – was wiederum die Tür für neue Kredite öffnete. Diese Spirale aus Kredit, Rüstungswettlauf und militärischer Expansion war ein Do-or-Die-Spiel: Wer nicht mitmachte, wurde über kurz oder lang einfach von der Landkarte radiert. Finanzinvestoren, Rüstungsfabrikanten und kriegführende Landesherren waren in diesem System eng aneinander gebunden und brachten so die extrem aggressive, auf endlose Expansion und Akkumulation angelegte Dynamik des Kapitalismus hervor, wie sie sich zuerst in den Kriegen der italienischen Stadtstaaten entwickelte und schließlich auf dem ganzen Globus durchsetzte.

China dagegen hat nie eine solche Dynamik endloser Expansion und Welteroberung entfaltet, obwohl es zur Zeit der Song- und Ming-Dynastien dafür die weitaus besseren ökonomischen und technischen Voraussetzungen besaß, etwa in der Schifffahrt und Waffentechnik. Auch wenn bereits im 11. Jahrhundert in China das Schwarzpulver und die Feuerwaffen erfunden wurden, ließ sich das Land nicht auf einen Rüstungswettlauf ein wie die Europäer, die diese Erfindungen im 13. Jahrhundert importierten und von da an bis zum heutigen Tag eine nicht enden wollende Spirale der Aufrüstung in Gang setzten, die inzwischen das Überleben der Menschheit bedroht.

Der Grund dafür lag vor allem darin, dass China nicht Teil eines Systems von Staaten war, die gegeneinander um Kapital und Rüstung konkurrierten. Dass der ökonomische und der politische Raum in China weitgehend übereinstimmten, war auch in dieser Hinsicht entscheidend. China unterhielt zwar ein großes Heer, das aber mit 25 Prozent des Staatshaushalts weit weniger Mittel beanspruchte als die 80 bis 90 Prozent, die das Militär in den frühneuzeitlichen Staaten des Westens verschlang. Noch um 1900 gaben Länder wie Großbritannien oder Deutschland 40 bis 50 Prozent ihrer Haushalte für das Militär aus und damit doppelt so viel wie China in den Zeiten seiner größten Machtentfaltung. China war zwar alles andere als ein pazifistisches Land, es war immer wieder in Kriege verwickelt, doch der größte Teil davon galt der Sicherung der Grenzen. Selbst die Eroberungen im Westen und Norden hatten vor allem das Ziel, in diesen Regionen einen Puffer gegen die häufigen Invasionen von Nomaden zu errichten.

Chinas Außenpolitik war über weite Strecken seiner Geschichte das Gegenteil der europäischen. Waren westliche Landesherren darauf aus, andere Territorien zu Vasallenstaaten oder Kolonien zu degradieren, um Steuern zu erpressen und ihren Unternehmen billige Arbeitskräfte und Ressourcen zu verschaffen, so bauten die chinesischen Regierungen gemeinsam mit ihren kleineren Nachbarn ein System gegenseitiger Geschenke und Handelsprivilegien auf, das Loyalität und Frieden sichern sollte. Obwohl China in diesem Staatensystem eine dominante Position besaß, beruhte es doch auf einem Prinzip des gegenseitigen Nutzens, wie es auch im Konfuzianismus angelegt war. Damit bildete es einen scharfen Kontrast zu dem westlichen

Staatensystem, das auf Konkurrenz, Konfrontation und einem Gefälle zwischen wertschöpfenden Zentren und ausgebeuteter Peripherie beruhte.[15] Das ostasiatische Staatensystem war in dieser Form aber nur möglich, weil der chinesische Staat unabhängig von den Renditeinteressen des privaten Kapitals und der Rüstungsproduzenten agieren konnte. Chinas Herrscher achteten auch ängstlich darauf, dass sich das Militär und seine Generäle nicht verselbstständigten und den Staat für ihre Zwecke instrumentalisierten. In Europa und später in den USA entwickelte sich dagegen das Militär zu einem nimmersatten Staat im Staate. Der militärisch-industrielle Komplex in den heutigen USA, einschließlich des »tiefen Staates«, ist dafür eines der eklatantesten Beispiele.[16]

Die großen See-Expeditionen und das Rätsel ihres abrupten Endes

Zu den großen Rätseln für westliche Historiker zählt es bis heute, dass China zwar Jahrzehnte vor den Europäern große See-Expeditionen unternahm, aber daraus kein koloniales Imperium aufbaute. Diese Geschichte wird oft als die einer vertanen Chance erzählt: Hätten die Chinesen ihre technische und kommerzielle Überlegenheit genutzt, dann wären sie und nicht die Europäer zu den Herren der Weltwirtschaft aufgestiegen. Aber diese Erzählung verkennt, dass China ein vollkommen anderes politisches und wirtschaftliches System hatte, das nicht auf einer Dynamik endloser Expansion beruhte. Die chinesischen Seereisen hatten daher von Anfang an einen vollkommen anderen Charakter als die Expeditionen eines Vasco da Gama oder eines Kolumbus. Sie dienten nicht dazu, neue Seewege zu erschließen und neue Weltregionen zu unterwerfen, sondern bewegten sich entlang längst bekannter Handelsrouten, die über Indien, Persien und die arabische Halbinsel bis nach Afrika reichten. Das Ziel war nicht Ausbeutung und Kolonisierung, sondern die Vertiefung diplomatischer und kommerzieller Verbindungen, die durch den Austausch von Geschenken gestärkt wurden.[17] Zwar hatten auch die gewaltigen chinesischen Segelschiffe, die zum Teil über hundert Meter lang waren und neun Masten trugen, Soldaten an Bord. Aber der Zweck des Militärs war nicht Eroberung, sondern Verteidigung. Obwohl die chinesische Hochseeflotte mit Abstand die mächtigste der Welt war (mehr als doppelt so groß wie die spanische Armada im 16. Jahrhundert) und jede Seeschlacht mit Leichtigkeit gewonnen hätte, machte sie von dieser Übermacht kaum Gebrauch. Im Jahr 1433, 60 Jahre bevor Kolumbus auf den Bahamas landete und Vasco da Gama Kap Hoorn umsegelte, stellten die Chinesen ihre großen See-Expeditionen plötzlich ein und nahmen sie nie wieder auf. Neben der großen Belastung des Staatshaushalts und Grenzkonflikten daheim lag der entscheidende Grund darin, dass die konfuzianischen Beamten eine zu große Machtballung der Händler und des Militärs fürchteten. Zu Recht, wie die Geschichte Europas bald zeigte, wo Kapitalisten und Warlords den eigenen Kontinent und schließlich auch die übrige Welt in eine 500-jährige Spirale von Krieg und radikaler Ausbeutung stürzen sollten.

Chinas »500-jähriger Frieden«

Das Ende der See-Expeditionen fällt in die Zeit der Ming-Dynastie (1368–1644). Ihr Begründer war ein einfacher Bauer namens Hongwu, der als Anführer der revolutionären »Roten Turbane« die vorherige Dynastie der mongolischen Herrscher gestürzt hatte. Er setzte eine erneute Landreform durch, in der die Großgrundbesitzer enteignet und das Land an Kleinbauern verpachtet wurde, und legte damit einen der Grundsteine für den relativen Wohlstand der folgenden Jahrhunderte. Stärker noch als die Herrscher der Song-Dynastie versuchten die Ming-Kaiser und ihre Beamten kapitalistische Ansätze im Zaum zu halten.

Die »nicht-kapitalistische Marktökonomie« und die daraus folgende Beschränkung des Militarismus machten China in der Epoche vom 14. bis ins frühe 19. Jahrhundert erneut zur wohlhabendsten Region der Erde. Die europäischen Staaten hatten in dieser Zeit ein chronisches Handelsdefizit mit China, weil das Reich der Mitte Waren wie Porzellan, Seide und Tee herstellte, die im Westen hochbegehrt waren, während China relativ selbstgenügsam war und an europäischen Produkten kaum Interesse hatte – außer an Edelmetallen. Während sich Europa in endlosen Kriegen aufrieb und die kapitalistische Umwälzung dort große Teile der Bevölkerung ins Elend stürzte – die Reallöhne sanken in Europa vom 15. bis weit ins 18. Jahrhundert –, genoss China in dieser Zeit lange Friedensperioden, soziale Stabilität und relativ breit gestreuten Wohlstand. Das bedeutet nicht, dass China jemals ein ideales Reich des Friedens und der sozialen Gerechtigkeit gewesen sei – es war weit davon entfernt. Wie jeder Staat in den vergangenen 5000 Jahren, so war auch das chinesische Reich ein Herrschaftsapparat, der die Ungleichheit von Menschen institutionalisierte. Aber im Vergleich mit der Sklavenhaltergesellschaft des Römischen Reichs und dem modernen kapitalistischen Weltsystem waren sowohl der Kriegsführung als auch der Ausbeutung in China engere Grenzen gesetzt.

Die Zerstörung Chinas durch die westlichen Kolonialmächte

Die Einhegung von Kapital- und Militärmacht bescherte China zwar lange Zeit mehr Stabilität und Breitenwohlstand als Europa, wurde dem Land aber zum Verhängnis, als in Europa das monströse System aus Kriegswirtschaft und endloser Geldvermehrung so weit gewachsen war, dass es nach dem Fernen Osten greifen konnte. Den Briten, die seit Beginn des 19. Jahrhunderts den Welthandel beherrschten, war das chronische Handelsdefizit mit China ein Dorn im Auge. Um dieses Defizit zu bereinigen, versuchten sie, Opium aus Britisch-Indien nach China zu exportieren. Die Britische Ostindien-Kompanie (BEIC) war damals nicht nur die größte Aktiengesellschaft, sondern auch der größte Drogenhändler der Welt und schmuggelte Opium im großen Stil ins südchinesische Guangzhou (Kanton). Doch die chinesische Regierung wehrte sich gegen den illegalen Handel. China hatte sich bis dahin erfolgreich sowohl der Kolonisierung als auch einer schleichenden Integration in den kapitalistischen Weltmarkt widersetzt. Ausländische Händler unterlagen erheblichen Restriktionen, ebenso Missionare. Um China aufzubrechen, griff die britische Regierung schließlich zu Mitteln, die das wohlhabende Land in Chaos und Verelendung stürzen und zu einer der größten Tragödien der menschlichen Geschichte führen sollten. Wie so oft, wenn die Opfer von großen Verbrechen keine Europäer sind, erfahren wir in unseren Schulbüchern und Baedeker-Reiseführern wenig bis gar nichts über diese Geschichte. Daher sei sie hier erzählt.

Britische Händler bedienten sich im 19. Jahrhundert südchinesischer Geheimbünde, der sogenannten Triaden, als Abnehmer des Opiums und bauten sie zu mächtigen Mafia-Organisationen auf, die über die nächsten hundert Jahre die chinesische Gesellschaft massiv destabilisierten. Eine zentrale Rolle spielte dabei neben der Ostindienkompanie das Unternehmen Jardine, Matheson & Co., das heute ein milliardenschwerer Weltkonzern mit Hauptsitz in der britischen Steueroase der Bermudas ist.[18] Später wurde auch die Hongkong and Shanghai Banking Corporation (HSBC) – heute die zweitgrößte Bank der Welt – zu einem zentralen Akteur. Der Grundstein für den Reichtum dieser Konzerne wurde vom organisierten Verbrechen gelegt. Zusammen mit den Regierungen Großbritanniens und Frankreichs, später auch der USA und Japans, waren diese Unternehmen die Pioniere des globalen Rauschgifthandels, der heute mit einem Umsatz von vier *Billionen* Dollar (viertausend Milliarden) zu den größten Branchen der Weltwirtschaft zählt.[19]

Bis heute sind Regierungen auf vielfältige Weise in diesen Handel verstrickt. Im Vietnam-Krieg etwa kurbelten die USA den Rauschgifthandel im »Goldenen Dreieck« Indochinas massiv an, um ihre geheimen Operationen zur Bombardierung von Laos zu finanzieren. Damit schufen sie neue mächtige Mafia-Organisationen, die auch nach dem Krieg weiter florierten, machten etwa 20 Prozent der US-Soldaten heroinabhängig und fluteten auf diese Weise schließlich auch den amerikanischen Markt mit harten Drogen. In Nicaragua und Afghanistan wiederholte sich später ein ähnliches Muster.[20] Das weltweite Drogendrama ist nicht zuletzt das Ergebnis westlicher Versuche, unliebsame Regierungen zu destabilisieren. Insofern ist der sogenannte »Drogenkrieg« ein endloser Kampf gegen die selbst geschaffenen Gespenster – ähnlich wie der »Anti-Terror-Krieg«, der immer neue Terroristen hervorbringt.

Opium, Kanonen und der Weg ins Chaos

Als chinesische Behörden 1839 britische Drogenhändler verhafteten und mehr als tausend Tonnen illegalen Rauschgiftes verbrennen ließen, bewegten die Unternehmer Jardine und Matheson ihre Regierung in London dazu, einen Krieg vom Zaun zu brechen, der als Erster Opiumkrieg in die Geschichte einging. Das britische Parlament und die Händler forderten »Genugtuung und Wiedergutmachung« dafür, dass die chinesische Regierung es gewagt hatte, ihre eigenen Gesetze anzuwenden, um das Land vor Drogengangstern zu schützen, und schickten eine Kriegsflotte. Das chinesische Militär hatte den Kanonen und den ersten dampfgetriebenen Stahlschiffen der Briten – von den Chinesen »Teufelsschiffe« genannt – wenig entgegenzusetzen und kapitulierte 1842. 1856 begannen Großbritannien und Frankreich nach einem ähnlichen Vorfall den Zweiten Opiumkrieg und verwüsteten als Höhepunkt der Invasion den kaiserlichen Sommerpalast in Beijing. Die Siegermächte, zu denen sich nun auch die USA und Russland gesellten, erpressten die sogenannten »Ungleichen Verträge«, die den Opiumhandel legalisierten, Chinas Öffnung für den Welthandel erzwangen und christlichen Missionaren freie Hand gaben. Das Ergebnis der Invasionen und der Mafia-Aktivitäten war der Absturz Chinas in das Chaos eines *failed state* – ähnlich wie 150 Jahre später Staaten wie Irak und Libyen nach westlichen Interventionen zu gescheiterten Staaten wurden. Die einst blühende Wirtschaft begann zu verfallen, das soziale Gewebe zerriss. Bereits 1851 brach der Taiping-Aufstand aus, der zum blutigsten Bürgerkrieg der menschlichen Geschichte werden sollte. 20 bis 30 Millionen Menschen verloren ihr Leben. Der Aufstand hatte seinen Ursprung im Süden, wo die von England und Frankreich gesteuerten Mafia-Triaden ihr Unwesen trieben. Ein Bauernsohn namens Hong Xiuquan, von einem amerikanischen Missionar mit christlich-apokalyptischem Gedankengut versorgt, wurde zum Anführer und mobilisierte unzufriedene Minderheiten zum bewaffneten Kampf gegen die Zentralregierung.[21] Die von ihm gegründete Bewegung verkündete zwar auf der einen Seite eine klassenlose Gesellschaft, war aber zugleich zutiefst autoritär, repressiv und von religiösem Fanatismus geprägt. Der Konflikt eskalierte in einen totalen Krieg, in dem beide Seiten eine Strategie der verbrannten Erde verfolgten, ganze Landstriche niederbrannten und Hunderte von Städten verwüsteten. Auch wenn der Bürgerkrieg zum Teil interne Ursachen hatte, so wirkten die britischen Interventionen doch als entscheidender Brandbeschleuniger. Als weiteres Ergebnis der Opiumkriege wurden 20 Millionen Chinesen drogenabhängig – ein makabres Symbol für die erzwungene Abhängigkeit vom Westen. Die Drogen schwächten die Bevölkerung, das Militär und die Führung des Landes und dienten zugleich dazu, vor der sozialen Katastrophe in die Parallelwelt des Rausches zu flüchten.

Nach den beiden Invasionen und dem verheerenden Bürgerkrieg war China zerrüttet. 1899 erhob sich eine massive Rebellion gegen die westlichen

Kolonisatoren, die als »Boxeraufstand« bekannt wurde.[22] Eine Koalition aus acht Staaten – Deutschland, Großbritannien, USA, Russland, Japan, Italien, Frankreich und Österreich-Ungarn – antwortete mit einer weiteren Invasion. Der deutsche Kaiser rief die Soldaten zu einem Vernichtungsfeldzug auf:

> Pardon wird nicht gegeben! Gefangene werden nicht gemacht! Wer euch in die Hände fällt, sei in eurer Hand. Wie vor tausend Jahren die Hunnen unter ihrem König Etzel sich einen Namen gemacht, der sie noch jetzt in der Überlieferung gewaltig erscheinen läßt, so möge der Name Deutschlands in China in einer solchen Weise bekannt werden, dass niemals wieder ein Chinese es wagt, etwa einen Deutschen auch nur scheel anzusehen.[23]

In dieser Zeit wurde auch im Westen der Propagandabegriff der »Gelben Gefahr« geprägt, der bis auf den heutigen Tag immer wieder in verschiedenen Varianten wiederbelebt wird, um Stimmung gegen China zu machen. Dabei war zu keinem Zeitpunkt der letzten gut 600 Jahre – seit Dschingis Khan – für den Westen eine Gefahr von China ausgegangen. Nachdem die alliierten Truppen die »Boxer« geschlagen und Beijing drei Tage lang geplündert hatten, erpressten sie die chinesische Regierung zu milliardenschweren »Reparationszahlungen«, die das Land vollends ruinierten.

1911 wurde nach dem Sturz der Monarchie eine Republik ausgerufen, die sich jedoch kurze Zeit später zu einer Diktatur entwickelte. In den folgenden Jahren fiel das »Reich der Mitte« in die Hände miteinander konkurrierender Warlords, die jeweils von unterschiedlichen Fraktionen westlicher Mächte und Japans unterstützt wurden.[24] Währenddessen bauten die britischen und französischen Geheimdienste zusammen mit den nun legal operierenden Opiumkonzernen in Schanghai mächtige Mafia-Organisationen auf: die sogenannten Roten und Grünen Banden. Auch der deutsche Konzernverbund IG Farben (BASF, Bayer, Höchst u. a.) war als Zulieferer an der Drogenproduktion beteiligt. Die Mafias sollten sich bald auch politisch als nützlich erweisen. Der Führer der von Frankreich unterstützten Grünen Bande trat 1925 der nationalistischen Kuomintang-Partei bei. Als die Kommunisten zwei Jahre später einen Generalstreik in Schanghai organisierten, der sich auch gegen die westliche Dominanz richtete, benutzte der Führer der Kuomintang, Chiang Kai-shek, die Gangster, um ein Massaker an den

Streikenden anzurichten und die politische Basis der Kommunisten in der Stadt auszulöschen. Ein 22-jähriger Bürgerkrieg war die Folge, der erst 1949 mit dem Sieg der Kommunisten endete.

Eine weitere Katastrophe brach über das zerrissene, kaum mehr verteidigungsfähige China mit den japanischen Invasionen der 1930er- und 1940er-Jahre herein, die etwa 20 Millionen chinesische Zivilisten das Leben kostete.[25] Nach dem Zweiten Weltkrieg ging schließlich für China ein Jahrhundert der Verwüstung zu Ende, dessen Beginn und auslösende Ursache die skrupellose und systematische Zerstörung der chinesischen Gesellschaft durch die westlichen Kolonisatoren war. Diese in Europa und Nordamerika weitgehend verdrängte Geschichte zeigt exemplarisch, wie die Eingliederung in das moderne kapitalistische Weltsystem Tod, Verelendung und Chaos für die betroffenen Bevölkerungen mit sich brachte.[26] China ist dabei kein Einzelfall, denn das gleiche gilt für die gewaltsame Integration der Amerikas, Südostasiens, Indiens und Afrikas seit dem 16. Jahrhundert.

Das neue China

Vor diesem Hintergrund ist die Einigung Chinas durch die Revolution von 1949 als gewaltige historische Leistung zu sehen. Die Regierung unter Mao setzte der Fremdbestimmung und Ausbeutung ebenso ein Ende wie den Bürgerkriegen, den Mafias und dem Drogenhandel. Sie schuf einen neuen Sozialvertrag, der eine Grundversorgung der breiten Bevölkerung mit Nahrung, Bildung und Gesundheitsleistungen garantierte und eine rasche Industrialisierung anstrebte. Das erste Jahrzehnt der kommunistischen Regierung ist dabei durchaus als bemerkenswerter Erfolg zu werten.[27] Die Industrialisierung erlebte allerdings durch das groteske Missmanagement beim »Großen Sprung nach vorn« Ende der 1950er-Jahre einen erheblichen Rückschlag. Millionen von Bauern wurden rekrutiert, um große Staudämme zu bauen und überall im Land in selbstgebauten Hochöfen Stahl zu produzieren – der sich allerdings am Ende oft als unbrauchbar erwies. Schlimmer aber war, dass die Bauern darüber die Bestellung des Landes vernachlässigten. In Verbindung mit katastrophalen Dürren und Überschwemmungen führte dies zu einer der schwersten Hungersnöte der chinesischen Geschichte, der Millionen von Menschen zum Opfer fielen.

China blieb in der Folge zwar ein relativ egalitäres aber auch armes Land. Die Kulturrevolution, die ursprünglich als Aufstand gegen die verkrusteten bürokratischen Strukturen der Parteielite gedacht war, artete seit 1967 in eine zehnjährige Jagd auf Andersdenkende aus, die tiefe Narben in der chinesischen Gesellschaft hinterließ.

Nach Maos Tod 1976 leitete dann die neue Führungsriege um Deng Xiaoping – der schon lange Maos parteiinterner Gegenspieler gewesen war – Schritt für Schritt einen Bruch mit dem Sozialvertrag ein. Deng versprach einen Wirtschaftsaufschwung um den Preis einer Öffnung für kapitalistische Elemente. »Lasst einige zuerst reich werden« war seine Devise, die anderen würden schon folgen. Die Ergebnisse dieser Politik werden bis heute sehr kontrovers diskutiert, nicht nur zwischen Befürwortern und Gegnern der kapitalistischen Entwicklung, sondern auch innerhalb der Linken. Die Autorin Naomi Klein (»Die Schock-Strategie«) und der Sozialwissenschaftler David Harvey etwa schildern Dengs Reformprogramm als einen neoliberalen, turbokapitalistischen Raubzug, der mit wilden Privatisierungen und der Aushöhlung der Arbeiterrechte eine Klasse von Superreichen erzeugte und zugleich hunderte Millionen von Arbeitern ihrer Grundsicherung beraubte.[28] Giovanni Arrighi dagegen zeichnet das Bild eines Wandels, der trotz aller Exzesse einen Weg zu einer erneuerten »nicht-kapitalistischen Marktwirtschaft« weisen könnte.[29]

Zu den Paradoxien Chinas gehört es, dass beides stimmt. China ist zweifellos Schauplatz massiver kapitalistischer Ausbeutung, etwa in den Zulieferbetrieben für Smartphones und Computer, der Textilbranche oder in der Bauwirtschaft. Tatsächlich war die Öffnung Chinas eine der entscheidenden Voraussetzungen für das weltweite neoliberale Rollback der 1980er- und 1990er-Jahre, denn nur die große Zahl hochqualifizierter, aber billiger Arbeitskräfte ohne echten gewerkschaftlichen Schutz ermöglichte es westlichen Industrien, Jobs im großen Stil ins Ausland zu verlagern und damit auch zu Hause Druck auf die Löhne auszuüben. China erschloss westlichen Unternehmen außerdem einen gewaltigen ökologischen Raum, aus dem sie billig Ressourcen beziehen und in dem sie so gut wie kostenlos Müll und Schadstoffe abladen konnten. Durch die Senkung von Lohn- und Umweltkosten gelang es den Kapitalbesitzern weltweit, ihre Profitraten, die in den 1970er-Jahren massiv gefallen waren, wieder auf hohem Niveau zu stabilisieren. Die Privatisierungsprogramme der Deng-Ära wurden darüber hinaus zu einer beispiellosen Plünderung des Volkseigentums genutzt: Nach Schätzungen wanderten fünf Billionen (5000 Milliarden) US-Dollar aus Staatsbesitz in die Taschen der neu geschaffenen Kapitalistenklasse. Ein großer Teil davon waren die Kinder von Parteikadern.[30] Der massive Protest gegen diese Politik, etwa im Rahmen der Demonstrationen auf dem Platz des Himmlischen Friedens im Jahr 1989, wurde brutal niedergeschlagen.

Chinas Sonderweg

Auf der anderen Seite aber hat die chinesische Regierung vieles vollkommen anders gemacht, als es das neoliberale Programm des »Washington Consensus« vorsah. Der Staat hat in China bis heute die Kontrolle über das Finanzsystem, den Kapitalverkehr, die Währung und Teile der Industrie und verfügt damit über die entscheidenden Mechanismen, um Investitionen zu steuern und den Außenhandel zu regulieren. Nur dadurch kann China langfristige ökonomische, soziale und auch ökologische Ziele über Jahrzehnte hinweg verfolgen und ist nicht, wie die meisten anderen Staaten, Marktbewegungen hilflos ausgeliefert. Der weltweite Rückgang der Armut in den Weltbankstatistiken der letzten Jahrzehnte ist fast ausschließlich darauf zurückzuführen, dass in China etwa 500 Millionen Menschen aus der Armut aufstiegen, etwa die Hälfte von ihnen in eine neue urbane Mittelklasse.[31] Indien dagegen, das sich dem neoliberalen Programm viel weitgehender unterwarf, hat eine chaotische Urbanisierung vor allem durch das rasante Wachstum von Slums erlebt, während China bisher in der Lage war, diesen Prozess halbwegs zu steuern – und das, obwohl die Urbanisierung dort viel schneller als in Indien voranschreitet. Auch wenn Ökologie und Ästhetik chinesischer Hochhausstädte erheblich zu wünschen übrig lassen und man sich fragen kann, ob die Existenz in solchen Betonsilos wirklich die Zukunft der Menschheit sein sollte, so muss man doch anerkennen, dass sie den indischen Megacities vorzuziehen sind, in denen neben den Wolkenkratzern der Reichen Millionen von Menschen im Müll leben.

China investiert auch wesentlich konsequenter und vorausschauender als andere Länder in seine öffentliche Infrastruktur. Ein Beispiel dafür ist das Netz von Hochgeschwindigkeitszügen. Während die USA und südamerikanische Länder ihre Eisenbahnnetze längst vollkommen ruiniert haben und europäische Staaten wie Deutschland und Frankreich ihren Schienenverkehr chronisch unterfinanzieren, hat China in kürzester Zeit das größte Schnellbahnnetz der Welt aufgebaut, das bis 2020 auf 30.000 Kilometer anwachsen soll.

Öffentliche Investitionen gehen weit über Chinas Grenzen hinaus. Mit der 2015 gegründeten Asiatischen Infrastrukturinvestmentbank (AIIB) co-finanziert Beijing die »neue Seidenstraße«: ein gewaltiges Projekt von Eisenbahnlinien, Highways, Pipelines und Häfen, das China über Zentralasien mit dem Iran und Westeuropa verbindet. Das strategische Ziel besteht dabei nicht zuletzt darin, der US-amerikanischen Militärpräsenz im Pazifik auszuweichen und einen Landweg nach Westasien und Europa zu erschließen. Die AIIB, zu deren Gründungsmitgliedern neben China auch Deutschland, Frankreich, Indien, Russland, Australien und Brasilien zählen, macht inzwischen der Weltbank und dem IWF Konkurrenz. Gleiches gilt für die in Schanghai ansässige New Development Bank, die von den BRICS-Staaten (Brasilien, Russland, Indien, China, Südafrika) gegründet wurde, auch wenn ihre Mittel etwas begrenzter sind.

China ist durch die Kontrolle seines Finanzsystems außerdem viel eher in der Lage als andere Staaten, einen relativ schnellen, geplanten Übergang zu erneuerbaren Energien zu organisieren. Die Regierung hat dazu das weltweit ehrgeizigste Programm ins Leben gerufen. Allein 2015 investierte das Land über 100 Milliarden US-Dollar, mehr als doppelt so viel wie die EU. Während in der EU das Investitionsvolumen von Jahr zu Jahr sinkt, steigt es in China.[32] Aus diesem Grund richten sich ironischerweise immer mehr Hoffnungen in der Klimapolitik auf China, das lange als einer der übelsten Umweltsünder galt, besonders da die US-Regierung fest im Griff der Öl-, Kohle- und Frackingindustrie ist.

Anders als in den USA wird Chinas Politik auch nicht von den Wünschen des militärisch-industriellen Komplexes dominiert. Dadurch ist China in der Lage, eine rationalere, auf Kooperation basierende Außenpolitik zu verfolgen, die langfristig erfolgreicher ist als die endlosen Kriege, in die sich die USA verstrickt haben – Kriege, die zwar sehr profitabel für Unternehmen wie Boeing, Blackwater oder Lockheed Martin sind, das US-Imperium aber zunehmend zersetzen.

Chinas Zerreißproben

Trotz dieser relativen Vorteile steht China im 21. Jahrhundert vor verschiedenen Zerreißproben. Seit Dengs Reformen ist die Einkommens- und Vermögensungleichheit geradezu explodiert. Einer schnell wachsenden Klasse von Millionären und Milliardären stehen etwa zweihundert Millionen Menschen gegenüber, die unterhalb der Armutsschwelle leben, die meisten von ihnen in den westlichen und nordwestlichen Provinzen. Die reichsten 1 Prozent der Bevölkerung kontrollieren ein Drittel des gesamten Vermögens. In den Ballungsräumen treibt die Immobilienspekulation die Mieten in für Normalverdiener unbezahlbare Höhen. Willkür und Korruption staatlicher Beamter, die oft mit den Wirtschaftseliten verfilzt sind, führen im ganzen Land zu massiven Protesten. Die chinesische Regierung registriert etwa 38.000 Vorfälle von »sozialer Unruhe« *pro Tag*. Über 300 davon sind »Massenereignisse« wie Streiks, Demonstrationen und Krawalle.[33] Diese Zahlen steigen kontinuierlich an. Damit scheint China seiner zweitausendjährigen Tradition starker Protestbewegungen treu zu bleiben. Zu den Hauptgründen für Proteste gehören auch Umweltverbrechen. 60 Prozent des Grundwassers und die meisten Flüsse und Seen in China sind verseucht. In den Städten führt der Smog aus Kohlekraftwerken und Verkehr zu Hunderttausenden von Lungenerkrankungen pro Jahr.

Nun gibt es für die chinesische Regierung im Prinzip zwei Möglichkeiten: Entweder sie unterdrückt diesen Protest mit Gewalt und riskiert damit die politische Stabilität, womöglich sogar Chinas staatliche Einheit – und damit auch das politische Überleben der Parteielite; oder sie läutet eine tiefgreifende sozial-ökologische Reform ein, die die Rechte der Arbeitenden und der Umwelt stärkt. Wenn China den zweiten Weg wählt, bedeutet dies aber unweigerlich wesentlich höhere Löhne und Produktionskosten – und damit niedrigere Profitraten. Damit würde China einen erheblichen Teil seiner Attraktivität für Investoren und vermutlich auch sein schnelles Wachstum einbüßen. Und das wiederum könnte die Legitimierung der Regierung ebenfalls untergraben. Chinas Führung steht also vor einem typischen Double-Bind-Problem: Was immer sie tut, verschlechtert ihre Lage.

Nun wird oft gesagt, Chinas Chance bestünde darin, die Billig-Exportwirtschaft durch eine starke Binnenkonjunktur zu ersetzen. Chinesen könnten auf diese Weise, so die Annahme, innerhalb der kapitalistischen Weltwirtschaft zu einem durchschnittlichen Lebensstandard wie in der EU, den USA oder Japan aufsteigen. Dabei wird aber vergessen, dass dieser Lebensstandard im Westen gar nicht möglich wäre, ohne dass ein wesentlich größerer Teil der Erde und der Weltbevölkerung zur Lieferung billiger Rohstoffe und Arbeit zur Verfügung steht. Über die gesamte 500-jährige Geschichte des modernen Weltsystems waren dies etwa zwei Drittel der Weltwirtschaft.[34] Gelang es den Arbeitenden in einem Land, einen höheren Lebensstandard durchzusetzen, mussten neue – und zwar deutlich größere – Gebiete erschlossen werden, die billige Arbeit und Ressourcen lieferten. Diese Dynamik feuerte sowohl die koloniale Expansion als auch später die neoliberale Globalisierungswelle an. David Harvey nennt diesen Vorgang »spatial fix« (räumliche Lösung). Für die systemische Krise der 1970er- und 1980er-Jahre war China die Lösung. Die Verwandlung Chinas in einen riesigen Sweatshop und ein Paradies für Umweltsünder machte es möglich, dass Kapitalbesitzer weiter Profite erzielten und *zugleich* der Lebensstandard im Westen, trotz gewisser Einbrüche, halbwegs aufrechterhalten werden konnte. Wenn nun aber Chinas 1,4 Milliarden Menschen zum Westen aufschließen sollen, wer sind dann die ärmeren zwei Drittel der Menschheit, die für den Westen, Japan *und* China billige Handys und T-Shirts herstellen, billiges Aluminium und billigen Reis liefern? Wo sollen dann noch attraktive Gewinnspannen für Investoren herkommen, ohne die das System nicht funktionieren kann? Und was noch schwerer wiegt: Wo soll der ökologische Raum herkommen, der die Ressourcen bereitstellt und die Massen von Abfällen aufnimmt? Die Grenzen der räumlichen Erweiterung des Systems sind deutlich absehbar. Und aus diesem Grund ist der Aufstieg Chinas auch unlösbar mit der Frage verknüpft, ob die kapitalistische Megamaschine eine Zukunft hat.

Klimachaos: die Verschärfung der Systemfrage

Diese Frage wird durch den Klimawandel erheblich verschärft. China trägt zur globalen Erwärmung nicht nur wesentlich bei, sondern wird von den Folgen auch massiv bedroht. Die US-Forschungseinrichtung Climate Central ist zu dem Schluss gekommen, dass China mehr als alle anderen Länder vom Anstieg des Meeresspiegels betroffen sein wird, mit etwa 145 Millionen

Menschen, die in gefährdeten Gebieten leben. Küstenstädte wie Schanghai (22 Millionen Einwohner), Tianjin (15 Millionen) oder Hongkong (sieben Millionen) würden schon bei einer Erwärmung um zwei Grad zu großen Teilen unbewohnbar, bei vier Grad müsste Schanghai vollkommen aufgegeben werden.[35] Hinzu kommt, dass die Intensität und Häufigkeit von Taifunen mit der Erwärmung der Meere rasch zunimmt und in Kombination mit dem steigenden Meeresspegel die Küsten Südchinas, die das wirtschaftliche Zentrum des Landes bilden, zu verwüsten droht.

Noch schwerwiegender als das steigende Salzwasser auf der einen Seite ist das schwindende Süßwasser auf der anderen. Die großen Flüsse Huang He und Jangtse sind die Wiege der chinesischen Zivilisation, von ihrem Wasser hängt der größte Teil der Bevölkerung, der Landwirtschaft und auch der Industrie ab. Doch die Gletscher des Himalaya und der Permafrost des tibetischen Hochlandes, aus dem sich diese Flüsse speisen, schmelzen. Bereits 2005 stellte Greenpeace eine Studie vor, die vor dem Zusammenbruch des Huang He warnt.[36] Seither hat sich die Eisschmelze erheblich beschleunigt. Als Konsequenz sind zunächst größere Überschwemmungen zu erwarten; im Laufe der nächsten Jahrzehnte aber, wenn die Gletscher verschwunden sind, werden die Flüsse schließlich in den regenarmen Jahreszeiten trockenfallen. Insgesamt hängt die Wasserversorgung von etwa 1,5 Milliarden Menschen in China, Südostasien, Bangladesch, Pakistan und Indien entscheidend vom Himalaya-Eis ab.

Chinas Schwenk zu erneuerbaren Energien ist auch vor dem Hintergrund dieser Szenarien zu sehen. Allerdings ist es fraglich, ob diese Bemühungen ausreichen werden, um katastrophale Folgen für China und den Rest der Welt zu vermeiden. Auch wenn die chinesische Führung versucht, sich zum Vorreiter des Klimaschutzes zu machen, ist ihr Einfluss auf die anderen großen Industriestaaten begrenzt. Das noch tiefer liegende Problem aber besteht darin, dass durchgreifender Klimaschutz und weiteres Wirtschaftswachstum schlicht nicht miteinander vereinbar sind, weder im Westen mit seinen exorbitant hohen Pro-Kopf-Emissionen, noch auf Dauer in China.

Allein die Zementproduktion – die aus den UN-Klimaverhandlungen ausgeklammert ist und folglich in den meisten Daten gar nicht auftaucht – ist für doppelt so viele Treibhausgasemissionen weltweit verantwortlich wie der globale Flugverkehr. Das liegt nicht nur an dem hohen Energiebedarf bei der Produktion, sondern auch an den chemischen Prozessen, die große CO_2-Mengen freisetzen. Der Bauboom heizt daher den Klimawandel auch dann noch an, wenn die Energieversorgung auf erneuerbare Alternativen umgestellt wird. Wird die rasche Urbanisierung weiter wie bisher mit Zement, Stahl und Aluminium bestritten, wird allein dies zwei Drittel des noch verbleibenden globalen CO_2-Budgets auffressen.[37] Die Umstellung auf erneuerbare Energien ist selbst wiederum mit erheblichen Emissionen für die rasche Produktion von Windrädern, Solarpanels und Staudämmen verbunden. Ein Umstieg auf Elektroautos erfordert noch wesentlich mehr Windräder und Staudämme. Außerdem produziert die Herstellung eines Elektroautos 60 Prozent mehr Treibhausgase als die eines herkömmlichen PKWs.[38] All diese Beispiele zeigen: Um den Klimawandel schnell genug auszubremsen, muss der Umstieg auf erneuerbare Energien mit einem Ausstieg aus der Logik des Immer-Mehr verknüpft werden.

Der Klimawandel bringt daher unweigerlich die Systemfrage auf die Tagesordnung. Der Versuch, soziale Konflikte durch dauerhaftes weiteres Wachstum zu besänftigen, produziert ökologische Krisen, die wiederum neue und wahrscheinlich noch heftigere soziale Konflikte zur Folge haben. Die chinesische Geschichte ist voll von Beispielen dafür, wie drastische Umweltveränderungen politische Systeme ins Wanken gebracht und schließlich gestürzt haben. Im ersten Jahrhundert n. Chr. zum Beispiel änderte der Gelbe Fluss seinen Lauf und teilte sich in zwei Ströme. In den daraus folgenden Hungersnöten und Epidemien formierte sich die Bewegung der »Roten Augenbrauen«, die schließlich die Xin-Dynastie stürzte. Gut einhundert Jahre später führten weitere Überschwemmungen zu einer erneuten Verschärfung sozialer und politischer Konflikte. Die daoistisch inspirierte Bewegung der »Gelben Turbane« organisierte heimatlose Bauern gegen die verhassten Großgrundbesitzer und brachte schließlich die Han-Dynastie zum Zusammenbruch. Dem modernen China könnte Ähnliches bevorstehen. Die Parteieliten wissen das zweifellos. Aber große Teile von ihnen sind inzwischen viel zu sehr mit den Interessen der Kapitalakkumulation verzahnt, als dass sie aus eigenem Antrieb die Mammutaufgabe angehen würden, China auf den Weg einer post-kapitalistischen Öko-Gesellschaft zu bringen. Es ist daher auch in China nicht mit einem sanften, gelenkten Übergang zu rechnen, sondern mit einer erheblichen Verschärfung sozialer

Konflikte in den kommenden Jahren und Jahrzehnten. Der Kommunistischen Partei könnte es dabei so ergehen wie mancher Kaiserdynastie, die von Aufständen hinweggefegt wurde.

Chinas politische Landschaft ist das Ergebnis einer Mischung von mindestens vier Traditionen: der nicht-kapitalistischen Marktwirtschaft; dem Erbe der staatssozialistischen Ära; der kapitalistischen Dynamik; und der langen Tradition von Volksaufständen und Selbstorganisation. Es ist offen, welche Elemente sich davon durchsetzen werden und welche neuen Mischungsverhältnisse dabei herauskommen. In jedem Fall wird die Richtung, die China einschlägt, wesentliche Auswirkungen auf die Welt und auf die Chancen einer relativ friedlichen sozial-ökologischen Transformation haben. Für soziale Bewegungen im Westen ist es daher von großem Interesse, Verbindungen zu Chinas Graswurzel-Bewegungen aufzubauen, um einen wechselseitigen Lernprozess anzustoßen, auch wenn dies aufgrund der politischen Restriktionen und der Sprachbarrieren schwierig ist.[39]

Wege zu einer neuen globalen Friedensordnung

Die besondere Geschichte Chinas und seine heutige Rolle eröffnen wichtige friedenspolitische Perspektiven. Chinas Außenpolitik hat noch immer Elemente des alten zwischenstaatlichen Systems Ostasiens bewahrt, das über Jahrhunderte auf einer Politik des gegenseitigen Nutzens beruhte und Rüstungswettläufe wie im Westen vermied. An diese Kräfte und Traditionen in China gilt es anzuknüpfen. Die »Neue Seidenstraße«, so problematisch einzelne Aspekte davon aus ökologischer Perspektive auch sind, kann als eine Chance verstanden werden, die Blockkonfrontationen auf dem eurasischen Kontinent zu überwinden und ein neues ziviles Sicherheitssystem zu entwickeln, unter Einbeziehung Russlands, der zentralasiatischen Staaten und möglicherweise auch des Nahen Ostens und Afrikas. Die Organisation für Sicherheit und Zusammenarbeit in Europa (OSZE), zu der auch Russland und die USA gehören, könnte dafür, trotz aller Defizite, ein Modell bilden. Immerhin wurde sie in den 1970er-Jahren gegründet, um ein Gegengewicht zur militärischen Konfrontation zu schaffen. Die neue geopolitische Lage könnte auch Spielräume für eine Weiterentwicklung und Demokratisierung der Vereinten Nationen schaffen. Die NATO dagegen ist eher Teil des

Problems als der Lösung, weil sie, anders als die OSZE, auf einer exklusiven, konfrontativen und militaristischen Logik beruht. Seit dem Zerfall des Ostblocks kann die NATO die Existenz ihres aufgeblähten Apparates nur rechtfertigen, indem sie neue Feindbilder aufbaut und Konflikte schürt. Das liegt, wie der Soziologe Max Weber einst bemerkte, in der Logik von bürokratischen Institutionen begründet; denn alle, die in ihnen arbeiten und von ihnen profitieren, haben ein Interesse daran, diese Institutionen zu bewahren und auszubauen, selbst wenn ihr gesellschaftlicher Nutzen nicht mehr erkennbar ist.

Eine neue europäisch-asiatische Sicherheitsarchitektur, die an die Stelle der NATO tritt, gehört daher auf die Tagesordnung von allen Menschen, die sich für eine friedliche Transformation einsetzen. Das heißt nicht, dass man über die problematische Menschrechtssituation in China oder in Russland hinwegsieht. Entspannungspolitik – das kann man aus Willy Brandts Ära lernen – bedeutet nicht, alles, was auf der anderen Seite einer Grenze stattfindet, gutzuheißen. Es bedeutet, bei allen Differenzen sicherzustellen, dass man sich nicht gegenseitig umbringt. Denn das ist die Voraussetzung für alles Weitere.

Natürlich ist dabei mit erheblichem Widerstand aus den USA zu rechnen. Ein Zusammenrücken Europas und Asiens wäre ein herber Rückschlag für alle Versuche, die Reste der einstigen US-Hegemonie zu erhalten. Allerdings werden auch in den USA die Stimmen lauter, die sich für ein Ende der Empire-Politik einsetzen. Die etwa 800 Militärbasen außerhalb der USA und die endlosen Kriege treiben das Land an den Rand des finanziellen und sozialen Ruins.[40] Ein Abschied vom Empire könnte für die überwältigende Mehrheit der US-Bürger eine große Erleichterung sein, vor allem wenn dieser Abschied mit einem Investitionsprogramm in die sozial-ökologische Transformation verbunden wird. Die progressiven Bewegungen in den USA spielen daher eine entscheidende Rolle für die globale Friedenspolitik.

Friedens-, Umwelt- und Gerechtigkeitsbewegungen gehören zusammen

Die Chancen dafür, im 21. Jahrhundert verheerenden Kriegen zu entgehen, hängen also ganz wesentlich davon ab, ob es den Bevölkerungen in den USA, Europa und China gelingt, ihre Regierungen auf einen Kurs der Kooperation zu bringen und sich nicht in neue Rüstungsspiralen und Kriege hineinziehen zu lassen. In der EU ist derzeit leider das Gegenteil erkennbar. Unter dem Vorwand, dass die USA seit dem Regierungsantritt von Donald Trump kein verlässlicher Sicherheitsgarant mehr seien, haben viele EU-Regierungen, insbesondere die deutsche, angekündigt, ihre Rüstungsbudgets Schritt für Schritt auf zwei Prozent der Wirtschaftsleistung anzuheben. Für Deutschland würde dies eine Steigerung des jährlichen Militärbudgets um 80 Prozent beziehungsweise 26 Milliarden Euro bedeuten. Sogar die Idee deutscher Atombomben wurde von einigen Think Tanks, diversen Journalisten und auch einem CDU-Abgeordneten ins Spiel gebracht.[41] Diese Vorschläge sind besonders verantwortungslos und grotesk, da es derzeit keinen einzigen Staat auf der Erde gibt, der Deutschland anzugreifen droht.

Die US-amerikanischen Atomraketen sind, wie im Kalten Krieg, noch immer permanent in höchster Alarmstufe (»hair trigger alert«), zwischen Einsatzbefehl und Abschuss liegen nur wenige Minuten. Obwohl Barack Obama vor seiner ersten Wahl versprochen hatte, diese Alarmstufe zurückzusetzen, hat er es trotz eindringlicher Appelle nicht getan. Damit bleibt das Risiko, einen Atomkrieg durch einen Fehlalarm auszulösen, enorm hoch. Dass wir heute noch existieren, ist angesichts der Hunderte von Fehlalarmen in den letzten Jahrzehnten nur glücklichen Zufällen und in einigen Fällen dem Einsatz geistesgegenwärtiger Offiziere zu verdanken, die in letzter Minute das Schlimmste verhindert haben. Erschwerend kommt hinzu, dass die Entscheidung über die Fortexistenz der Menschheit heute in den Händen eines Mannes liegt, den selbst viele seiner Parteifreunde für unberechenbar halten und der bereits Nordkorea mit einem nuklearen Erstschlag gedroht hat (»Feuer und Raserei, wie sie die Welt noch nicht gesehen hat«). Der Abwurf der Atombomben auf Hiroshima und Nagasaki zeigt aber auch, dass es nicht einmal eines impulsiven und egomanischen Rechtsaußen wie Trump bedarf, um den Knopf zu drücken, sondern auch ein unauffälliger Schreibtischtäter wie Harry Truman zum Äußersten fähig ist.

Wer immer am Knopf sitzt, er kann sich auf eine funktionierende Befehlskette verlassen. Der Oberbefehlshaber der US-Pazifikflotte Admiral Scott Swift wurde bei einer Sicherheitskonferenz gefragt, ob er, wenn Präsident Trump ihm morgen den Befehl gäbe, Atomraketen auf China abzuschießen, Folge leisten würde. Die Frage nach dem nuklearen Holocaust löste beim anwesenden Militärestablishment erhebliche Heiterkeit aus. Scott antwortete fröhlich und ohne Ironie, er habe einen Eid geschworen und würde den Befehl selbstverständlich ausführen – was das Publikum befriedigt zur Kenntnis nahm.[42] Angesichts dieses institutionalisierten Wahnsinns ist die Ächtung und Abschaffung von Atomwaffen eine der drängendsten Aufgaben der Gegenwart. Nach Jahrzehnten hartnäckiger Arbeit ist es der Organisation ICAN (International Campaign against Nuclear Weapons) und anderen gelungen, einen UN-Vertrag zum Verbot von Atomwaffen auf den Weg zu bringen – allerdings weitgehend ignoriert von der deutschen und europäischen Öffentlichkeit. Die Weigerung der deutschen Bundesregierung, diesem Vertrag beizutreten, muss als das, was sie ist, skandalisiert werden: Beihilfe zum nuklearen Armageddon. Der deutsche Außenminister Sigmar Gabriel (SPD) freut sich sogar darauf, dass die US-Atomraketen im pfälzischen Büchel endlich erneuert werden.[43] Den westlichen Gesellschaften vor 1914 wurde nachgesagt, sie seien wie Schlafwandler in die Katastrophe des Großen Krieges gesteuert. Noch können wir verhindern, dass über uns einmal Ähnliches gesagt wird – sofern überhaupt noch jemand existieren wird, um zurückzublicken.

Für alle, die an einer sozial-ökologischen Transformation Interesse haben, ist es von entscheidender Bedeutung, dem Rüstungswahnsinn Einhalt zu gebieten und für eine neue Friedensordnung zu kämpfen. Nicht nur, weil die Gelder anderswo besser aufgehoben sind als in neuen Massenvernichtungswaffen. Sondern auch, weil die Chancen, dass wir, unsere Kinder und unsere Enkel die nächsten Jahrzehnte überleben werden, davon abhängen. Wie der Philosoph Günther Anders, der sein Leben lang gegen die atomare Rüstung kämpfte, bereits 1982 bemerkte: »Was würde die Freiheit eines Weltfriedhofs taugen?«[44]

Ausstieg aus der Megamaschine: Ein 16-Punkte-Programm*

1. Streichung aller direkten und indirekten Subventionen für umwelt- und gemeinwohlschädigende Aktivitäten, insbesondere im Energie- und Verkehrssektor, dem produzierenden Gewerbe, der Finanzbranche und der Landwirtschaft.

2. Umbau der Energiesysteme auf dezentrale erneuerbare Energien in Bürgerhand und Ende der Förderung fossiler Ressourcen bis spätestens 2035 (Braunkohle bis 2025).

3. Umbau der Landwirtschaft zur Agrarökologie und Ernährungssouveränität, wie ihn u. a. der UN-Sonderberichterstatter für das Recht auf Nahrung fordert.

4. Konsequenter und schneller Umbau des Transportwesens vom Autoverkehr hin zu öffentlichen Systemen auf der Basis erneuerbarer Energien sowie Drosselung des Flugverkehrs (Verbot von Inlandsflügen u. a.).

5. Massive Besteuerung übermäßiger Einkommen und Vermögen zur Finanzierung des sozial-ökologischen Umbaus.

6. Verbot aller Rüstungsexporte, wie es beispielsweise in Japan von 1967 bis 2014 galt.

7. Verbot von Atomwaffen, wie es mittlerweile von 122 Ländern der UN gefordert wird.

8. Wirksame Obergrenzen für sozialverträgliche Mieten und Überführung privater Immobiliengesellschaften in Gemeineigentum.

---

* Die Reihenfolge stellt keine Gewichtung dar. Die Auswahl der 16 Punkte erhebt keinen Anspruch auf Vollständigkeit und schließt andere, ebenso wichtige Themen nicht aus.

9. Überführung des privaten Finanzsektors in Gemeineigentum; Kreditvergabe nach sozial-ökologischen Kriterien, nicht nach Rendite.

10. Überführung von Unternehmen ab einer bestimmten Größe in gemeinwohlorientierte Eigentums- und Rechtsformen in Belegschaftshand.

11. Beendigung des globalen Apartheidregimes: Bewegungsfreiheit für Migranten und Geflüchtete, sichere Einreisemöglichkeiten in die EU, Anerkennung von Klimaflüchtlingen und erweitertes Bleiberecht.

12. Durchsetzung von globalen sozialen Rechten: Zugang zu Gesundheitsversorgung, Bildung, sauberem Wasser, gesunder Ernährung, Energie, angemessenem Wohnraum und Kultur sind als unveräußerliche Menschenrechte unabhängig von Geld, Markt und Herkunft zu gewähren.

13. Neue Handelsregeln, die Menschenrechten, Umweltschutz und sozialer Sicherheit dienen, anstelle von WTO, TTIP, CETA und JEFTA.

14. Moratorium für Risikotechnologien, einschließlich Synthetischer Biologie, Gentechnik, Nanotechnologie, Geo Engineering, Fracking, transhumaner Künstlicher Intelligenz und 5G-Technologie, sowie umfassende zivilgesellschaftliche Prüfung nach dem Vorsorgeprinzip.

15. Einführung von Bürgerräten für die gesellschaftliche Transformation einschließlich eines Bürgerkonventes für die Erarbeitung einer neuen EU-Verfassung.

16. Aufbau von nicht-kommerziellen Medien, die diese Themen konsequent verfolgen und Bürger zum Engagement aktivieren.

Es wird immer wieder gesagt, Politik lasse sich im Zeitalter der Globalisierung nicht mehr auf nationaler Ebene machen. Für einige Politikfelder ist das zweifellos richtig, für andere jedoch nicht. Die Punkte 1 bis 6 lassen sich zum Beispiel auf nationaler Ebene sofort in Politik umsetzen. An einem Verbot von Atomwaffen (Punkt 7) kann jede nationale Regierung umgehend durch Beitritt zum Atomwaffenverbotsvertrag der UN mitwirken und den Druck auf die Atomstaaten erhöhen, Nuklearwaffen abzuschaffen. Die Veränderungen der Eigentums- und Rechtsformen von Großunternehmen und Finanzinstituten sowie im Immobiliensektor (Punkte 8 bis 10) sind auf der Grundlage des deutschen Grundgesetzes (und auch anderer nationaler Verfassungen) möglich, brauchen jedoch einen längeren Atem, einen Schutz vor Kapitalflucht sowie zum Teil eine Veränderung des EU-Rechts und internationaler Investitionsschutzabkommen. Umfassende soziale Rechte und die Stärkung der Rechte für Migranten und Geflüchtete (Punkte 11 und 12) lassen sich zu einem beträchtlichen Teil bereits auf nationaler Ebene verwirklichen, auch wenn darüber hinaus neue EU-weite und globale Spielregeln nötig sind. Andere Handelsregeln erfordern, das liegt in der Natur der Sache, internationale Abkommen. Ein Moratorium für Risikotechnologien lässt sich im nationalen Recht und auf EU-Ebene verwirklichen; um langfristig wirksam zu sein, braucht es jedoch eine globale Regulierungsinstitution, z.B. im Rahmen der UN. Bürgerräte und Medien für den Wandel können überall auf lokaler, regionaler und überregionaler Ebene ins Leben gerufen werden.

Weitere Informationen zu den Themen dieses Buches finden Sie unter:
www.revolutionen.org
und
www.megamaschine.org

Dank

Für kritisches Lesen und zahlreiche Literaturhinweise gilt mein besonderer Dank Andrea Vetter. Ohne sie wäre auch dieses Buch so nicht möglich gewesen. Eine unentbehrliche Hilfe war einmal mehr Manfred Froh-Hanin mit seinem geduldigen und genauen Blick. Meinem Kollegen David Goeßmann danke ich für wichtige Hinweise bei einigen Recherchen, meinem Verlag, insbesondere Stefan Kraft und Hannes Hofbauer, für die ausdauernde Unterstützung. Mein Dank gilt darüber hinaus den Menschen, die in den letzten Jahren die zahlreichen Vorträge und Veranstaltungen zu meinem Buch *Das Ende der Megamaschine. Geschichte einer scheiternden Zivilisation* organisiert haben. Die Gespräche, die dabei zustande kamen, haben mir viele wichtige Anregungen für das hier vorliegende Buch gegeben.

Anmerkungen

Einleitung

1. Die »Doomsday Clock« ist eine symbolische Uhr der Zeitschrift *Bulletin of the Atomic Scientists*, die 1945 nach dem erstmaligen Einsatz von Atomwaffen von führenden Atomwissenschaftlern des »Manhattan Project« gegründet wurde. Zu den frühen Autoren gehörten u. a. Albert Einstein, Robert Oppenheimer und Edward Teller. Der Herausgeberkreis umfasst heute auch Wissenschaftler anderer Disziplinen, u. a. aus der Umwelt- und Klimaforschung, und berücksichtigt diese Bereiche auch bei der Einstellung der Uhr.

2. Fabian Scheidler: *Das Ende der Megamaschine. Geschichte einer scheiternden Zivilisation*, 8., überarbeitete Auflage, Wien 2016

3. Antonio Gramsci: *Quaderni dal carcere*, 3. Heft, Turin 1975, S. 311 (dt.: *Gefängnishefte*, Hamburg 2012)

4. Der Atomwaffenverbotsvertrag wurde am 7.7.2017 mit 122 Stimmen (von 192) in der UN-Vollversammlung angenommen. Die deutsche Bundesregierung hatte sich geweigert, auch nur an den Verhandlungen teilzunehmen, nachdem im Oktober 2016 ein Schreiben des Pentagons an alle NATO-Mitglieder ergangen war, mit der Aufforderung, die Initiative, der auch Österreich und die Schweiz angehören, zu boykottieren. Das Abstimmungsverhalten aller Regierungen ist auf der Website der Organisation ICAN (International Campaign to Abolish Nuclear Weapons) zu finden: www.icanw.org/why-a-ban/positions/

5. NASA-Pressemitteilung vom 12.5.2014: *NASA-UCI Study Indicates Loss of West Antarctic Glaciers Appears Unstoppable*, www.nasa.gov/press/2014/may/nasa-uci-study-indicates-loss-of-west-antarctic-glaciers-appears-unstoppable. Während die NASA-Studie noch voraussagte, dass der Zerfall des westantarktischen Eisschildes Jahrhunderte oder länger dauern würde, hat eine neuere Studie gezeigt, dass der Zusammenbruch weitaus schneller gehen und schon in wenigen Jahrzehnten einen Meeresspiegelanstieg von einem Meter verursachen könnte. Zusammen mit anderen Faktoren (Grönlandeisschmelze, Ausdehnung des Meerwassers durch Erwärmung) könnte dies zu einem Anstieg von zwei Metern bis zum Ende des Jahrhunderts führen – das Doppelte der bisherigen Worst-Case-Szenarien. Vgl. Robert M. DeConto, David Pollard: *Contribution of Antarctica to past and future sea-level rise*, in: Nature, Band 532, S. 591–597, 31.3.2016

6. Vgl. z. B. das Interview mit Kevin Anderson, Co-Direktor des renommierten Tyndall Centers, auf Kontext TV vom 10.3.2016: www.kontext-tv.de/de/sendungen/klimagerechtigkeit-der-kampf-zwischen-arm-und-reich. Anderson weist auch darauf hin, dass das globale Kohlenstoffbudget angesichts auftauender Permafrostböden noch wesentlich geringer ist als bisher berechnet. Hinzu kommt, dass viele Modelle auf der fragwürdigen Annahme beruhen, dass in naher Zukunft wirksame und sichere Methoden der Kohlenstoff-Abscheidung und Speicherung (CCS) eingesetzt werden. Vgl. dazu auch: Kevin Anderson: *Duality in climate science*, in: Nature Geoscience, Ausgabe 8/2015, S. 898–900, sowie:

Chris Mooney: *The magic number. Holding warming under two degrees Celsius is the goal. But is it still attainable?*, Washington Post, 29.9.2015, www.washingtonpost.com/sf/national/2015/11/29/carbon/?utm_term=.55f26677c192

7. Umweltbundesamt: Klimabilanz 2016: www.umweltbundesamt.de/presse/pressemitteilungen/klimabilanz-2016-verkehr-kuehle-witterung-lassen
8. Interview mit Democracy Now am 7.12.2011, www.democracynow.org/2011/12/7/nobel_winning_ipcc_chair_rajendra_pachauri
9. Zur »rechten Revolution« in den USA vgl. das Interview mit dem Journalisten Allan Nairn auf Democracy Now: www.democracynow.org/2017/8/9/a_rightist_revolution_allan_nairn_on
10. Als »Zeitalter der Revolutionen« wird in der Geschichtsforschung oft die Epoche von der amerikanischen (1773), französischen (1789), und haitianischen Revolution (1791) bis zur paneuropäischen Revolution von 1848 bezeichnet. Bisweilen wird auch die »Industrielle Revolution« in diesen Epochenbegriff einbezogen. Vgl. z. B. Eric Hobsbawm: *Europäische Revolutionen*, Zürich 1962 (der sich allerdings auf Europa beschränkt). Von manchen Autoren wird der Begriff »Revolution« in den Sozialwissenschaften auf eine mehr oder minder gewaltsame Eroberung der Staatsgewalt und auf schnelle Ereignisfolgen beschränkt (vgl. z. B. Charles Tilly: *Die europäischen Revolutionen*, München 1999). So nützlich diese Beschränkung für die akademische Trennschärfe sein mag, so verdeckt sie doch die Tatsache, dass viele tiefgreifende, revolutionäre Veränderungen weder schnell gehen, noch mit einer Eroberung der Staatsmacht verbunden sind. Daher benutze ich hier einen erweiterten Begriff von »Revolutionen«, der sich auch auf die kulturelle, soziale und ökonomische Dimension erstreckt.
11. Vgl. das Interview mit Gilbert Achcar in dem Magazin The Jacobin vom 17.12.2015: www.jacobinmag.com/2015/12/achchar-arab-spring-tunisia-egypt-isis-isil-assad-syria-revolution/
12. de.statista.com/statistik/daten/studie/118/umfrage/fernsehkonsum-entwicklung-der-sehdauer-seit-1997/

Teil I

1. Oxfam: *An Economy for the 99 Percent*, Oxford 2017, www.oxfam.de/ueber-uns/publikationen/economy-the-99-percent
2. *Generation what? Europabericht*, Heidelberg 2017. Abschlussbericht einer Studie des Bayerischen Rundfunks, des SWR und des ZDF in Zusammenarbeit mit dem Sinus-Institut in elf Ländern der EU. Es handelt sich um die bis dato umfassendste Studie für diese Altersgruppe in der EU.
3. Der deutsche Finanzminister Wolfgang Schäuble hat gegenüber seinen damaligen Amtskollegen Timothy Geithner (USA) und Yanis Varoufakis – zumindest nach dessen Aussage – offen zugegeben, dass der harte Kurs gegen Griechenland dazu diene, ein Exempel zu statuieren, um jeden Widerstand gegen das neoliberale Austeritätsregime im Keim zu ersticken. Vgl. das Interview mit dem Journalisten Harald Schumann vom 13.8.2015 auf Kontext TV: www.kontext-tv.de/de/sendungen/syriza-soll-ein-exempel-statuiert-werden-unterwerfung-der-sozialdemokratie-unter-das
4. David Harvey: *Seventeen Contradictions and the End of Capitalism*, Oxford 2015

5. Jim Sciutto: *Is America at risk of following the path of failing nation states?* CNN, 13.9.2016, http://edition.cnn.com/2016/09/12/opinions/us-following-path-of-unstable-countries-sciutto/
6. Paul Krugman: *Our Unknown Country*, New York Times, 8.11.2016, www.nytimes.com/interactive/projects/cp/opinion/election-night-2016/the-unknown-country
7. Jim Sciutto: *Is America at risk of following the path of failing nation states?* CNN, 13.9.2016
8. Giovanni Arrighi: *The Long Twentieth Century. Money, Power, and the Origin of our Times*, London/New York 2010
9. John Pilger: *The Coming War on China*, http://thecomingwarmovie.com
10. Jason W. Moore: *Capitalism in the Web of Life. Ecology and the Accumulation of Capital*, London/New York 2015
11. Seit der Entstehung des Lebens auf der Erde gab es fünf große Massensterben, die sogenannten »Big Five«. Die Forschung geht heute davon aus, dass menschliche Einwirkungen bereits das sechste große Artensterben in Gang gesetzt haben. Vgl. Anthony D. Barnosky et al.: *Has the Earth's sixth mass extinction already arrived?*, in: Nature, Band 471, 3.3.2011
12. David Montgomery: *Dreck. Warum unsere Zivilisation den Boden unter den Füßen verliert*, München 2010
13. Roland Geyer et al.: *Production, use, and fate of all plastics ever made*, in: Science Advances, Band 3, Nummer 7, 19.7.2017
14. Michael E. Mann, Stefan Rahmstorf et al.: *Influence of Anthropogenic Climate Change on Planetary Wave Resonance and Extreme Weather Events*, in: Nature, Scientific Reports 7, Artikelnummer 45242, 2017, www.nature.com/articles/srep45242. Die Wetterlage, die 2017 in Nordeuropa für Überschwemmungen und in Südeuropa für Dürren sorgte, entspricht im Prinzip derjenigen, die 2010 über Monate in Pakistan für sintflutartige Regenfälle und zugleich in Russland für Dürre, massive Brände und mindestens 10.000 Hitzetote sorgte. Auch hier spielte die Verschiebung des Jetstreams eine entscheidende Rolle.
15. Max-Planck-Institut für Chemie: *Climate-exodus expected in the Middle East and North Africa*, 28.4.2016 www.mpic.de/en/news/press-information/news/dem-orient-droht-ein-klima-exodus.html. Vollständige Studie: J. Lelieveld et al.: *Strongly increasing heat extremes in the Middle East and North Africa (MENA) in the 21st century*, Climate Change (2016) 137: 245. Jeremy S. Pal et al.: *Future temperature in southwest Asia projected to exceed a threshold for human adaptability*, Nature Climate Change 6, 2016 S. 197-200
16. Colin P. Kelley et al.: *Climate change in the Fertile Crescent and implications of the recent Syrian drought*, in: Proceedings of the National Academy of Sciences, Band 112/11, S. 3241–3246, 17.3.2015. Vgl. auch den Artikel des Klimawissenschaftlers Stefan Rahmstorf: *Erst Dürre, dann Krieg*, in: Zeozwei 2/2015
17. Zu den Preisträgern des Karlspreises etwa, der besondere Verdienste um die europäische Einigung auszeichnet, gehören unter anderem Wolfgang Schäuble (der vermutlich mehr als jeder andere deutsche Politiker dafür getan hat, dass die EU unter der deutschen Exportdominanz und den Austeritätsdiktaten der Troika zu zerreißen droht), Angela Merkel (die diese Politik aktiv mitträgt) und Martin Schulz (der ebenfalls die destruktive Austeritätspolitik als langjähriger EU-Parlamentspräsident mit zu verantworten hat).
18. Das internationale Forschungsteam COST (»Comparative Analysis of Conspiracy Theories«)

mit 120 Wissenschaftlern aus 36 Ländern hat damit begonnen, sogenannte »Verschwörungstherien« in Vergangenheit und Gegenwart systematisch zu erforschen: http://conspiracytheories.eu. Vgl. auch das Interview mit Prof. Michael Butter, der Mitglied des Forschungsteams ist, im Deutschlandfunk vom 22.8.2016: www.deutschlandfunk.de/forschungsprojekt-internet-hat-verschwoerungstheorien.807.de.html?dram:article_id=363729

19. Nicht nur der Irak-Krieg von 2003 baute auf einer Lüge auf, sondern auch bereits die US-Invasion in Kuwait und im Irak im Jahr 1991 (»Zweiter Golfkrieg«). Im Oktober 1990 erklärte eine junge Frau aus Kuwait vor dem Menschenrechtskomitee des US-Kongresses unter Tränen, dass irakische Soldaten in Kuwait Neugeborene aus ihren Brutkästen rissen und sterben ließen. Nach dem Krieg stellte sich heraus, dass die Frau die Tochter des kuwaitischen US-Botschafters war und die ganze Geschichte von der amerikanischen PR-Agentur Hill & Knowlton frei erfunden war. Vgl. John MacArthur: *Die Schlacht der Lügen*, München 1993. Der NATO-Krieg gegen die Bundesrepublik Jugoslawien 1999 wurde ebenfalls mit einer erfundenen Geschichte legitimiert. Der damalige deutsche Verteidigungsminister Rudolf Scharping (SPD) und einige NATO-Kollegen behaupteten, die serbische Regierung betreibe einen sogenannten »Hufeisenplan« zur Vertreibung der kosovo-albanischen Bevölkerung. Bis heute gibt es von diesem Plan keine Spur. Vgl. die Fernseh-Dokumentation *Es begann mit einer Lüge. Deutschlands Weg in den Kosovo-Krieg* von Jo Angerer und Mathias Werth, WDR 2001.

20. Die New York Times etwa war maßgeblich daran beteiligt, der Lüge der Bush-Administration, der Irak besitze Massenvernichtungswaffen, Glaubwürdigkeit zu verleihen. Die Regierung berief sich, um den Krieg zu rechtfertigen, sogar auf einen Artikel der Zeitung (Michael R. Gordon, Judith Miller: *Threats and responses: the Iraqis; U.S. says Hussein intensifies quest for a-bomb parts*, NY Times, 8.9.2002).

21. Uwe Aulich: *Schwarzfahrer füllen Gefängnis Plötzensee*, Berliner Zeitung, 17.12.2015

22. Antoine Deltour und Raphaël Halet, beide ehemalige Mitarbeiter der internationalen Wirtschaftsberatungsfirma PricewaterhouseCoopers, hatten 2014 ans Licht gebracht, dass das Großherzogtum Luxemburg, in Jean-Claude Junckers Amtszeit als Ministerpräsident, mit Hunderten Großkonzernen wie Apple und Ikea milliardenschwere Deals zur Steuervermeidung vereinbart hatte. Deltour wurde in der Folge zu einer Freiheitsstrafe von zwölf Monaten auf Bewährung verurteilt, Halet zu einer Geldstrafe.

23. Zu der Unfähigkeit, verschiedene logische Ebenen auseinanderzuhalten, vgl. die Arbeiten von Gregory Bateson zur Schizophrenie: *Ökologie des Geistes*, Frankfurt/M. 1994

24. Vgl. zum Thema der Entwurzelung durch radikalen Wirtschaftsliberalismus auch Karl Polanyi: *The Great Transformation*, Frankfurt/M. 1973

25. Die Sozialpsychologen Jennifer Whitson und Adam Galinsky veröffentlichten 2008 im Wissenschaftsmagazin *Science* einen interessanten Befund: Versuchspersonen, denen das Gefühl von Kontrolle in ihrem Leben abhanden gekommen ist, neigen deutlich mehr als andere Menschen dazu, ein extremes, übermäßiges *Bedürfnis nach Struktur* zu entwickeln – und dort, wo sie keine finden, Strukturen zu erfinden. Jennifer A. Whitson, Adam D. Galinsky: *Lacking Control Increases Illusory Pattern Perception*, Science, Band 322, Ausgabe 5898, 3.10.2008, S. 115-117

26. Hartmut Rosa: *Resonanz. Eine Soziologie der Weltbeziehung*, Frankfurt/M. 2016

27. Vgl.: Fabian Scheidler: *Das Ende der Megamaschine. Geschichte einer scheiternden Zivilisation*, Wien 2016, 8. Auflage, S. 157-168
28. Walter Lippmann (1889-1974) war Mitbegründer des Council on Foreign Relations und Autor des Buches *Public Opinion* (New York 1922). In diesem einflussreichen Werk vertrat er die These, dass eine »spezialisierte Klasse« von Experten die Gesellschaft durch Beeinflussung der öffentlichen Meinung steuern und die »verwirrte Herde« – also die Mehrheit der Bevölkerung – aus dem politischen Prozess heraushalten solle.
29. Das entsprechende Dekret des US-Präsidenten ist als *Executive Order 6102* vom 5.4.1933 bekannt.
30. Lenz Jacobsen: *Terror in Zahlen*, Zeit Online, 23.6.2016 / Statista: *Victims of Terror Attacks in Western Europe*, 2.12.2015
31. Die sogenannte »Synthetische Biologie« geht weit über die bisherige Gentechnik hinaus und zielt darauf ab, vollkommen neue, künstliche Lebensformen zu entwickeln. Die Risiken, die solche Organismen, darunter auch Krankheitserreger, für Mensch und Biosphäre darstellen, sind unabsehbar. Die internationale Organisation ETC beklagt, dass bisher keine gesellschaftliche Debatte über diese Risiken geführt wird, und setzt sich für ein Moratorium im Rahmen der UN ein. Vgl.: ETC Group: *Extreme Genetic Engineering: An Introduction to Synthetic Biology*, Ottawa 2007, www.etcgroup.org/content/extreme-genetic-engineering-introduction-synthetic-biology, sowie ein Interview mit dem ETC-Gründer Pat Mooney auf Kontext TV vom 5.4.2011: www.kontext-tv.de/de/sendungen/mit-technik-gott-spielen-geo-engineering-und-synthetische-biologie
32. Vgl. David Goeßmann: *Die Terrorhysterie*, Hintergrund Magazin 1/2017, S. 24-32
33. Michel J. Crozier, Samuel Huntington, Joji Watanuki: *The Crisis of Democracy. Report on the Governability of Democracies to the Trilateral Commission*, New York 1975
34. Zum Begriff der »eingebildeten Gemeinschaft« vgl.: Benedict Anderson: *Die Erfindung der Nation. Zur Karriere eines folgenreichen Konzepts*, Frankfurt/Main 1996
35. Lenz Jacobsen: *Terror in Zahlen*, Zeit Online, 23.6.2016 / Statista: *Victims of Terror Attacks in Western Europe*, 2.12.2015.
36. Noam Chomsky weist darauf hin, dass viele militärische Handlungen von Staaten den geläufigen Definitionen von Terrorismus entsprechen (z. B. massive Gewalt gegen Zivilisten, um die Bevölkerung einzuschüchtern und politische Ziele durchzusetzen) und dementsprechend als »Staatsterrorismus« bezeichnet werden müssen (Noam Chomsky: *Hybris*, München 2003, S. 227). Vgl. auch: Paul James, Jonathan Friedman (Hg.): *Globalization and Violence*, Band 3: *Globalizing War and Intervention*, London 2006
37. Interview mit Olivier Roy in der Berliner Zeitung vom 15.1.2015
38. Eine Initiative für eine Konferenz für Sicherheit und Zusammenarbeit im Nahen und Mittleren Osten gibt es tatsächlich seit Jahren. Der ehemalige Bundesaußenminister und spätere Bundespräsident Frank-Walter Steinmeier hat sich auch hie und da dafür ausgesprochen, allerdings ohne nennenswertes Echo in Medien und Politik. Vgl. den von ihm verfassten Artikel *Eine KSZE für den Nahen Osten*, in: Der Tagesspiegel, 21.7.2014
39. Zum Zusammenhang von Ausbeutung und Abschottungspolitik schreiben Ulrich Brand und Markus Wissen in *Imperiale Lebensweise: Zur Ausbeutung von Mensch und Natur*

in Zeiten des globalen Kapitalismus (München 2017): »Die EU-Politik wird als Versuch begreifbar, einen Wohlstand, der auch auf Kosten anderer entsteht, gegen die Teilhabeansprüche ebendieser anderen zu verteidigen. Sie ist insofern die logische Konsequenz einer Lebensweise, die darauf beruht, sich weltweit Natur und Arbeitskraft zunutze zu machen und die dabei anfallenden sozialen und ökologischen Kosten zu externalisieren.« (ebd. S. 12)

40. Minqi Li: *China and the 21st Century Crisis*, London 2016, S. 59-76. Als »Semiperipherie« gelten viele der Länder, die häufig als »Schwellenländer« bezeichnet werden.
41. Vgl.: Fabian Scheidler: *Das Ende der Megamaschine. Geschichte einer scheiternden Zivilisation*, Wien 2016, 8. Auflage, S. 182 f. und S. 194 f.
42. Pro Asyl, 29.12.2016, www.proasyl.de/news/2016-das-toedlichste-jahr-in-der-geschichte-der-eu-fluechtlingspolitik/
43. Wolfgang Grenz, Julian Lehmann: *Schiffbruch: Das Versagen der europäischen Flüchtlingspolitik*, München 2015, S. 61
44. Michael T. Clare: *Climate Change as Genocide*, in: Common Dreams, 20.4.2017, www.commondreams.org/views/2017/04/20/climate-change-genocide
45. Allein von 2016 auf 2017 soll sich der deutsche Verteidigungsetat um 2,7 Milliarden Euro auf 37 Milliarden erhöhen, eine Steigerung um acht Prozent. www.bundeshaushalt-info.de/#/2016/soll/ausgaben/einzelplan/14.html
46. Jean Ziegler: *Ändere die Welt! Warum wir die kannibalische Weltordnung stürzen müssen*, Gütersloh 2015
47. Environmental Justice Foundation: *No Place Like Home. Where Next for Climate Refugees?*, London 2009
48. Thomas Fricke: *Die Flüchtlingskrise finanziert sich fast von selbst*, Süddeutsche Zeitung, 3.3.2016
49. Benedict Anderson: *Die Erfindung der Nation. Zur Karriere eines folgenreichen Konzepts*, Frankfurt/Main 1996 (Englische Originalausgabe: *Imagined Communities*, New York 1983)
50. Klaus J. Bade: *Ausländer, Aussiedler, Asyl*, München 1994, S. 109
51. *Christlich-Soziale Positionen für eine rationale und ethisch verantwortbare Asylpolitik*, 2.4.1987, zitiert nach: Klaus J. Bade: *Ausländer, Aussiedler, Asyl*, München 1994, S. 102 f.
52. Norbert Kostede: *Erleuchtung für die Politik*, in: Die Zeit, 29.1.1993, www.zeit.de/1993/05/erleuchtung-fuer-die-politik/komplettansicht
53. *Generation what? Europabericht*, Heidelberg 2017
54. Oxfam: *An Economy for the 1%. How privilege and power in the economy drive extreme inequality and how this can be stopped*, Oxford 2016; Oxfam: *An Economy for the 99 Percent*, Oxford 2017, www.oxfam.de/ueber-uns/publikationen/economy-the-99-percent
55. Die Zeit, 15.1.2016, www.zeit.de/politik/ausland/2016-01/maghreb-algerien-jugend-frust
56. World Bank national accounts data: http://data.worldbank.org/indicator/NY.GDP.PCAP.KD.ZG
57. IMF: *World Economic Outlook*, www.imf.org/external/pubs/ft/weo/2015/02/weodata/

index.aspx/; www.icis.com/blogs/chemicals-and-the-economy/2016/01/global-gdp-sees-record-fall-in-2015-as-world-hits-demographic-cliff/

58. Minqi Li: *China and the 21st Century Crisis*, London 2016, S. 45
59. McKinsey Report: *Debt and (not much) deleveraging*, Februar 2016: www.mckinsey.com/global-themes/employment-and-growth/debt-and-not-much-deleveraging
60. The Telegraph, 19.1.2016 (Übersetzung vom Autor), www.telegraph.co.uk/finance/financetopics/davos/12108569/World-faces-wave-of-epic-debt-defaults-fears-central-bank-veteran.html
61. Zur Kohlenstoffblase vgl.: Bill McKibben: *Global Warming's Terrifying New Math*, Rolling Stone Magazine, 19.7.2012
62. *Munich Security Report 2017*, S. 9
63. Vgl.: Oliver Nachtwey: *Die Abstiegsgesellschaft. Über das Aufbegehren in der regressiven Moderne*, Frankfurt/M. 2016
64. Tagesschau.de vom 31.05.2016: www.tagesschau.de/multimedia/kurzerklaert/kurzerklaert-arbeitslosenzahlen-101.html. Aus der Statistik wurden u. a. gestrichen: etwa 200.000 Arbeitslose, die nicht von der Agentur für Arbeit, sondern von einer privaten Agentur betreut werden; 170.000 Arbeitslose, die in „Fortbildungsprogramme" für Bewerbungen kanalisiert wurden; alle Menschen, die älter als 58 sind und seit über einem Jahr keinen Job mehr haben; alle Ein-Euro-Jobber; Mütter, die wieder einsteigen wollen und keinen Anspruch auf Arbeitslosengeld haben (geschätzt: 800.000).
65. ILO: *World Employment Social Outlook 2015: The Changing Nature of Jobs*, Executive Summary, S. 3
66. Randall Collins: *The End of Middle Class Work: No More Escapes*, in: Immanuel Wallerstein et al.: *Does Capitalism Have a Future?*, Oxford 2013
67. World Bank: *Employment to population ratio 1991-2014*: http://data.worldbank.org/indicator/SL.EMP.TOTL.SP.ZS
68. ILO: www.ilo.org/global/about-the-ilo/newsroom/news/WCMS_443500/lang--en/index.htm
69. Spiegel online, 31.12.2016
70. ILO: *World Employment and Social Outlook 2015*, www.ilo.org/global/research/global-reports/weso/2015-changing-nature-of-jobs/WCMS_368626/lang--en/index.htm. Siehe auch: https://rwer.wordpress.com/2015/12/11/world-employment-and-social-outlook-2015-the-changing-nature-of-jobs/
71. Guy Rider, Generaldirektor der Internationalen Arbeitsorganisation, bemerkt dazu: »Diese Trends verstärken den Teufelskreis von schwacher weltweiter Nachfrage und langsamer Schaffung von Arbeitsplätzen, der die Weltwirtschaft und viele Arbeitsmärkte seit der Finanzkrise kennzeichnet.«
72. Gallup Report: *State of the Global Workforce*, Washington, D.C. 2013, www.gallup.com/poll/165269/worldwide-employees-engaged-work.aspx?
73. Fabian Scheidler: *Das Ende der Megamaschine. Geschichte einer scheiternden Zivilisation*, 8. Auflage, Wien 2016, S. 80-84

74. Internationale Energieagentur (IEA): *Word Energy Outlook 2015*, www.worldenergyoutlook.org/resources/energysubsidies. Das Ausmaß dieser Subventionen wird inzwischen sogar vom IWF kritisiert, der mit anderen Berechnungsmethoden sogar auf jährliche Subventionen von fünf Billionen US-Dollar kommt. Siehe: David Coady et al.: *How Large Are Global Energy Subsidies?* IMF Working Paper, Washington D.C. 2015; IMF Survey: *Counting the Cost of Energy Subsidies*, www.imf.org/external/pubs/ft/survey/so/2015/NEW070215A.htm

75. Die Harvard-Professorin Linda Bilmes und der Wirtschaftsnobelpreisträger Joseph Stiglitz schätzen allein die Kosten des Irakkriegs auf drei Billionen (dreitausend Milliarden) Dollar. Joseph E. Stiglitz, Linda J. Bilmes: *Die wahren Kosten des Krieges: Wirtschaftliche und politische Folgen des Irak-Konflikts*, München 2008. Die neueren Schätzungen gehen für den Irak- und Afghanistan-Krieg zusammen von etwa fünf Billionen US-Dollar aus.

76. Umweltbundesamt: *Daten zum Verkehr*, Dessau 2012, S. 62, www.umweltbundesamt.de/publikationen/daten-verkehr

77. www.thebalance.com/auto-industry-bailout-gm-ford-chrysler-3305670. Im Standortwettbewerb fließen ebenfalls ständig Subventionen: BMW etwa erhielt für die Errichtung seines Werks in Leipzig 360 Millionen Euro aus öffentlichen Kassen geschenkt. Die Bundesregierung plant, Elektroautos in den kommenden Jahren mit drei Milliarden Euro zu fördern. Dabei hat diese Subvention bisher den absurden Effekt, dass der CO_2-Ausstoß der Fahrzeugflotten steigt, weil Daimler, VW und Co. ihre E-Autos mit null Emissionen anrechnen können, selbst wenn sie mit Braunkohlestrom fahren.

78. Boeing führt in der Liste des »Subsidy Trackers« die Weltrangliste der Subventionsempfänger mit 13 Milliarden Dollar an: www.goodjobsfirst.org/subsidizingthecorporateonepercent. Auch das Militär spielt eine wichtige Rolle: Airbus macht mit seiner Militärsparte 13 Milliarden Euro Umsatz pro Jahr, Boeing 30 Milliarden Dollar. Die einzigen Abnehmer sind Staaten. Der Nutzen für die Steuerzahler ist oft fragwürdig.

79. Harald Schumann: *Die Herrschaft der Superreichen*, in: Blätter für deutsche und internationale Politik, Dezember 2016

80. Handelsblatt, 3.5.2016. Die Zahlen gehen auf eine Studie der European School of Management and Technology (ESMT) zurück: Jörg Rocholl, Axel Stahmer: *Where did the Greek bailout money go?* www.esmt.org/where-did-greek-bailout-money-go

81. Stephan Kaufmann: *Die Billionenbombe*, Berliner Zeitung, 2.5.2017

82. Harald Schumann im Interview mit Kontext TV, 13.8.2015: www.kontext-tv.de/de/node/2712

83. Zum Asset Purchase Programme (APP) der EZB gehört u. a. auch das Corporate Sector Purchase Programme (CSPP). Siehe: www.ecb.europa.eu/mopo/implement/omt/html/index.en.html

84. Mariana Mazzucato: *Das Kapital des Staates*, München 2014, S. 22

85. Noam Chomsky, der seit 1955 Professor am MIT war und die Entwicklung aus nächster Nähe beobachtet hat, nennt dieses Subventionssystem das »Pentagon-System«, weil die Gelder des MIT vor allem vom Pentagon kamen, aber auch vom Energieministerium und der NASA. Vgl. das Interview mit Chomsky vom 6.5.1998: *On Microsoft and Corporate Control of the Internet*: https://chomsky.info/19980506/

86. Maxie Eckert et al.: *Bürger zahlen, Konzerne profitieren*, in: Spiegel Online, 9.3.2015: www.spiegel.de/wissenschaft/medizin/imi-eu-zahlt-pharmaindustrie-profitiert-a-1021384.html. Die IMI ist eine Öffentlich-Private Partnerschaft (ÖPP/PPP) der EU-Kommission und des Dachverbandes der europäischen Pharmaindustrie (EFPIA).

87. Tracy Matsue Loeffelholz, Clo Copass: *How Taxpayer Money Provides the Research for Big Pharma*, Yes Magazine, 28.4.2017. Seit den 1930er-Jahren haben die Nationalen Gesundheitsinstitute (NIH) der USA – die größte Einrichtung zur Forschungsförderung weltweit – 900 Milliarden Dollar in die Pharma- und Biotechnologieforschung investiert (Los Angeles Times, 27.10.2015).

88. Vgl.: Steffi Ober: *Partizipation in der Wissenschaft: Zum Verhältnis von Forschungspolitik und Zivilgesellschaft am Beispiel der Hightechstrategie*, München 2014

89. Antwort der Bundesregierung auf eine Kleine Anfrage der Fraktion Bündnis 90/Die Grünen, 11.12.2014: www.bundestag.de/presse/hib/2014_12/-/348176

90. Bettina Meyer, Swantje Küchler: *Staatliche Förderungen der Atomenergie im Zeitraum 1950-2010*, FÖS-Studie im Auftrag von Greenpeace, Berlin, 2. Auflage, 2010, www.greenpeace.de/themen/atomkraft/atomstrom-mit-304-milliarden-euro-subventioniert

91. Süddeutsche Zeitung, 26.4.2014: www.sueddeutsche.de/wirtschaft/landwirtschaft-das-sind-die-groessten-empfaenger-von-eu-agrarsubventionen-1.1943758

92. Sven Giegold (MdEP für die Grünen) im Interview mit Kontext TV, 19.7.2016: www.kontext-tv.de/de/node/2797

93. Harald Schumann: *Die Herrschaft der Superreichen*, in: Blätter für deutsche und internationale Politik, Dezember 2016

94. Vgl. den Dokumentarfilm *Konzerne als Retter? Das Geschäft mit der Entwicklungshilfe* von Caroline Nokel und Valentin Thurn, Deutschland 2017

95. Ausführliche Dokumente zur Wasserprivatisierung hat der Berliner Wassertisch zusammengestellt: https://berliner-wassertisch.net/content/docs/analysis.php

96. Vgl. Berliner Zeitung, 27.3.2017. Eine umfassende Sammlung von Materialien zur Bundesfernstraßengesellschaft bieten die Organisation Gemeingut in BürgerInnenhand (www.gemeingut.org) und das Bündnis gegen Autobahnprivatisierung (www.keine-autobahn-privatisierung.de). Der Renditedruck durch private Beteiligung und die Umgehung der Schuldenbremse würden auch zusätzliche Autobahnneubauten wahrscheinlicher machen, während der Schienenausbau durch die Schuldenbremse begrenzt wird.

97. Norbert Blüm: Leserbrief an den Bonner Generalanzeiger, 21.11.2008, dokumentiert auf den Nachdenkseiten: www.nachdenkseiten.de/?p=3607

98. Florian Blank et al.: *Alterssicherung in Deutschland und Österreich: Vom Nachbarn lernen?* Studie des Wirtschafts- und Sozialwissenschaftlichen Instituts der Hans-Böckler-Stiftung, Düsseldorf 2016, www.boeckler.de/63056_63185.htm

99. Vgl.: Sighard Neckel: *Die Refeudalisierung des modernen Kapitalismus*, in: Heinz Bude, Philipp Staab: *Kapitalismus und Ungleichheit: Die neuen Verwerfungen*, S. 157-173, Frankfurt/M. 2016. Sowie: David Grusky, Kate Weisshaar: *Social Stratification*, 4. Auflage, Boulder (Colorado) 2014; David Grusky: *The New Gilded Age: The Critical Inequality Debates of Our Time*, Stanford 2012

100. Vgl. dazu: Harald Schumann: *Die Herrschaft der Superreichen*, in: Blätter für deutsche und internationale Politik, Dezember 2016; Sahra Wagenknecht: *Reichtum ohne Gier. Wie wir uns vor dem Kapitalismus retten*, Frankfurt/M. 2016, S. 53-84

101. Zur Ökonomie des »rent-seeking« vgl. Joseph Stiglitz: *Der Preis der Ungleichheit: Wie die Spaltung der Gesellschaft unsere Zukunft bedroht*, München 2014

102. FAZ, 5.5.2011

103. Vgl. Walter J. Wessels: *Economics*, New York 2000, S. 480: "Economic rent is any payment that does not affect the supply of the input. (...) Economic rent is a purely demand-determined payment.«

104. World Intellectual Property Organization (WIPO): *Guide on Surveying the Economic Contribution of the Copyright Industries*, Revised Edition, Genf 2015

105. European Patent Office: *Intellectual property rights intensive industries and economic performance in the European Union*, Oktober 2016. Die Zahl ist von 2013 bis 2016 von 39 auf 42 Prozent gestiegen.

106. Hans-Böckler-Stiftung: *Das Steuerspiel der Großen*, Magazin Mitbestimmung, Ausgabe 6/2013. Online: www.boeckler.de/43284_43317.htm

107. Dorothee Belz diente Microsoft Europe bis 2015 als Vizepräsidentin und ist heute Mitglied im Präsidium des Wirtschaftsrates der Union. Vgl.: Harald Schumann, Lisa Simantke: *Europas fatale Abhängigkeit von Microsoft*, Der Tagesspiegel, 10.4.2017: www.tagesspiegel.de/weltspiegel/cyber-attacken-auf-staatliche-it-europas-fatale-abhaengigkeit-von-microsoft/19628246.html

108. ebd.

109. 2011 erwirtschafteten die Wissenschaftsverlage weltweit 9,4 Milliarden US-Dollar, 70 Prozent davon durch Subskriptionsgebühren von Bibliotheken. Den Markt teilen sich international agierende Konzerne wie Elsevier, Wiley-Blackwell, Thomson Science, Springer und Taylor & Francis. Ihre Gewinnmargen liegen schätzungsweise bei 20 bis 30 Prozent. Siehe: Beate Rusch: *Zugang für alle*, Taz, 5.9.2015

110. New York Times 13.5.2013. Siehe auch: Peter Frase: *Four Futures. Life after Capitalism*, New York 2016, S. 78-81

111. Vgl. David Graeber: *Bürokratie. Die Utopie der Regeln*, Stuttgart 2016

112. 1950 wurden einige der beteiligten Unternehmen vor Gericht einer »kriminellen Verschwörung« für schuldig befunden, kamen aber mit einer lächerlichen Strafe von 5000 Dollar davon. Vgl.: Stephen B. Goddard: *Getting There: The Epic Struggle Between Road and Rail in the American Century*, Chicago 1996

113. Vgl. Marcel Hänggi: *Fortschrittsgeschichten. Für einen guten Umgang mit Technik*, Frankfurt/M. 2015, S. 156 f.

114. Vgl. Yvonne Hofstetter: *Sie wissen alles. Wie intelligente Maschinen in unser Leben eindringen und warum wir für unsere Freiheit kämpfen müssen*, Gütersloh 2014

115. Vgl. Werner Seppmann: *Kritik des Computers. Der Kapitalismus und die Digitalisierung des Sozialen*, Kassel 2017; Matthias Martin Becker: *Automatisierung und Ausbeutung. Was wird aus der Arbeit im digitalen Kapitalismus?*, Wien 2017

116. *DGB-Index Gute Arbeit. Der Report 2016*, Berlin 2016, http://index-gute-arbeit.dgb.de

117. Vgl. zum Beispiel die Blikk-Studie 2016 des Berufsverbandes der Kinder- und Jugendärzte BVKJ: www.stiftung-kind-und-jugend.de/projekte/blikk-studie. Siehe auch: Manfred Spitzer: *Digitale Demenz. Wie wir uns und unsere Kinder um den Verstand bringen*, München 2012

118. Die Internationale Krebsforschungsagentur IARC, ein Tochterinstitut der Weltgesundheitsorganisation, stuft Mobilfunkstrahlung seit 2011 als »potenziell krebserregend« ein. Die bisher umfangreichste Tierstudie über die Auswirkungen von Mobilfunkstrahlung wurde 2016 vom National Toxicology Program des US-Gesundheitsministeriums durchgeführt. Ergebnis: Bei männlichen Ratten stieg die Wahrscheinlichkeit, einen Hirntumor zu bekommen, signifikant an. Nicht bestrahlte Ratten der Vergleichsgruppe entwickelten keine Tumoren. Die Studie findet sich hier: https://ntp.niehs.nih.gov/results/areas/cellphones/index.html. Beim Menschen haben einige umfangreiche epidemiologische Studien bei Intensivnutzern von Mobilfunk eine signifikante Erhöhung des Tumorrisikos festgestellt, so z. B. die großangelegte französische CERENAT-Studie: Gaëlle Coureau et al.: *Mobile phone use and brain tumours in the CERENAT case-control study*, in: Occupational and Environmental Medicine, Band 71/2014, S. 514-522

119. Interview mit dem Chef von Vodafone Deutschland, Hannes Ametsreiter, in: Berliner Zeitung, 12.6.2017

120. Vgl. Fabian Scheidler: *Das Ende der Megamaschine. Geschichte einer scheiternden Zivilisation*, 8. Auflage, Wien 2016, S. 105-114

121. Jeremy Rifkin: *Die Null-Grenzkosten-Gesellschaft. Das Internet der Dinge, kollaboratives Gemeingut und der Rückzug des Kapitalismus*, Frankfurt/M. 2014; Paul Mason: *Postkapitalismus. Grundrisse einer kommenden Ökonomie*, Berlin 2016

122. Vgl. dazu: Ivan Illich: *Selbstbegrenzung. Eine politische Kritik der Technik*, Reinbek bei Hamburg 1975 (englischer Titel: *Tools for Conviviality*); E.F. Schumacher: *Die Rückkehr zum menschlichen Maß. Alternativen für Wirtschaft und Technik*, Reinbek bei Hamburg 1977 (englischer Titel: *Small is Beautiful*); André Gorz: *Kritik der ökonomischen Vernunft. Sinnfragen am Ende der Arbeitsgesellschaft*, Zürich 2009; Rudolf Bahro: *Logik der Rettung*, Stuttgart 1987

123. In den USA etwa wurde dem 1972 gegründeten Büro für Technikfolgenabschätzung des US-Kongresses (Office of Technology Assessment/OTA) Stück für Stück die Finanzierung entzogen, bis es 1995 schließen musste. Die kritischen Berichte der Institution standen mächtigen Finanzinteressen der Industrie im Wege. In Deutschland gibt es zwar noch eine Reihe von Institutionen für Technikfolgenabschätzung, u. a. ein Büro beim Bundestag, die aber so eng mit der Industrie kooperieren, dass ernsthafte Widersprüche ausbleiben.

124. Andrea Vetter: *The Matrix of Convivial Technology. Assessing Technologies for Degrowth*, in: Journal of Cleaner Production, Special Issues »Degrowth & Technology«, Amsterdam 2017

125. Joseph A. Tainter: *The Collapse of Complex Societies*, Cambridge 1988. Tainter spricht im Zusammenhang mit den abnehmenden Grenzerträgen auch davon, dass sich »zusätzliche Investitionen in die Komplexität einer Gesellschaft« nicht mehr lohnen.

126. Vgl.: Urs Willmann: *Kultivierte Eroberer*, in: Die Zeit, 1.10.2009

127. Ugo Bardi: *Der geplünderte Planet. Die Zukunft des Menschen im Zeitalter schwindender Ressourcen*, München 2013
128. Charles Perrow: *Normale Katastrophen. Die unvermeidbaren Risiken der Großtechnik*, Frankfurt/M. 1992
129. Rebecca Solnit: *A Paradise Built in Hell: The Extraordinary Communities That Arise in Disaster*, New York 2010
130. Mauro F. Guillén: *The Architecture of Collapse. The Global System in the 21st Century*, Oxford 2015, S. 93-103
131. Das Konzept der Resilienz stammt aus der Ökologie und bezeichnet die Fähigkeit, schockartige Störungen in der Umgebung abzufedern. Zu den zentralen Säulen der Resilienz gehören Vielfalt und Modularität. Je vielfältiger ein Ökosystem ist, je mehr verschiedene Lebewesen dort miteinander leben, desto widerstandsfähiger ist es in der Regel. Auf Gemeinschaften übertragen ist es die Mannigfaltigkeit von Wissensformen, Traditionen, Praktiken und menschlichen Beziehungen. Monokulturen sind dagegen ausgesprochen anfällig. Wenn etwa in einer Stadt nur Schiffsschrauben hergestellt werden und die Werften wegen einer Krise des Welthandels pleite gehen, ist die Gemeinde hilflos. Modularität bedeutet, dass verschiedene Teile halbwegs selbstständig funktionieren können, wenn ein Teil ausfällt. Vgl. Rob Hopkins: *The Transition Handbook. From Oil Dependency to Local Resilience*, Totnes 2008, S. 54

Teil II

1. John Holloway: *Die Welt verändern, ohne die Macht zu übernehmen*, Münster 2010
2. Zur Geschichte der politischen Utopien der Neuzeit vgl.: Richard Saage: *Politische Utopien der Neuzeit*, Darmstadt 1991
3. Fabian Scheidler: *Das Ende der Megamaschine. Geschichte einer scheiternden Zivilisation*, 8. Auflage, Wien 2016, S. 51-61
4. Der hier verwendete Begriff der Topie ist nicht identisch mit dem, den Gustav Landauer in seiner Schrift *Die Revolution* (Münster 2003) benutzt.
5. Das Weltsozialforum fand erstmals im Jahr 2001 im brasilianischen Porto Alegre statt und versammelt seitdem soziale und ökologische Bewegungen aus aller Welt. Es war als Gegenentwurf zum gleichzeitig stattfindenden Weltwirtschaftsforum in Davos angelegt. Bis heute findet es alle ein bis zwei Jahre an verschiedenen Orten der Welt statt, mit jeweils 50.000 bis 100.000 Teilnehmenden.
6. Dieser Text ist in leicht veränderter Form erstmals in der Zeitschrift OXI veröffentlicht worden (Ausgabe Februar 2017).
7. Wouter van Dieren: *Mit der Natur rechnen. Der neue Club-of-Rome-Bericht*, Basel 1995
8. Zur »Schwarzen Pädagogik« vgl. Katharina Rutschky: *Schwarze Pädagogik. Quellen zur Naturgeschichte der bürgerlichen Erziehung*, Berlin 1977, sowie Alice Miller: *Am Anfang war Erziehung*, Frankfurt/M. 1983
9. Johanna Haarer: *Die deutsche Mutter und ihr erstes Kind*, München, 1936, S. 173
10. Der Spiegel, 20.5.2014

11. Fabian Scheidler: *Das Ende der Megamaschine. Geschichte einer scheiternden Zivilisation*, 8. Auflage, Wien 2016, S. 129 f.
12. Vgl. dazu auch: Georges Monbiot: *This is how people can truly take back control: from the bottom up*, The Guardian, 8.2.2017, www.theguardian.com/commentisfree/2017/feb/08/take-back-control-bottom-up-communities
13. Vgl.: Andrea Komlosy: Arbeit. *Eine globalhistorische Perspektive*, Wien 2014, S. 20 f.
14. Aristoteles: *Politik*, Stuttgart 1989. Vgl. auch: Christian Felber: *Gemeinwohlökonomie*, Wien 2014, S. 30
15. Daniela Dahn: *Staatseigentum ist Privateigentum*, in: Agora 42, 9.7.2015. Vgl. dazu auch Daniela Dahn: *Wir sind der Staat. Warum Volk sein nicht genügt*, Reinbek bei Hamburg 2013, S. 41-76
16. ebd., S. 70-77
17. Vgl. die Sendung *Beutezug Ost – Die Treuhand und die Abwicklung der DDR* von Herbert Klar und Ulrich Stoll, ZDF 2010. Der westdeutschen DG-Bank etwa wurde die ostdeutsche Genossenschaftsbank für nur 106 Millionen D-Mark quasi geschenkt. Im Präsent enthalten: 15,5 Milliarden Mark an Altkreditforderungen, die Dank des 1:1-Umtausches bares Geld wert waren. Mit Industriebetrieben und Immobilien wurde ähnlich verfahren.
18. Eine Übersicht über das Thema Commons bieten: Silke Helfrich (Hg.): *Commons. Für eine neue Politik jenseits von Staat und Markt*, Bielefeld 2012; Silke Helfrich et al.: *Die Welt der Commons. Muster gemeinsamen Handelns*, Bielefeld 2015; Elinor Ostrom: *Was mehr wird, wenn wir teilen. Vom gesellschaftlichen Wert der Gemeingüter*, München 2011
19. Fabian Scheidler: *Das Ende der Megamaschine. Geschichte einer scheiternden Zivilisation*, 8. Auflage, Wien 2016, S. 98-101
20. Kommunale Unternehmen gehören im deutschen Recht zu den „Betrieben gewerblicher Art" (BgA). Anders als bei einem Gewerbe ist für sie keine Gewinnerzielungsabsicht notwendig (§4 KStG). Allerdings unterliegen sie auch dem Wirtschaftlichkeitsprinzip. Zwar ist es selbstverständlich wichtig, dass gemeinwohlorientierte Betriebe vernünftig wirtschaften und kein Geld zum Fenster hinauswerfen; aber in seiner gegenwärtigen Auslegung, besonders im EU-Recht, kann das Gebot der Wirtschaftlichkeit einseitig die ökonomische Effizienz zulasten von Beschäftigten und Umwelt betonen.
21. Deutsches Institut für Urbanistik: *Privatisierung in Kommunen*, Berlin 2003
22. www.syndikat.org
23. Sahra Wagenknecht: *Reichtum ohne Gier. Wie wir uns vor dem Kapitalismus retten*, Frankfurt/M. 2016, S. 267
24. ebd., S. 267-272
25. Wehrwirtschaftsführer Günther Quandt (BMW) etwa, der massiv der deutschen Kriegsmaschinerie zugearbeitet hatte und von Zwangsarbeitern aus KZs profitierte, konnte sein in der Nazizeit enorm vermehrtes Vermögen ohne Enteignung behalten und vererben. Dieses bildete die Grundlage für das heutige Vermögen der Quandt-/Klatten-Familie von geschätzten 26 Milliarden Euro. Das gleiche gilt für die Vermögen von SS-Oberführer Ferdinand Porsche und SS-Mitglied Anton Piëch, beide VW, deren Erben heute über etwa

30 Milliarden Euro verfügen. Ähnliches gilt für NS-Wirtschaftsrat August von Finck und Erbe (Merck, Mövenpick, Allianz, Arcandor), die NS-Verleger Heinrich Mohn (Bertelsmann), Franz Burda und Georg von Holtzbrinck, dessen Erben heute u. a. die Verlage S. Fischer, Rowohlt, Kiepenheuer & Witsch sowie die Zeitungen Handelsblatt, Die Zeit und Tagesspiegel besitzen; den NS-Rüstungsproduzenten Wilhelm Schaeffler und Erben (Schaeffler, Continental), NSDAP-Mitglied Gustav Schickedanz (Quelle) sowie Otto Beisheim, seines Zeichens SS-Scharführer und Mitglied der Leibstandarte Adolf Hitler (heute: Media Markt, Saturn, Real, Kaufhof), und viele andere.

26. Christian Felber: *Gemeinwohlökonomie*, Wien 2012
27. Karl Marx sprach von der »Expropriation der Exproprateure«, also der Enteignung der Enteigner (*Das Kapital, Band 1*, MEW 23, S. 791).
28. Stefan Schmid: *Teurer Umweg. Vor 30 Jahren ließ François Mitterrand Schlüsselunternehmen verstaatlichen*, Deutschlandradio Kultur, 11.2.2012. Online: www.deutschlandfunkkultur. de/teurer-umweg.932.de.html?dram:article_id=131444
29. In Bezug auf die Eigentumsfrage ist Artikel 17 der Grundrechtecharta relevant. Anders als im Grundgesetz ist hier von keiner Verpflichtung zum Wohle der Allgemeinheit die Rede.
30. Einige Landesverfassungen sprechen von einer Überführung in Gemeineigentum, und zwar nicht nur in der Kann-, sondern sogar in der Soll-Form. In Artikel 27 der Verfassung von Nordrhein-Westfalen heißt es zum Beispiel: »(1) Großbetriebe der Grundstoffindustrie und Unternehmen, die wegen ihrer monopolartigen Stellung besondere Bedeutung haben, sollen in Gemeineigentum überführt werden. (2) Zusammenschlüsse, die ihre wirtschaftliche Macht missbrauchen, sind zu verbieten.« Artikel 160 (2) der Bayerischen Verfassung besagt: »Für die Allgemeinheit lebenswichtige Produktionsmittel, Großbanken und Versicherungsunternehmungen können in Gemeineigentum übergeführt werden, wenn die Rücksicht auf die Gesamtheit es erfordert.«
31. Daniela Dahn: *Staatseigentum ist Privateigentum*, in: Agora 42, 9.7.2015
32. Zur Umwandlung der jetzigen Kapitalgesellschaften in gemeinwohlorientierte Rechtsformen schlägt Sahra Wagenknecht vor, das am Anfang von den Eigentümern eingebrachte Kapital mit einer bestimmten Verzinsung hochzurechnen und davon die in den Jahren des Geschäftsbetriebs geleisteten Ausschüttungen (Dividenden etc.) abzuziehen. Bleibt dann noch etwas übrig, erhalten die Eigentümer eine entsprechende Entschädigung; übersteigen die angehäuften Ausschüttungen das eingebrachte Kapital, gehen sie leer aus. Die Grundlage von Entschädigungen wäre daher nicht der Wert des Unternehmens – der ja vor allem von den Beschäftigten erarbeitet wurde –, sondern lediglich das ursprünglich eingebrachte Kapital abzüglich der Dividenden. Sahra Wagenknecht: *Reichtum ohne Gier. Wie wir uns vor dem Kapitalismus retten*, Frankfurt/M. 2016, S. 284
33. Bei kleineren Betrieben bildeten die Arbeiter in ihrer Gesamtheit den Rat, bei größeren Betrieben wurde er gewählt. Der Rat wiederum wählte den fünfköpfigen Verwaltungsausschuss, der dem Rat gegenüber rechenschaftspflichtig war.
34. Walter Pöppel, Bruno Kuster: *Die Arbeiterselbstverwaltung in Jugoslawien*, in: Gewerkschaftliche Monatshefte, Ausgabe 12/1968
35. Milošević sammelte 1988 die führenden neoliberalen Ökonomen in der nach ihm benannten

Kommission. Ziel der Kommission war es, in Übereinstimmung mit den IWF-Programmen die Arbeiterselbstverwaltung zu zerstören und die Wirtschaft privatem Kapital zu überantworten. Vgl.: Mike Karadjis: *Bosnia, Kosova & the West*, Sydney 2000, S. 39 f.

36. Michel Chossudovsky: *Die Zerstörung Jugoslawiens*, in: Streifzüge, 6.3.1999, www.streifzuege.org/1999/die-zerstoerung-jugoslawiens

37. Interview mit Srećko Horvat auf Kontext TV am 27.4.2017: www.kontext-tv.de/de/sendungen/srecko-horvat-ein-anderes-europa-ist-moeglich

38. Fernand Braudel: *Die Dynamik des Kapitalismus*, Stuttgart 1991. Vgl. auch: Giovanni Arrighi: *The Long Twentieth Century. Money, Power, and the Origins of our Times*, London/New York 1994, S. 21

39. FAZ, 19.1.2013

40. Kazumi Kondoh: *The alternative food movement in Japan: Challenges, limits, and resilience of the teikei system*, in: *Agriculture and Human Values*, März 2015, Band 32, Ausgabe 1, S. 143-153

41. Fabian Scheidler: *Das Ende der Megamaschine. Geschichte einer scheiternden Zivilisation*, 8. Auflage, Wien 2016, S. 41-45

42. Harald Schumann im Interview mit Kontext TV: *Wir erzeugen künstlich einen gescheiterten Staat*, 13.8.2015, www.kontext-tv.de/de/node/2712

43. Vgl. etwa: Joseph Huber: *Monetäre Modernisierung: Zur Zukunft der Geldordnung. Vollgeld und Monetative*, Marburg 2016; Klaus Simon: *Zwickmühle Kapitalismus*, Marburg 2014, S. 180-187

44. Zur kritischen Diskussion der Wirkungen von Vollgeld auf die Finanzmärkte vgl. die von Sven Giegold für die grüne Fraktion im EU-Parlament herausgegebene Kurzstudie: Thomas Fricke: *Hochzeit für Geldverbesserer*, www.sven-giegold.de/2014/kurzstudie-hochzeit-fuer-geldverbesserer/

45. *Den Bankensektor neu ordnen und mit der Vergesellschaftung beginnen*, Diskussionspapier des Arbeitskreises II der Linksfraktion, Redaktion: Philipp Hersel, Berlin 2010, Download unter www.axel-troost.de/de/article/4551.den-bankensektor-neu-ordnen-a-8211-und-mit-der-vergesellschaftung-beginnen.html oder www.nachdenkseiten.de/upload/pdf/100528_Bankensektor_vergesellschaften.pdf

46. Zur Diskussion um Degrowth, Décroissance und eine Postwachstumsgesellschaft vgl.: Barbara Muraca: *Gut leben: Eine Gesellschaft jenseits des Wachstums*, Berlin 2014; Irmi Seidl/Angelika Zahrnt (Hg.): *Postwachstumsgesellschaft. Konzepte für die Zukunft*, Marburg 2010; Matthias Schmelzer/Alexis Passadakis: *Postwachstum*, Hamburg 2011, S. 67-92; Niko Paech: *Befreiung vom Überfluss: Auf dem Weg in die Postwachstumsökonomie*, München 2012; Tim Jackson: *Wohlstand ohne Wachstum. Grundlagen für eine zukunftsfähige Wirtschaft*, München 2017; Giacoma d'Alisa et al.: *Degrowth: Handbuch für eine neue Ära*, München 2016

47. Deutsche Fassung: International Assessment of Agricultural Knowledge, Science and Technology for Development (IAASTD): *Weltagrarbericht. Synthesebericht*, Hamburg 2009. Online: www.weltagrarbericht.de/original-berichte.html

48. Olivier de Schütter: *Agroecology and the Right to Food*, Report presented at the 16th Session of the United Nations Human Rights Council [A/HRC/16/49], 8.3.2011, www.srfood.org/en/report-agroecology-and-the-right-to-food

49. Vgl. Hartmut Rosa et al.: *Zeitwohlstand*, hrsg. vom Konzeptwerk Neue Ökonomie, Leipzig 2014
50. Frigga Haug: *Die Vier-in-Einem-Perspektive. Politik von Frauen für eine neue Linke*, Hamburg 2008. Siehe auch: www.vier-in-einem.de
51. Die Berücksichtigung der gesamten Wertschöpfungskette würde auch dafür sorgen, dass nicht Zulieferbetriebe aus dem Globalen Süden, die schmutzig produzieren, einseitig Handelsbarrieren zu spüren bekämen, sondern auch und vor allem ihre Auftraggeber im Norden: die transnationalen Unternehmen, die den Welthandel dominieren.
52. Zum Thema neue Handelsregeln vgl. das Alternative Handelsmandat, das von 50 Organisationen weltweit unterstützt wird, darunter La Via Campesina, Attac, Misereor und dem Transnational Institute: www.attac.de/kampagnen/freihandelsfalle-ttip/hintergrund/alt-handelsmandat/
53. Christian Felber: *Ethischer Welthandel. Alternativen zu TTIP, WTO und Co*, Wien 2017
54. Georges Monbiot: *Clearing up this Mess*, 18.11.2008, www.monbiot.com/2008/11/18/clearing-up-this-mess/
55. Vgl. dazu die Rede des chinesischen Zentralbankchefs vom 23.3.2009: Zhou Xiaochuan: *Reform the international monetary system*
56. Vgl.: *Recommendations by the Commission of Experts of the President of the General Assembly on reforms of the international monetary and financial system*, 19.3.2009; International Monetary Fund: *Reserve Accumulation and International Monetary Stability*, 13.4.2010
57. Vgl. Thomas Meyer: *Mediokratie – Auf dem Weg in eine andere Demokratie*, in: Aus Politik und Zeitgeschichte, Band 15-16, 2002
58. Edward S. Herman, Noam Chomsky: *Manufacturing Consent. The Political Economy of the Mass Media*, New York 1988
59. Fabian Scheidler: *Das Ende der Megamaschine. Geschichte einer scheiternden Zivilisation*, 8. Auflage, Wien 2016, S. 158 f.
60. Der investigative Journalist Harald Schumann, der mehr als 15 Jahre als Redakteur beim Spiegel tätig war, u. a. als Politik-Ressortleiter bei Spiegel Online, berichtet beispielsweise, dass er bei dem Magazin grundsätzlich nicht über Fragen der politischen Ökonomie schreiben durfte, weil er dafür offenbar »zu kritisch, zu links, nicht angepasst genug« war. »Wenn ich solche Themen vorschlug, bekam ich einfach die Aufträge nicht«, so Schumann. Und er fügt hinzu: »Es ist in der deutschen Presse gang und gäbe, dass Chefredakteure oder Ressortleiter ihren Untergebenen sagen, wie sie zu denken haben, dass Vorgaben gemacht werden, was sie recherchieren dürfen und was nicht, und dass viele junge Kollegen daran gehindert werden, überhaupt kritische Journalisten zu werden, weil ihre Vorgesetzten das gar nicht wollen.« (Interview mit dem RBB-Medienmagazin, Inforadio 3.3.2010)
61. Horst Röper: *Zeitungsmarkt 2016: Pressekonzentration erneut leicht gestiegen*, in: Media Perspektiven 5/2016, S. 254-269 (Studie des Formatt-Instituts Dortmund)
62. Media Reform Coalition: *Who Owns the UK Media?*, Bericht von 2015, www.mediareform.org.uk/who-owns-the-uk-media
63. Agnès Rousseaux: *Le pouvoir d'influence délirant des dix milliardaires qui possèdent la presse française*, Basta Magazine, 5.4.2017

64. 90 Prozent des US-Medienmarktes werden von nur fünf Konzernen kontrolliert: Comcast, 21st Century Fox/NewsCorp, Disney, Time Warner und National Amusements (CBS/Viacom). Hinter diesen stehen wiederum einige wenige Milliardärsfamilien. Vgl.: Kate Vinton: *These 15 Billionaires Own America's News Media Companies*, Forbes Magazine, 1.6.2016. Auch so honorig erscheinende Zeitungen wie die New York Times und die Washington Post, die sich gern als Speerspitze der freien Medien inszenieren, sind ganz oder teilweise Eigentum von Milliardären: Die Washington Post gehört Amazon-Chef Jeff Bezos, die New York Times zu 17 Prozent dem Telekom-Magnaten Carlos Slim, der viele Jahre als reichster Mann der Welt galt.

65. Mit 25,5 Prozent des Spiegel-Verlages verfügt Bertelsmann dort über eine Sperrminorität und hat daher deutlich mehr Einfluss, als die Zahl auf den ersten Blick verrät. Random House ist die größte Verlagsgruppe in der englischsprachigen Welt und die zweitgrößte in Deutschland. Der Bertelsmann-Konzern hat eine komplexe Struktur, er gehört zu 80,9 Prozent der Bertelsmann-Stiftung und zu 19,1 Prozent der Familie Mohn, die Stimmrechte werden aber von der Bertelsmann-Verwaltungsgesellschaft ausgeübt, auf die Liz Mohn einen beherrschenden Einfluss hat.

66. Vgl. die Zahlen der Informationsgemeinschaft zur Feststellung der Verbreitung von Werbeträgern (IVW): http://meedia.de/2016/11/09/ivw-top-50-der-online-nachrichten-marken-nur-elf-verlierer-business-insider-mit-neuem-rekord/

67. Lutz M. Hagen et al.: *Synchronisation von Nachricht und Werbung*, in: Publizistik, Heft 4/2014

68. Gemeint ist die Sendung *Die Anstalt*, deren Macher Max Uthoff und Claus von Wagner eine Art investigatives Kabarett entwickelt haben.

69. Alberto Amo, Alberto Mínguez: *Podemos, la politique en mouvement*, Paris 2016, S. 67-86

70. www.publikumsrat.de

71. Vgl. Lobby Control: *Lobbyismus an Schulen. Ein Diskussionspapier über Einflussnahme auf den Unterricht und was man dagegen tun kann*, Köln 2013, www.lobbycontrol.de/schwerpunkt/lobbyismus-an-schulen/

72. Der renommierte südkoreanische Ökonom Ha-Joon Chang von der Cambridge University etwa schreibt mit Bezug auf den Umstand, dass „freie Märkte" eine Fiktion sind und sich nicht einmal definieren lassen: „If the boundaries of what you are studying cannot be scientifically determined, what you are doing is not a science." Ha-Joon Chang: *There Is No Such Thing as a Free Market*, in: Truthdig, 7.6.2011

73. Vgl.: Thomas Frank: *One Market Under God: Extreme Capitalism, Market Populism, and the End of Economic Democracy*, New York 2000

74. www.plurale-oekonomik.de

75. James Madison: *Federal Paper #10*, in Daily Advertiser, 22.11.1787. Darin schreibt er z. B.: »Democracies (...) have been found incompatible with (...) the rights of property.« Vgl. auch: Fabian Scheidler: *Das Ende der Megamaschine. Geschichte einer scheiternden Zivilisation*, 8. Auflage, Wien 2016, S. 154 f.

76. Der Spiegel, 3.3.2016

77. *Generation what? Europabericht*, Heidelberg 2017. Abschlussbericht einer Studie des

Bayerischen Rundfunks, des SWR und des ZDF in Zusammenarbeit mit dem Sinus-Institut in elf Ländern der EU. Es handelt sich um die bis dato umfassendste Studie für diese Altersgruppe in der EU.

78. Vgl. Jim Sciutto: *Is America at risk of following the path of failing nation states?* CNN, 13.9.2016, http://edition.cnn.com/2016/09/12/opinions/us-following-path-of-unstable-countries-sciutto/

79. Washington Post, 20.6.2016

80. Vgl. dazu den Begriff der „verbindenden Partei" bei Mimmo Porcaro, Mario Candeias: *Occupy Machiavelli*, in: Luxemburg, 2/2016

81. The Independent, 9.6.2017

82. www.ende-gelaende.org

83. Umfrage von TNS Emnid im Auftrag der Agentur für Erneuerbare Energien, September 2016: www.unendlich-viel-energie.de/themen/akzeptanz-erneuerbarer/akzeptanz-umfrage/deutsche-wollen-schnellen-ausbau-der-erneuerbaren

84. Vgl. Harald Welzer: *Selbst denken. Eine Anleitung zum Widerstand*, Frankfurt/M. 2014

85. James S. Fishkin: *When the People Speak: Deliberative Democracy and Public Consultation*, Oxford 2009

86. „Qualifizierte Zufallsauswahl" bedeutet, dass demografische Kriterien wie Geschlecht, Alter, Herkunft, Beruf und Bildungsgrad berücksichtigt werden, um einen wirklich repräsentativen Querschnitt zu bekommen.

87. Ute Scheub: *Demokratie. Die Unvollendete*, hrsg. vom Mehr Demokratie e.V. Kostenloses Download unter www.oekom.de/nc/beilagen/politik-gesellschaft/broschuere/74.html

88. Janet Biehl: *Der libertäre Kommunalismus. Die politische Praxis der Sozialökologie*, Grafenau-Döffingen 1998. Die Arbeiten von Bookchin und Biehl beeinflussten die Wende des seit 1999 inhaftierten Kurdenführers Abdullah Öcalan vom Kampf für einen kurdischen Nationalstaat hin zu einem „demokratischen Föderalismus".

89. Vgl. David Graebers Vortrag vom 7.6.2017: www.kontext-tv.de/de/sendungen/david-graeber-von-occupy-wall-street-zur-revolution-rojava

90. Adolf Gasser: *Gemeindefreiheit als Rettung Europas. Grundlinien einer ethischen Geschichtsauffassung*, Basel 1947; Adolf Gasser, Ulrich Mentz (Hrsg.): *Gemeindefreiheit in Europa. Der steinige Weg zu mehr kommunaler Selbstverwaltung in Europa*, Baden-Baden 2004

91. 1953 verabschiedete der Rat die Europäische Charta der Gemeindefreiheiten, die 1984 in die Europäische Charta der kommunalen Selbstverwaltung mündete.

92. Es ist bemerkenswert, dass der metallurgisch-fossile Komplex, der seit Entstehung der Megamaschine eine entscheidende Säule der Herrschaft bildete, eine so zentrale Rolle bei der Gründung von EWG, EG und EU spielte. Zur Geschichte des metallurgisch-fossilen Komplexes vgl.: Fabian Scheider: *Das Ende der Megamaschine*, Wien 2015, S. 33-38

93. Subsidiarität bedeutet, dass Entscheidungen jeweils auf einer möglichst lokalen und bürgernahen Ebene getroffen werden. Erst wenn es aus sachlichen Gründen zwingend notwendig ist, wird die Entscheidungskompetenz auf die jeweils höhere Ebene verlagert. Das Prinzip der Subsidiarität wird in der Realität der EU zum Beispiel dadurch ausgehebelt,

dass EU-Verträge oder Handelsabkommen wie CETA den Kommunen EU-weite oder gar transatlantische Ausschreibungen für öffentliche Aufträge aufzwingen. Dadurch wird der Gestaltungsspielraum der Gemeinden erheblich eingeschränkt.

94. Vgl.: Benjamin Barber: *Cool Cities: Urban Sovereignty and the Fix for Global Warming*, New Haven 2017; Benjamin Barber: *How to fix climate change: put cities, not countries, in charge*, The Guardian, 7.5.2017

95. Das Klimaabkommen von Paris aus dem Jahr 2015 enthält nur freiwillige Ziele zur Emissionsreduzierung und keinerlei Sanktionen bei Nichteinhaltung. Die freiwilligen Reduktionen machen nicht einmal die Hälfte dessen aus, was nötig wäre, um mit einer 50:50-Chance die Erwärmung auf zwei Grad zu begrenzen. Vgl. die Kontext-TV-Sendung *Klimagerechtigkeit: Der Kampf zwischen Arm und Reich* vom 10.3.2016: www.kontext-tv.de/de/sendungen/klimagerechtigkeit-der-kampf-zwischen-arm-und-reich

96. Vgl. den Dokumentarfilm *Tomorrow* von Cyril Dion und Mélanie Laurent, Frankreich 2015. Deutsche Städte stehen im Verhältnis zu Kopenhagen sehr schlecht da. Selbst die angebliche Klima-Vorzeigestadt Freiburg verfehlt immer wieder ihre selbstgesetzten Ziele und strebt Klimaneutralität inzwischen erst für 2050 an.

97. http://solidaritycities.eu; eine Karte der »Sanctuary Cities« in den USA finden sich hier: https://cis.org/Map-Sanctuary-Cities-Counties-and-States; in Europa gehören dazu u. a. Barcelona, Glasgow, Oxford und Sheffield.

98. Le Monde, 7.6.2017

99. Amnesty International: *A Right Not A Threat. Disproportionate Restrictions on Demonstrations under the State of Emergency in France*, London, Mai 2017. www.amnesty.org/en/press-releases/2017/05/france-unchecked-clampdown-on-protests-under-guise-of-fighting-terrorism/

100. Die Taz, 7.7.2017. Das brutale und grundgesetzwidrige Vorgehen der Polizei ging den späteren nächtlichen Randalen in Hamburg voraus, die am Ende die Medienberichterstattung beherrschten.

101. *Generation what? Europabericht*, Heidelberg 2017

Teil III

1. Fabian Scheidler: *Das Ende der Megamaschine. Geschichte einer scheiternden Zivilisation*, 8. Auflage, Wien 2016, S. 19-28

2. John K. Fairbank, Merle Goldman: *China: A New History*, zweite, überarbeitete Ausgabe, Cambridge (MA) 2006, S. 18 f.

3. In der chinesischen Geschichtsschreibung gilt die Xia-Dynastie als erste Dynastie, die der Shang-Periode vorausging, doch sind die archäologischen Belege dafür bis heute dürftig. Daher gehen die Meinungen der Gelehrten über die historische Existenz der Xia-Dynastie auseinander.

4. Fabian Scheidler: *Das Ende der Megamaschine. Geschichte einer scheiternden Zivilisation*, 8. Auflage, Wien 2016, S. 41-44. Vgl. auch David Graeber: *Schulden. Die ersten 5000 Jahre*, Stuttgart 2012, S. 231-256

5. Fabian Scheidler: *Das Ende der Megamaschine. Geschichte einer scheiternden Zivilisation*, 8. Auflage, Wien 2016, S. 77-89

6. Karl Jaspers bezeichnete die Epoche von ca. 800 bis 200 v. Chr. mit ihren bemerkenswerten parallelen Entwicklungen in China, Indien, Israel und Griechenland als »Achsenzeit«. Vgl. dazu: Karen Armstrong: *The Great Transformation. The World in the Time of Buddha, Socrates, Confucius and Jeremiah*, London 2006, sowie Ulrich Duchrow: *Gieriges Geld: Auswege aus der Kapitalismusfalle. Befreiungstheologische Perspektiven*, München 2013

7. Vgl.: Laozi: *Daodejing*, Stuttgart 2009

8. »Nicht derjenige ist der Inbegriff von Tüchtigkeit, der in hundert Schlachten hundert Siege erringt, sondern derjenige, der sich die Truppen des Gegners ohne Kampf unterwirft.« – »Wer sich auf die Kriegführung versteht, unterwirft die Armeen, ohne Schlachten zu schlagen.« Sunzi: *Die Kunst des Krieges*, Frankfurt/M. 2009, S. 17 ff.

9. Qin Shihuangdi, eigentlich Ying Zheng, wurde zum Begründer der Qin-Dynastie, aus der sich vermutlich auch der westliche Name für China ableitet.

10. Natürlich war der Handel in China nicht auf seine Grenzen beschränkt, doch war dieser Außenhandel wegen des enormen Binnenmarktes für China weit weniger wichtig als für die europäischen Länder. Der europäische Fernhandel nahm außerdem ab dem 16. Jahrhundert eine vollkommen neue Qualität an: Erstmals wurden andere Teile der Welt in einen großen Prozess globalisierter Arbeitsteilung integriert. Die Zwangsarbeiter in den Silberminen Südamerikas oder die Sklaven auf den Zucker- oder Baumwollplantagen der Karibik waren unverzichtbare, integrale Teile der kapitalistischen Maschinerie. Entscheidend war auch, dass sich in Europa ein gewaltiges mobiles Kapital entwickelte, das relativ leicht von einem Land zum anderen wechseln konnte. Die Händler und Bankiers von Florenz, Genua, Augsburg und Antwerpen waren von Anfang an transnational organisiert. Damit konnten sie die Staaten leicht gegeneinander ausspielen und deren Regulierungsmöglichkeiten empfindlich schwächen.

11. Jaques Gernet: *Die chinesische Welt*, Frankfurt/M. 1979, S. 208 f.

12. Patricia Buckley Ebrey, Anne Walthall, James B. Palais: *East Asia: A Cultural, Social, and Political History*, Boston 2006, S. 156

13. Jaques Gernet: *Die chinesische Welt*, Frankfurt/M. 1979, S. 263

14. Giovanni Arrighi: *Adam Smith in Beijing. Die Genealogie des 21. Jahrhunderts*, Hamburg 2008, S. 412 f.

15. Das um China gruppierte ostasiatische Staatensystem wird oft als »Tributsystem« beschrieben. Doch dieser Begriff ist irreführend, weil er eine Gleichsetzung mit den westlichen Tributsystemen nahelegt, die auf der Ausbeutung abhängiger Vasallenstaaten beruhten. Im ostasiatischen System blieben die Staaten jedoch ökonomisch und politisch unabhängig. Vgl. Yongjin Zhang, Barry Buzan: *The tributary system as international society in theory and practice*, in: *The Chinese Journal of International Politics*, Band 5, Ausgabe 1, Oxford 2012, S. 3-36; Giovanni Arrighi: *Adam Smith in Beijing*, S. 403

16. Der Ausdruck »tiefer Staat« bezog sich ursprünglich auf die Verflechtung von Militär, Nachrichtendiensten, Mafias und Businessgruppen in der Türkei. Heute wird er oft auch für die demokratieferneren Teile des US-Staatsapparates und ihre Verbindung zu ökonomischen

Machtzentren benutzt. Vgl. etwa das Buch des ehemaligen konservativen Kongressabgeordneten Mike Lofgren: *The Deep State: The Fall of the Constitution and the Rise of a Shadow Government*, New York 2014, sowie Ullrich Mies/Jens Wernicke (Hg.): *Fassadendemokratie und Tiefer Staat. Auf dem Weg in ein autoritäres Zeitalter*, Wien 2017

17. John K. Fairbank, Merle Goldman: *China: A New History*, zweite, überarbeitete Ausgabe, Cambridge (MA) 2006, S. 137-140
18. Julia Lovell: *The Opium War: Drugs, Dreams and the Making of China*, London 2011
19. United Nations: *World Drug Report 2011*
20. Alfred W. McCoy: *Die CIA und das Heroin. Weltpolitik durch Drogenhandel*, Frankfurt/M. 2016. Siehe dazu auch den Beitrag des Deutschlandradios vom 27.2.2016: *Die fatalen Irrtümer der US-Drogenpolitik*: www.deutschlandradiokultur.de/alfred-w-mccoy-die-cia-und-das-heroin-die-fatalen-irrtuemer.1270.de.html?dram:article_id=346824
21. Hong behauptete, der jüngere leibliche Bruder Jesu Christi zu sein. Vgl. Jürgen Osterhammel: *Die Verwandlung der Welt*, München 2009, S. 784
22. Der Begriff „Boxeraufstand" wurde in England geprägt und bezieht sich auf die Kampfkünste der Aufständischen. Sie selbst bezeichneten sich als Yihetuan-Bewegung, was etwa so viel heißt wie „Bund für Gerechtigkeit und Harmonie".
23. „Hunnenrede" Kaiser Wilhelms II. vom 27.7.1900, www.zum.de/psm/imperialismus/hunnen.php
24. Minqi Li: *China and the 21st Century Crisis*, London 2016, S. 16
25. Michael Clodfelter: *Warfare and Armed Conflicts: A Statistical Reference*, Band 2, Jefferson 1992, S. 956
26. Das Herunterspielen der verheerenden Konsequenzen der westlichen Interventionen findet sich leider auch in dem bisher ausführlichsten Buch über die Opiumkriege (*The Opium War: Drugs, Dreams and the Making of China*, London 2011). Julia Lovell vertritt darin die These, dass in der chinesischen Geschichtsschreibung die Bedeutung der Opiumkriege für den Zerfall des Reiches hochgespielt würde, um einen nationalen Mythos aufzubauen. So richtig es ist, dass einige chinesische Gelehrte und Politiker die Geschichte der Interventionen benutzen, um von internen Krisenursachen abzulenken, so offensichtlich ist doch zugleich, dass Lovell die lange westliche Tradition der Verniedlichung kolonialer Verbrechen bedient, indem sie einen der folgenreichsten Kolonialkriege in den Bereich der Mythologie rückt.
27. Minqi Li: *China and the 21st Century Crisis*, London 2016, S. 17 f.
28. David Harvey: *A Brief History of Neoliberalism*, Oxford 2005, S. 121-151; Naomi Klein: *Die Schock-Strategie. Der Aufstieg des Katastrophen-Kapitalismus*, Frankfurt/M. 2007, S. 257-266
29. Giovanni Arrighi: *Adam Smith in Beijing. Die Genealogie des 21. Jahrhunderts*, Hamburg 2008, S. 439-468
30. Minqi Li: *China and the 21st Century Crisis*, London 2016, S. 34
31. www.worldbank.org/en/country/china/overview#3
32. Energiezukunft, 19.8.2016, www.energiezukunft.eu/umwelt/wirtschaft/erneuerbare-energien-china-dominiert-investitionsmarkt-gn104243/

33. Minqi Li: *China and the 21st Century Crisis*, London 2016, S. 182. Vgl. auch: Zhu Yi, *Problemzonen eines Riesenreichs – Soziale Proteste*, in: Internationale Politik 1, Januar/Februar 2015, S. 115 f.
34. Minqi Li: *China and the 21st Century Crisis*, London 2016, S. 59-78
35. Climate Central: *Mapping Choices. Carbon, Climate, and Rising Sea Levels. Our Global Legacy*, Princeton 2015
36. South China Morning Post, 7.11.2005: www.scmp.com/node/523931
37. Interview mit Prof. Hans Joachim Schellnhuber, Leiter des Potsdam Instituts für Klimafolgenforschung, Berliner Zeitung, 15./16.10.2016. Das CO_2-Budget bezieht sich auf eine 50-prozentige Chance, die globale Erwärmung auf zwei Grad zu begrenzen.
38. Süddeutsche Zeitung, 23.11.2015, unter Berufung auf eine Studie des Fraunhofer-Instituts.
39. Widerstand in China manifestiert sich auch überwiegend in Form lokaler Auseinandersetzungen, u. a. weil die Führung des Landes nationale Organisationsformen wirksam behindert. Das erschwert Verbindungen zwischen westlichen und chinesischen sozialen und ökologischen Bewegungen zusätzlich.
40. David Vine: *Where in the World is the US Military?* Politico Magazine, Juli/August 2015, www.politico.com/magazine/story/2015/06/us-military-bases-around-the-world-119321
41. In einem ARD-Panorama-Beitrag vom 2.2.2017 sprach sich u. a. der CDU-Abgeordnete Roderich Kiesewetter für deutsche Atombomben aus. Bemerkenswerterweise kommt in dem Beitrag kein einziger Kritiker dieses Vorschlags zu Wort. Vgl. dazu auch: Jens Berger: *Der Ruf nach einer deutschen Atombombe*, in: Nachdenkseiten, 22.3.2017, www.nachdenkseiten.de/?p=37528
42. www.democracynow.org/2017/8/9/forget_russia_is_provoking_a_nuclear
43. Xanthe Hall: *Deutschland drückt sich vor einem Atomwaffenverbot*, in: Der Tagesspiegel, 15.6.2017
44. *Günther Anders antwortet*, hrsg. von Elke Schubert, Berlin 1987, S. 70

Ausgewählte Literatur

Alberto Amo, Alberto Mínguez: *Podemos, la politique en mouvement*, Paris 2016

Karen Armstrong: *The Great Transformation. The World in the Time of Buddha, Socrates, Confucius and Jeremiah*, London 2006

Giovanni Arrighi: *Adam Smith in Beijing. Die Genealogie des 21. Jahrhunderts*, Hamburg 2008
– *The Long Twentieth Century. Money, Power, and the Origin of our Times*, London/New York 2010

Benjamin Barber: *Cool Cities: Urban Sovereignty and the Fix for Global Warming*, New Haven 2017

Gregory Bateson: *Ökologie des Geistes*, Frankfurt/M. 1994

Matthias Martin Becker: *Automatisierung und Ausbeutung. Was wird aus der Arbeit im digitalen Kapitalismus?*, Wien 2017

Janet Biehl: *Der libertäre Kommunalismus. Die politische Praxis der Sozialökologie*, Grafenau-Döffingen 1998

Murray Bookchin: *The Third Revolution: Popular Movements In The Revolutionary Era*, Band 1-4, New York/London 1996-2009

Ulrich Brand, Markus Wissen: *Imperiale Lebensweise: Zur Ausbeutung von Mensch und Natur in Zeiten des globalen Kapitalismus*, München 2017

Fernand Braudel: *Die Dynamik des Kapitalismus*, Stuttgart 1991

Heinz Bude, Philipp Staab (Hrsg.): *Kapitalismus und Ungleichheit: Die neuen Verwerfungen*, Frankfurt/M. 2016

Ha-Joon Chang: *Economics: The User's Guide*, London 2015

Noam Chomsky, Edward S. Herman: *Manufacturing Consent. The Political Economy of the Mass Media*, New York 1988

Daniela Dahn: *Wir sind der Staat. Warum Volk sein nicht genügt*, Reinbek bei Hamburg 2013

Giacoma d'Alisa et al.: *Degrowth: Handbuch für eine neue Ära*, München 2016

Ulrich Duchrow: *Gieriges Geld: Auswege aus der Kapitalismusfalle. Befreiungstheologische Perspektiven*, München 2013

Patricia Buckley Ebrey, Anne Walthall, James B. Palais: *East Asia: A Cultural, Social, and Political History*, Boston 2006

John K. Fairbank, Merle Goldman: *China: A New History*, zweite, überarbeitete Ausgabe, Cambridge (MA) 2006

Christian Felber: *Gemeinwohlökonomie*, Wien 2014
– *Ethischer Welthandel. Alternativen zu TTIP, WTO und Co*, Wien 2017

Thomas Frank: *One Market Under God: Extreme Capitalism, Market Populism, and the End of Economic Democracy*, New York 2000

Adolf Gasser, Ulrich Mentz (Hrsg.): *Gemeindefreiheit in Europa. Der steinige Weg zu mehr kommunaler Selbstverwaltung in Europa*, Baden-Baden 2004

Jaques Gernet: *Die chinesische Welt*, Frankfurt/M. 1979

André Gorz: *Kritik der ökonomischen Vernunft. Sinnfragen am Ende der Arbeitsgesellschaft*, Zürich 2009

David Graeber: *Bürokratie. Die Utopie der Regeln*, Stuttgart 2016
– *Schulden. Die ersten 5000 Jahre*, Stuttgart 2011

Wolfgang Grenz, Julian Lehmann: *Schiffbruch: Das Versagen der europäischen Flüchtlingspolitik*, München 2015

David Grusky, Kate Weisshaar: *Social Stratification*, 4. Auflage, Boulder (Colorado) 2014

Mauro F. Guillén: *The Architecture of Collapse. The Global System in the 21st Century*, Oxford 2015

Lance H. Gunderson, C. S. Holling: *Panarchy. Understanding Transformations in Human and Natural Systems*, Washington 2002

Marcel Hänggi: *Fortschrittsgeschichten. Für einen guten Umgang mit Technik*, Frankfurt/M. 2015

David Harvey: *Seventeen Contradictions and the End of Capitalism*, Oxford 2015

Frigga Haug: *Die Vier-in-Einem-Perspektive. Politik von Frauen für eine neue Linke*, Hamburg 2008

Silke Helfrich (Hg.): *Commons. Für eine neue Politik jenseits von Staat und Markt*, Bielefeld 2012
– *Die Welt der Commons. Muster gemeinsamen Handelns*, Bielefeld 2015

Rob Hopkins: *The Transition Handbook. From Oil Dependency to Local Resilience*, Totnes 2008

Ivan Illich: *Selbstbegrenzung. Eine politische Kritik der Technik*, Reinbek bei Hamburg 1975

Andrea Komlosy: *Arbeit. Eine globalhistorische Perspektive*, Wien 2014

Laozi: *Daodejing*, Stuttgart 2009

Minqi Li: *China and the 21st Century Crisis*, London 2016

Julia Lovell: *The Opium War: Drugs, Dreams and the Making of China*, London 2011

Karl Marx: *Das Kapital, Band 1*, MEW 23

Mariana Mazzucato: *Das Kapital des Staates*, München 2014

Alfred W. McCoy: *Die CIA und das Heroin. Weltpolitik durch Drogenhandel*, Frankfurt/M. 2016

Pankaj Mishra: *Das Zeitalter des Zorns. Eine Geschichte der Gegenwart*, Frankfurt/M. 2017

Jason W. Moore: *Capitalism in the Web of Life. Ecology and the Accumulation of Capital*, London/New York 2015

Barbara Muraca: *Gut leben: Eine Gesellschaft jenseits des Wachstums*, Berlin 2014

Oliver Nachtwey: *Die Abstiegsgesellschaft. Über das Aufbegehren in der regressiven Moderne*, Frankfurt/M. 2016

Elinor Ostrom: *Was mehr wird, wenn wir teilen. Vom gesellschaftlichen Wert der Gemeingüter*, München 2011

Charles Perrow: *Normale Katastrophen. Die unvermeidbaren Risiken der Großtechnik*, Frankfurt/M. 1992

Karl Polanyi: *The Great Transformation*, Frankfurt/M. 1973

Hartmut Rosa: *Resonanz. Eine Soziologie der Weltbeziehung*, Frankfurt/M. 2016

Hartmut Rosa et al.: *Zeitwohlstand*, hrsg. vom Konzeptwerk Neue Ökonomie, Leipzig 2014

Richard Saage: *Politische Utopien der Neuzeit*, Darmstadt 1991

Fabian Scheidler: *Das Ende der Megamaschine. Geschichte einer scheiternden Zivilisation*, 8. Auflage, Wien 2016

Ute Scheub: *Demokratie. Die Unvollendete*, hrsg. vom Mehr Demokratie e.V. Kostenloses Download unter www.oekom.de/nc/beilagen/politik-gesellschaft/broschuere/74.html

Elke Schubert (Hg.): *Günther Anders antwortet*, Berlin 1987

Irmi Seidl, Angelika Zahrnt (Hg.): *Postwachstumsgesellschaft. Konzepte für die Zukunft*, Marburg 2010

Werner Seppmann: *Kritik des Computers. Der Kapitalismus und die Digitalisierung des Sozialen*, Kassel 2017

Klaus Simon: *Zwickmühle Kapitalismus*, Marburg 2014

Rebecca Solnit: *A Paradise Built in Hell: The Extraordinary Communities That Arise in Disaster*, New York 2010

Joseph A. Tainter: *The Collapse of Complex Societies*, Cambridge 1988

Sahra Wagenknecht: *Reichtum ohne Gier. Wie wir uns vor dem Kapitalismus retten*, Frankfurt/M. 2016

Immanuel Wallerstein, Randall Collins, Michael Mann et al.: *Stirbt der Kapitalismus?: Fünf Szenarien für das 21. Jahrhundert*, Frankfurt/M. 2014

Gregory White: *Climate Change and Migration: Security and Borders in a Warming World*, Oxford 2011

Raúl Zibechi: *Dispersing Power: Social Movements as Anti-State Forces*, Oakland (CA) 2010

Jean Ziegler: *Ändere die Welt!: Warum wir die kannibalische Weltordnung stürzen müssen*, Gütersloh 2015

Register

15M-Bewegung (Spanien) 160, 167

A

Abbe, Ernst 126
Afghanistan 21, 35, 39, 41, 45, 191, 217
Agrarindustrie 23, 25, 61, 90
Agrarwende 145, 207
Ägypten 13, 49, 77, 167, 180
Aktiengesellschaft 123, 190
Al Qaida 35
Anti-Terror-Krieg 191
Apartheid 15, 39, 44, 48
Arbeiterselbstverwaltung 132-134, 169, 224
Arbeitslosigkeit 49, 50, 54, 110
Aristoteles 115
Artensterben 23, 212
Assad-Regime 172
Assange, Julian 77
Asylrecht 44, 46
Atomkraft 61, 82 f., 91, 100 f., 154, 170, 174
Atomwaffen 10, 21, 35, 73, 158, 163, 169, 207, 208, 211
Automobilindustrie 58, 74 f., 207

B

Bancor (Weltwährung) 150
Bangladesch 42, 128, 200
Banken 30, 32, 59, 64, 114, 131 f., 140-143
Barroso, José Manuel 30
Black Lives Matter (US-Bürgerrechtsbewegung) 160
Bowman, Vernon 68
Boxer-Aufstand (China) 193
Brasilien 13, 41, 197
BRICS-Staaten 197
Bürgerräte 162, 171

C

Carl-Zeiss-Stiftung 126 f.
CETA (EU-Kanada-Freihandelsabkommen) 62, 149, 150, 228
Chemische Industrie 61, 88
Chiang Kai-shek 193

Chile 41
China 13, 22 f., 50, 54, 74, 122, 129, 136, 137, 180-204
Chomsky, Noam 155, 157, 214, 217
Clinton, Bill 93
Clinton, Hillary 168
Commons 120, 121, 128, 138
Corbyn, Jeremy 13, 20, 168

D

da Gama, Vasco 188
DEG (Deutsche Investitions- und Entwicklungsgesellschaft) 62
Degrowth 50, 144-148, 200 f.
Deltour, Antoine (Whistleblower) 213
Democracy Now (US-Sender) 160
Deng Xiaoping 195
Demokratie 13, 33, 35, 115, 129, 140, 161-174, 176
Digitalisierung 54, 77 f., 81, 92
Drogenkrieg 191

E

Eigentum 57, 65 f., 69 f., 116-121, 125-134, 138, 144, 146 f., 155-157, 161-165, 185, 207 f., 226
Eigentumsrechte, geistige 57, 65 f.
Enteignung 116, 119, 130 ff., 222 f.
Erdoğan, Recep Tayyip 11, 77
Erneuerbare Energien 25, 52, 61, 170 f., 175, 197, 200 f., 207
EU-Kommission 11, 20, 30, 140, 218
EZB (Europäische Zentralbank) 59, 140, 217

F

failed state (gescheiterter Staat) 192
Finanzkrise 21, 30, 52, 58, 92, 142, 151, 165, 216
Finanzsystem 19, 59, 92, 141 f., 196
Flüchtlingskonvention, Genfer 42 f.
Flugverkehr 58 f., 140, 158, 170, 200, 207
Frankreich 13, 19, 48, 131, 156, 167, 170, 175, 183, 192, 193
Freihandel 71, 149

G

G20-Gipfel 176
Galilei, Galileo 88
Gemeineigentum 120 f., 130 f., 139, 149, 223
Gemeinwohlökonomie 128 f.
Genossenschaften 66, 124, 125, 127
Gentechnik 62, 68, 214
Google 60, 80
Gramsci, Antonio 9
Griechenland 12, 20, 28, 35, 59, 113, 115, 140, 141, 211, 229
Großbritannien 20, 45, 53, 111, 156, 168, 192 f.
Grundgesetz 44, 47, 121, 131 f. 162, 169, 223
Guatemala 41

H

Haiti 41
Heckler & Koch (Waffenproduzent) 114, 128
Hedgefonds 31, 123
Hightech-Strategie (Forschungsprogramm der deutschen Bundesregierung) 60
Himalaya-Gletscher 24, 200
Hongwu (Begründer der Ming-Dynastie) 189
HSBC (Hongkong and Shanghai Banking Corporation) 191
Huang He (Gelber Fluss, China) 180, 200
Huntington, Samuel 35

I

ICU (International Clearing Union) 150
Iglesias, Pablo 160
ILO (International Labour Organisation) 216
Indien 42, 190, 196 f., 200, 229
Indonesien 41
Industrie 4.0 78
Internet der Dinge 81, 92
Investitionsschutzabkommen 22, 62
Irak 21, 35, 42, 192, 213
Iran 22, 41, 197
Israel 36
Italien 13, 24, 53, 87, 193
IT-Industrie 77
IWF (Internationaler Währungsfonds) 19, 20, 70, 116, 134, 140, 151, 197, 217, 224

J

Jangtse (Fluss in China) 200

Japan 19, 62, 74, 138, 193, 199
Jemen 43
Jugoslawien 132, 133, 213, 223
Juncker, Jean-Claude 30

K

Kapitalakkumulation 15, 21, 40, 75, 114, 129, 141, 201
Kapitalgesellschaft 123 f., 127, 223
Kawergosk (Lager im Irak) 42
Keynes, John Maynard 150, 165 f.
Klimabewegung 13, 170
Klimapolitik 10 f., 59, 160, 175, 197
Klimawandel 10, 23 f., 29, 41-43, 58, 64, 92 f., 120, 128, 146, 169 f., 199-201, 211, 229
Kolonialismus 36 f., 41, 116, 140, 188, 190-193, 199
Kolumbus, Christoph 41, 188
Konferenz für Sicherheit und Zusammenarbeit im Nahen und Mittleren Osten 37, 214
Kong Fuzi (Konfuzius) 181 f., 184 f., 187, 189
Kongo (Demokratische Republik) 41
Kosovo 213
Kurzweil, Ray 80
Kuwait 213

L

Labour Party 13, 168 f.
Landwirtschaft 25, 61, 64, 68, 73, 90, 138, 145
La nuit debout (französische Bewegung) 13, 167
Laos 191
Laozi 181, 229
La Tuerka (spanische Fernsehsendung) 160
Lem, Stanislaw 79
Lenin, Wladimir Iljitsch 137
Libyen 42, 49, 192
Lippmann, Walter 32, 214
Liu Bang (Begründer der Han-Dynastie) 183
Lobbyismus 68, 226
Lohnarbeit 15, 49, 52-55, 103, 113 f., 129, 148
Luther, Martin 108

M

Madison, James 165, 226
Mali 39, 41
Marx, Karl 102, 165, 223

Medien 10, 20, 27 f., 30, 33, 47, 77, 154-164, 168 f., 207 f., 226
Megamaschine 9, 24, 40, 79, 80 f., 88, 90 f., 94, 98 f., 101, 108, 112, 114, 118, 129, 148, 170, 173, 180 f., 199
Mélenchon, Jean-Luc 20, 168
Merkel, Angela 28, 212
Mesopotamien 113, 122, 180
Mexiko 13, 74, 134
Microsoft 60, 67, 136, 219
Milošević, Slobodan 134 f., 223
Missionare 190
Mobilfunk 75, 220
Monopole 57, 60, 136, 156, 186

N

NASA 10, 210, 217
Neue Seidenstraße 202
New Development Bank 197
Nicaragua 191
Nigeria 35, 43

O

Öffentlich-Private Partnerschaften (ÖPP/PPP) 63, 125, 218
Opiumkriege 192, 230
Österreich 46, 63, 128, 193
OSZE (Organisation für Sicherheit und Zusammenarbeit in Europa) 23, 37, 202

P

Pakistan 35, 200, 212
Parti socialiste 167
PASOK (griechische Partei) 167
Personengesellschaft 124
Pharmaindustrie 60, 218
Planck, Max 212
Plurale Ökonomik 165
Podemos (spanische Partei) 13, 20, 160, 168
Postwachstumsgesellschaft 50, 144-148, 200 f.
Privatisierung 116, 119, 121, 125, 181

Q

Qin Shihuangdi (erster chinesischer Kaiser) 182, 229

R

Rätedemokratie 173
Regionalisierung 25, 85, 149
Rekommunalisierung 172
Resilienz 93, 149, 221
Revolution 12 f., 98, 109, 143, 183, 211
- Französische 31, 66, 71, 154
- pädagogische 108 f.
- Weltrevolution von 1968 109
- Oktoberrevolution (Russland) 183
- Revolution von 1949 (China) 194
- Kulturrevolution (China) 195
Riester-Rente 63
Rojava 99, 172-174
Roosevelt, Franklin D. 32
Rundfunkräte 161 f.
Russland 22, 183, 197, 202, 203, 212

S

Sanders, Bernie 13, 20, 160, 168
Saudi-Arabien 36, 37
Schäuble, Wolfgang 28, 211, 212
Schulden 51 f., 57, 69 f., 135, 143 f.
Schulz, Martin 28, 212
Schwarze Pädagogik 108
Schweiz 45, 150, 173, 210
Serbien 135
Sklaverei 41, 113
Smart Cities 78
Snowden, Edward 76
Somalia 21, 35, 42f.
Sorgearbeit 113, 148
Sowjetunion 132 f., 137
Spanien 13, 20, 160, 168
SPD 44, 47, 63, 161, 205
Staatseigentum 119-121, 130, 132
Stagnation, säkulare 19, 147
Stalin, Josef 132, 137
Steinmeier, Frank-Walter 214
Steuerflucht 19, 50, 61 f., 213
Subsidiarität 149, 174, 227
Subventionen 15, 57-64, 128, 142, 144 f., 217
Südafrika 10, 197
Süd-Sudan 43
Sunzi 182, 229
Swartz, Aaron 68
Synthetische Biologie 73, 214
Sykes-Picot-Abkommen 36

Syrien 22, 24, 36
Syriza (griechische Partei) 20, 140

T

Terrorismus 33-37, 42, 76, 176, 191, 215
Tito, Josip Broz 132
Todmorden 110, 111
Transition Towns 141
Treuhand 48, 121, 222
Trident (britisches Atomprogramm) 169
Troika 69, 70, 135, 140, 212
Trotzki, Leo 137
Trump, Donald 9, 11, 14, 21, 168, 169, 204
TTIP (Transatlantisches Freihandelsabkommen) 22, 150, 225
Türkei 11, 42, 175, 229

U

Ukraine 22
UNO (Vereinte Nationen) 10, 43, 150, 205, 210
USA 10, 11, 13, 20-22 32, 41, 45, 51, 53, 60, 74, 93, 151, 164-166, 168, 188, 191, 197, 203, 211, 218, 220, 228
Utopien 97-99, 221

V

Verkehrswende 73 f., 207
Vergesellschaftung 131
Vietnam 191
Volkseigentum 120
Volksentscheid 138, 172
Volta, Alessandro 88
Vonovia (Immobilienkonzern) 116
VW 34, 128, 144, 217

W

Wahlbeteiligung 167, 169
Warhurst, Pam 109, 110
Weltsozialforum 99, 221
Weltsystem, modernes 23, 73, 88, 190, 194
Wirtschaftswachstum 50, 144-148, 200 f.
WTO (Welthandelsorganisation) 149, 150, 225

»*Ein originelles und sehr spannendes Buch. Es hilft dabei, die globale Megamaschine, die unsere Zukunft bedroht, zu durchschauen und zu überwinden*«

*Prof. Ernst Ulrich von Weizsäcker,
Präsident des Club of Rome*

Fabian Scheidler

Das Ende der Megamaschine

Geschichte einer scheiternden Zivilisation

ISBN 978-3-85371-384-6, br., 272 Seiten, 19,90 €
E-Book: ISBN 978-3-85371-826-1, 15,99 €